U0918358

政府规制政策演进研究

日本经验与中国借鉴

徐　飞◇著

Zhengfu Guizhi Zhengce Yanjin Yanjiu

Riben Jingyan Yu Zhongguo Jiejian

中国社会科学出版社

图书在版编目（CIP）数据

政府规制政策演进研究：日本经验与中国借鉴/徐飞著．—北京：中国社会科学出版社，2015.9
ISBN 978－7－5161－6346－7

Ⅰ．①政…　Ⅱ．①徐…　Ⅲ．①政府管制—研究—日本 ②政府管制—研究—中国　Ⅳ．①F20

中国版本图书馆 CIP 数据核字(2015)第 147107 号

出 版 人　赵剑英
责任编辑　卢小生
特约编辑　林　木
责任校对　周晓东
责任印制　王　超

出　　版　中国社会科学出版社
社　　址　北京鼓楼西大街甲 158 号
邮　　编　100720
网　　址　http：//www.csspw.cn
发 行 部　010－84083685
门 市 部　010－84029450
经　　销　新华书店及其他书店

印　　装　北京君升印刷有限公司
装　　订　廊坊市广阳区广增装订厂
版　　次　2015 年 9 月第 1 版
印　　次　2015 年 9 月第 1 次印刷

开　　本　710×1000　1/16
印　　张　14.75
插　　页　2
字　　数　251 千字
定　　价　55.00 元

凡购买中国社会科学出版社图书，如有质量问题请与本社营销中心联系调换
电话：010－84083683

内容提要

当代中国，政府与市场的关系是亟待解决的重大问题，而规制改革是中国经济社会整体转型的一部分，是转变政府与市场关系的有效路径。改革开放以来，中国政府在规制实践领域取得了很大进展，但同时规制机构的设置不仅没有独立于政府，甚至有些领域仍没有独立于企业，政府在缺乏约束和监督情况下掌握大量审批权，政府寻租空间被拓展。政府以规制形式参与市场配置资源的过程，政府决定资源的投向和对象，从而造成资源错配。本书试图在研究日本规制政策历史演进的经验中，获得对中国规制改革的有益启示。

本书采取规范分析和实证分析结合、案例分析等方法来分析时间跨度长达半个多世纪的不同时期的日本规制政策演变。通过对不同时期日本政府规制政策产生的历史背景、规制政策、规制机构、规制绩效等问题的厘清，试图全面、深入理解日本的规制政策。

本书由六章组成。第一章是规制与政府、市场关系的理论框架。论述了影响规制缓和与规制改革的经济思潮的演变，从自由放任到市场规制，再到新自由主义思潮影响下的规制改革及21世纪的新自由主义反思。第二章至第五章分阶段考察日本战后到20世纪80年代之前的国家干预；受新自由主义思潮影响的20世纪80年代后的规制缓和的展开；20世纪90年代中期到21世纪初日本由规制缓和走向规制改革；受新自由主义修正影响下的日本规制改革。第六章通过对日本经验的总结，得到对中国规制改革的启示。

Abstract

The relationship between government and market is the major issues to be resolved in China. Regulatory reform is part of the restructuring of China's economy and society as a whole. Since the reform opening up, the Chinese government made great progress of regulating in the practice field, at the same time, regulatory agencies not only separated from the government, but even some areas there was still no independent enterprises; government under the lack of constraints and supervision held a large number of the approval rights, so government expanded rent – seeking space. Government used form of regulation involve in many of the matters that should belong to the market, and market allocation of resources became into the resources of the Government's decision to invest and objects, resulting in a mismatch of resources. This book attempts to study the experience of the historical evolution of regulatory policy in Japan, to present useful enlightenment on Regulatory Reform in China.

This book adopts the methods of combining normative analysis and empirical analysis, case studies and other methods to analyze the evolution of Japan's regulatory policy in the different periods of time spanning over half a century. This paper working through the historical background of the different periods of the Japanese government regulation policy, regulatory policy, regulatory agencies, and regulatory performance clarify attempt to express a comprehensive and deeply understanding of the Japanese regulatory policy.

This book consists of six chapters. Chapter one expresses the theoretical framework between regulatory, government and market relations. This chapter discusses the impact of regulatory easing and Regulatory Reform Evolution of Economic Thoughts from laissez – faire to market regulations, to the Regulatory Reform under the influence of the new liberalism, with the reflection of the twenty - first century liberalism. Chapter two discusses the state intervention until after the war to the 1980s. Chapter three discusses the expansion of the regulation easing in the 1980s by the new liberalism. Chapter four discusses Japan Regulatory Reform toward regulatory easing from the mid - 1990s to the early 21st century. Chapter five discusses Japan Regulatory Reform, which is with the impact of new liberal correction. Chapter six is the main conclusions and revelation.

目　录

绪　论

政府规制是现代市场经济中不可或缺的制度安排，政府规制政策的演进是政府与市场关系的不断探索，是经济与社会不同发展阶段的体现。对政府规制问题的研究不仅涉及政府政策本身，还涉及政府与市场的合理边界问题。“现在国际学术界对政府到底干预不干预经济这个问题已经没有什么争论了，争论的焦点是干预的范围和深度的问题，实际上就是规制问题。”[①] 在市场经济运行过程中，企业不仅要受市场的影响，还要受政府所建立的行政环境、法律环境、微观规制环境的影响。规制政策是政府与市场关系的桥梁，规制的作用主要是纠正因市场失灵而引起的资源配置低效。然而若没有高效、廉洁、透明、简洁的管理质量，就会带来负面作用，会给微观企业带来沉重负担，甚至影响整个经济的发展，这就迫切需要改变传统的规制方法或取消不合理的规制改革。2011 年，经合组织把规制问题上升到更重要的地位，认为“政府规制是与财政政策、货币政策并列的国家正式权力的三大杠杆之一，它在形成经济和社会福利方面是至关重要的，规制和规制框架也在公共利益范围之内。”[②]

2009 年出版的《OECD 规制改革回顾——中国篇》中，以《划分政府和市场的边界》为主题。[③] 当代中国，政府与市场的关系仍然是亟待解决的问题。而政府规制改革正是转变政府与市场关系的有效路径，是经济体制改革与政治体制改革的结合点。中国的规制改革始于二十世纪九十年代末，是从计划经济条件下的行政垄断及强经济规制，向产业内行政垂直管理的规制放松与新兴市场发育所需的再规制转换，在这一过程中，仍存

---

① ［法］让－雅克·拉丰、让·梯若尔：《政府采购与规制中的激励理论》，石磊、王永钦译，上海三联书店 2004 年版，第 5 页。

② OECD，*OECD Recommendation on Regulatory Policy and Governance*，OECD，2011.

③ OECD，*OECD Reviews of Regulatory Reform – China – Defining the Boundary between the Market and the State*，OECD Working Papers，2009.

在很多问题：如制度的路径依赖使得政府通过行政手段直接干预微观经济活动，规制手段的过剩严重阻碍了市场经济的发展；与此同时，规制过程中存在非公开化、非法治化、没有成本收益的有效评估以及缺乏公众参与，使得规制过程中的合谋问题严重，设租寻租现象普遍。① 因而，需借鉴其他国家规制改革实践与经验，从整体规制变革出发，指导中国规制改革的深入开展。

20 世纪 80 年代改革开放以来，中国社会制度的变迁就在不断调整政府与市场的边界，政府逐步退出一些经济领域，企业、市场和公民获得相应的自由和权利，这是现代社会绝大多数国家制度变迁的基本逻辑。中国要建立真正地以完善的市场经济为基础的现代社会，就要建立适合于中国文化与社会发展的有效规制治理机制，同时提高规制质量，增强公众参与和约束，才能创造出自由的投资环境，经济的发展才有持续活力。

日本在第二次世界大战后经历了经济的高速增长期和稳定增长期，国家拉动型的市场经济通过干预式规制来管理经济增长，实施结构改革，保护生产者利益。20 世纪 60—90 年代，日本是七国集团中国民生产总值和出口增长最快的国家，并且国内通货膨胀率低与失业率低。但自 70 年代末以来，面对科技的进步，消费需求的改变，地区和国际市场的依存度日益提高，随着日本外部条件发生变化，日本经济的结构性矛盾开始显现，国家拉动型的经济增长模式越来越不能适应国际市场的需求。国家管制过多带来了高成本、低效率的经济结构和封闭的国内市场，过时的规制体系造成了结构僵化，导致经济停滞不前，日本迫切需要转变经济发展模式。自 80 年代早期规制改革就被列为重要的政治议程，1981 年，在行政改革委员会建议下，日本启动了全面的规制缓和。日本的这次改革被认为是继 1945 年之后的最深刻的社会变革，也是继明治维新以来的第三次革命。

规制改革是经济社会整体转型的一部分。从对日本政府规制政策演进的背景、进程、特点及趋势的考察中，我们不仅能够了解日本政府规制改革进展的全貌，更能获得关于政府与市场关系的有益启示。日本政府规制政策演进的不同阶段的经验与教训也值得中国借鉴。

对政府规制政策演进的研究，首先需要对规制这一概念进行理解，其

---

① 张红凤、杨慧、吕少华：《政府规制体制改革整体框架的构建：一个国际经验的视角》，《教学与研究》2008 年第 8 期。

次对规制改革进行阐释。

一 对“规制”概念的阐释

中文的“规制”直接来源于日文的“规制”，英文是 Regulate、Regulation、Regulation Constraint、Regulatory，也有人把规制翻译成“管制”。不同经济学家对规制这一概念理解有所差异，但也有共同之处。

从规制本身来看，规制这一概念可以理解为政府对企业行为的干预和控制。如《新帕尔格雷夫经济学大辞典》第四卷对规制定义为规制（Regulation），是指政府为控制企业的价格、销售和生产决策而采取的各种行动，并公开宣布这些行动是要制止不充分重视社会利益的私人决策。[①] 在 OECD 框架内，规制是规章制度的简称，是政府通过一系列措施（包括政府颁布的法律法规、正式或非正式命令）以管理企业和个人，包括经济方面的规章制度、社会方面的规章制度和行政方面的规章制度。经济方面的规章制度是直接干预市场行为，如定价、竞争、市场准入退出等；社会方面的规章制度旨在保护公共利益，如卫生、安全、环境及社会的和谐；行政方面的规章制度指政府通过文书和行政手续了解信息并对具体经济决策做出干预。[②] 学者宋立（1997）对政府规制定义为，“在以市场机制为基础的经济体制条件下，以矫正、改善市场机制内在的问题为目的、政府干预和干涉经济主体活动的行为”。[③] 他认为，规制是政府依据一定法规对市场活动所做的限制或制约，如政府为控制企业的价格、销售和生产决策而采取的各种行动构成了政府对价格、市场进入等的规制。丹尼尔·F. 史普博在其著作《管制与市场》的序言中的第一句便提到了什么是管制（规制）：“管制即关于政府干预市场的研究”。[④] 王俊豪（2001）把 Regulate 译为管制，认为政府管制是具有法律地位的、相对独立的政府管制者（机构），依照一定的法规对被管制者（主要是企业）所采取的一系列行政管理与监督行为。[⑤] 他把管制和监管看作是同义语，它们都来自于英文“regulation”，在学术界常译为管制或规制，而在实际部门通常称为监管。小贾尔斯·伯吉斯认为，政府规制就是政府采取的干预

---

① 《新帕尔格雷夫经济学大辞典》第四卷，经济科学出版社 1992 年版，第 135 页。

② OECD, *Regulatory Reform Report*, OECD Working Papers, 1997.

③ 宋立：《现代西方规制理论及其演进》，《经济学动态》1997 年第 9 期。

④ ［英］丹尼尔·F. 史普博：《管制与市场》，上海三联书店 1999 年版，第 1 页。

⑤ 王俊豪：《政府管制经济学导论》，商务印书馆 2001 年版，第 1 页。

行为，它通过修正或控制生产者或消费者的行为，来达到某个特定的目的，是衡量政府和市场之间相互作用的一个尺度。政府规制可以决定商品的价格，或者对生产什么及生产多少产生影响。在一些特殊情况下，政府规制甚至能够决定由谁生产商品或劳务及如何生产它们。[①] 他把规制划分为经济规制和社会规制。经济规制是由于对垄断的担心而引起对公用事业的管制和反垄断；社会规制政府干预的理由是人们对市场和私人选择的不满，因为他们没有考虑到一些影响一般社会福利的有价值的东西。维斯卡西（Viscusi，2005）认为，规制是政府利用"强制力"这一资源对个人或组织的自由决策进行强制性限制，政府规制就是以限制经济主体的决策为目的而运用这种强制力。[②]

如果从规制的目的来看，欧文和布莱廷根（1978）在《规制的博弈：行政过程中的策略运用》一书中，将规制看作服从公共利益需要而提供的一种规避市场运作风险的方式。卡恩（1970）认为，规制作为基本制度安排，它企图维护良好的经济绩效，其实质就是政府命令对竞争的明显替代。美国经济学家斯蒂格勒（1998）认为，"作为一种规则，规制通常是产业自己争取来的，规制的设计和实施主要是为受规制产业的利益服务的。"他认为，政府规制是行业内厂商为他们的利益服务而进行努力的结果，而并不是出于公众需要而进行的政府努力。可见，规制目的一方面需要服从公共利益，另一方面也是谋取自身利益的途径。

从规制的领域来看，不同学者也存在不同看法。桥本寿朗认为，规制的领域大致可分为：①优先投入发展资金以及为确保金融稳定实行大范围规制的金融部门；②自然垄断性高，通过准入规制保护垄断，通过价格规制防止乱用垄断而实施供求调整型规制的公共部门（电力、煤气、通信、运输）；③为保护中小企业，从雇佣政策角度实行准入规制和价格规制的流通领域和农业领域。[③] 对规制的领域被广泛接受的是日本学者植草益的划分方法。他首先把规制分为私的规制和公的规制。由私人进行的规制是

① ［美］小贾尔斯·伯吉斯：《管制和反垄断经济学》，上海财经大学出版社2003年版，第4页。

② Viscusi, W. K., J. M. Vernon, J. E. Harrington, Jr., *Economics of Regulation and Antitrust*, Cambridge: The MIT Press, 2005, p. 357.

③ ［日］桥本寿朗、长谷川信、宫岛英昭：《现代日本经济》，戴晓芙译，上海财经大学出版社2001年版，第214页。

“私人规制”，由社会机构对私人及经济主体行为的规制是“公的规制”，而公的规制又区分为直接规制与间接规制，间接规制指的是依据反垄断法、商法、民法等带来制约不公平竞争，以有效发挥市场机制为目的的规制，而直接规制是指以政府认可的手段直接介入经济主体的活动，又可进一步分为经济规制和社会规制。[①] 经济性规制的主要领域包括自然垄断和存在信息偏在的行业。自然垄断的基本特征在于其成本弱增性，具有显著的规模经济、范围经济、网络经济性和资源稀缺性，其典型产业包括电信、电力、铁路运输、航空运输、自来水和天然气供应等行业。而在另外一些产业，虽然不具有自然垄断性，但存在着严重的信息不对称问题，企业是信息的发出者和操纵者，消费者只是信息的被动接受者，因而需要政府对这些产业实施规制，主要包括银行、证券、保险等金融业。社会性规制是以保障劳动者和消费者的安全、健康、卫生、环境保护、防止灾害为目的，对物品和服务的质量伴随着它们而产生的各种活动制定一定标准，并禁止、限制特定行为的规制。具体地讲，大体上分为保证健康、卫生（由药物法、医疗法等产生的规制）、保证安全（由劳动安全环境卫生法、保护消费者法、公路交通法、建设标准法、消防法等产生的规制）、防止公害·环境保护（由自然环境保护法、公害对策基本法、防止噪声法、防止大气污染法、禁止高压煤气法、国土利用计划法等产生的规制）等几个方面。[②]

从以上学者对规制概念的理解及对规制领域的界定，可以从以下几方面对规制概念进行理解：

第一，关于规制主体。政府是最主要的规制主体，是政府对市场活动的干预。而规制主体不仅仅包括政府，而且还包括一些非政府组织或其他自律组织。随着规制改革实践的推进，非政府组织将会在规制改革中发挥积极作用。比如在社会性规制中的环境规制框架下，非政府的环境保护组织发挥越来越重要作用，而无论如何，政府是最主要的规制主体。

第二，关于规制目的。对于规制的目的或目标，大多数学者的看法是为了矫正市场失灵，改善市场机制。但规制俘获理论认为，规制本身是被规制企业谋求自身利益的一种手段，这种论点与协同规制手段失效一起成

① ［日］植草益：《微观规制经济学》，朱绍文、胡欣欣等译，中国发展出版社 1992 年版，第 1—2 页。

② 同上书，第 23 页。

为规制改革的重要依据。

第三，关于规制手段。规制是政府通过价格、产量、进入与退出等途径对企业自有决策所实施的各种强制性制约。规制手段主要包括各种法规制度，包括价格控制、市场进入和退出规制、投资规制等。具体而言：①价格规制。规制者要对特定产业或特定业务领域制定最高限价或最低限价，并规定价格调整周期。②市场进入和退出规制。为维持产业的规模经济性和成本弱增性，规制者需要限制新企业进入，同时为保持一段时间内供给的稳定性，还要限制企业任意退出该产业。③投资规制。规制者既要鼓励企业投资，以满足不断增长的产品和服务需求；又要防止企业间过度竞争、重复投资；而且为保证投资效率和效益，还要对投资品的最优组合方式进行规制。④质量规制。许多产品或服务的质量具有综合性，并不容易简单定义和直观认定。因此在一些被规制产业中，往往不单独实行质量规制，而把质量和价格相联系，即在价格规制中包括质量规制，如果被规制企业没有达到质量标准，或者消费者对质量投诉太多，规制者就要降低价格。[①]

第四，日本对规制概念的理解与欧美国家不同。根据日本 2000 年的《规制缓和白皮书》，1988 年 12 月 1 日的第二次临时行政改革审议会关于公共规制是这样阐述的："所谓公共规制一般是指国家和地方政府对企业、国民的活动，为使其达到特定的政策目的所进行的干预、介入。许可、认可等手段为典型的规制手段，或者是一种个别的与规制性的行政指导和价格支持等制度有关的等。"1996 年，总务厅发布的《规制缓和现状》报告中，对规制进行了重新定义，"日本的规制一般而言指的是'公共规制'，指国家及地方公共团体为实现特定政策目标而对企业和国民活动进行的干预和介入。"[②] 如果仅从规制概念看，日本政府对规制概念的理解更接近于政府对微观企业的干预，其概念更加宽泛。从规制实践上看也是如此，日本政府对微观企业的干预除了上文提及的自然垄断行业和信息偏在行业外，对一些本身属于竞争性的行业（如零售业、道路运输业等）也进行了价格和准入等方面的干预。因而对本书所提出的规制概念，把其理解为广义的政府对微观企业的干预更加恰当，是日本政府出于产业

① 王俊豪：《管制经济学原理》，高等教育出版社 2007 年版，第 7—8 页。

② ［日］总务厅：《规制缓和推进现状》，大藏省印刷局 1996 年版，第 23 页。

经济良好发展和公共福利目的，对某些活动的开展需要获取政府许可、批准或政府干预商品服务的价格形成等。

二 对“规制改革”的认识

日本对规制概念的理解比较宽泛，从经济性规制改革上看，它不仅仅局限于传统的自然垄断行业，如电信、电力、铁路、航空、邮政、自来水、城市燃气等，而且还扩展到如零售业、金融业、农业等不具有自然垄断性质的行业，同时也在社会性规制方面进行了不断探索，放松了劳动力市场、医疗、环境等社会性规制。除此之外，对规制改革的认识还需注意以下几个方面：

（一）规制改革不完全等于规制放松、规制缓和

规制缓和（规制放松）是为了减少垄断的无效率，获取竞争性的进入、降低交易成本、防止规制的低效率，对现有规制进行改善，减少并缓和现有规制。而规制改革在范围上要大于规制放松，规制改革不仅包括以尽量减少政府干预为特征的规制放松，而且还包括规制的完全取消抑或是某些领域的规制强化。规制改革并非完全消除政府对微观经济活动的干预，而是不断调整规制与市场之间的作用范围，根据市场体制作用范围的变化、设计和实施更为合理的规制政策。

日本规制改革在1999年之前都是在规制缓和委员会监督下进行的，从名称上看，这种所谓的改革其推进速度和力度是相对缓慢平和的。直至1999年4月，规制缓和委员会才改名称为规制改革委员会。在日本，“规制缓和”的使用频率要明显高于“规制改革”。2012年4月，在日本期刊论文的搜索引擎CiNii中的全文检索，输入“规制缓和”，其结果出现407条，而输入“规制改革”的结果只有43条。虽然日本的规制缓和正向规制改革过渡，但对日本的全面规制改革的研究仍显匮乏。

（二）规制改革是取消旧规制方法，建立和改善与现有经济相适应的新规制方法，这本质上是取消规制和强化规制的并行过程

规制改革通常是减少产业进入壁垒，降低对价格的控制，以刺激强有力的竞争。但是有效的规制改革通常包含特定的“再规制”。在过去20年中，规制出现了两种趋向：一是涉及卫生安全和环境等方面的新规制出现了史无前例的高涨；二是在一些国家则大规模解除对某些行业的经济规制，如航空货运、铁路、金融市场、能源和电讯，同时，为了推进民营化

目标，发展中国家已着手清理先前设置的某些价高效低的规制。[①] 在社会性规制领域，呈现了持续加强的态势。而在经济性规制领域，经历了规制—放松规制—再规制与放松规制并存的动态演进过程。因而规制改革，是取消旧的规制方法，建立新的规制方法的并行过程。

（三）规制改革与公企民营化

学者刘戒骄（2005）[②] 把国有企业出售给私有部门的公企民营化行为置于放松规制之下，认为公企民营化是放松规制的形式之一。但如果把“规制”概念界定在政府使用包括价格和进入等手段对微观经济单位进行干预的话，那么以政府对企业人事和预算方面干预的公企民营化问题就不应包含在规制改革范畴之内。然而，规制改革的进程往往以公企民营化为先行，如在日本电信业、铁路、航空运输业，这些行业的改革是以民营化为先导，伴随着规制缓和及再规制，因而公企民营化通常伴随着规制重构与规制缓和。

当前，国内外学者在规制理论及规制政策方面的研究已经取得了一系列重要的成果，为本书的写作提供了理论基础和方法指导，现有研究是本书后续研究不可或缺的基础和思想源泉。规制的实践是伴随着规制理论的发展而发展的，同时规制理论的发展也是规制实践的映照。当规制理论从公共利益规制理论、利益集团规制理论发展到放松规制理论和激励性规制理论，映射出实践中政府与市场关系的不断调整。从政府对市场的“正当”干预，到发现政府行为的缺陷，再到政府规制缓和与采用激励性规制措施并存。在过去几十年中，规制改革经历了几个不同的阶段，国家相对于经济和社会的定位也在不断变化，人们开始逐步削减国家的势力，放开市场经济，重新定位国家、经济和个人的关系。

理论与实践的不断映射推动着二者的发展，但对日本规制问题的几个关键问题的研究被忽略了：日本政府规制政策的演变经历了哪些阶段，各阶段具有何种特征？政府规制政策在不同时期为什么会调整，有哪些因素冲击了规制政策的调整？规制政策如何调整，效果如何？从国际视角看，日本规制改革的实践绩效如何？作为后发国家的日本，其规制机构和规制

---

① ［美］J. 罗伊思·古阿什、罗伯特·W. 汉恩：《规制的成本与收益：对发展中国家的寓意》，古月译，《经济社会体制比较》2004 年第 1 期。

② 刘戒骄：《垄断产业改革——基于网络视角的分析》，经济管理出版社 2005 年版，第 15 页。

政策与欧美国家有何不同？通过对以上问题的逐步厘清，本书试图对日本规制政策进行归纳与阐释，并对所研究的问题给出接近事实的合理解释。

规制问题是个相当广阔的领域，它实际是微观经济理论与产业组织理论的延伸，是应对市场失灵国家对产业的微观控制，而且规制问题也与政府行政管理、行政机构设置相关、与经济法中的不正当竞争相关。如果把规制问题看作是广义的政府对微观经济环境的干预，那么我们仍然需要对政府干预的范围加以界定。因而在本书研究中，我并不打算能涵盖规制问题的所有领域，必须有所取舍。本书研究规制问题并不直接涉及政府行政管理、反垄断法领域，而是更多针对植草益所述的直接规制问题，从政府规制政策演进角度历史地考察这一问题，当然也会部分涉及行政改革、竞争政策与产业政策的关系等问题。

第一章　规制与政府、市场关系理论框架

关于政府与市场关系问题，长期以来存在着两种对立的观点。一种观点是，政府的干预应该限定在确保市场经济内在的价格机制能够完全发挥作用的市场框架内所必需的最小范围；另一种观点是，如果完全依靠价格机制，不仅会出现经济贫富差距加大、社会不公平现象，而且无法实现国家政策所期望的理想资源配置，因而要抑制垄断、保护劳动者权益、诱导资本和劳动向政府所期望的产业部门转移，政府就应该介入市场交易。

第一节　从放任到规制的理论渊源

一　从亚当·斯密到凯恩斯

创造了被称为经济上的自由宣言的《国民财富的性质和原因的研究》的亚当·斯密，从表面上一片混乱的成千上万个独立经济交易之中发现了经济的自然秩序——由市场来组织生产。他反对重商主义，畅言自由贸易，他认为，“金银的输入，不是一国得自国外贸易的主要利益，更不是唯一利益。”① “我们完全有把握地相信，自由贸易无须政府注意，也总会给我们提供我们所需的葡萄酒；我们可以同样有把握地相信，自由贸易总会按照我们所能够购入或所能使用的程度，给我们提供以流通商品或用于其他用途的全部金银。”② 他鼓励通过自由贸易实现对原材料的进口，“如果本国产业的生产物在国内市场上的价格同外国产业的生产物一样低廉，这种管制显然无用。如果价格不能一样低廉，那么一般地说，这种管制必定是有害的。”③

---

① ［英］亚当·斯密：《国民财富的性质和原因的研究》下卷，郭大力、王亚楠译，商务印书馆2008年版，第19页。

② 同上书，第7页。

③ 同上书，第28页。

当出于自利动机而采取行动追求财富时，专业化生产也促使他们进行合作，市场竞争本身就会实现“自然价格”，同时也会达到不同个人之间的平衡。他认为，市场竞争同样会保护公众利益。而政府不应对商品进行定价，不应对工资进行限制，不应对地租进行限制，同业组合也会对竞争产生限制作用，因而政府干预则是不必要的，甚至会造成腐败。“如果政治家企图指导私人应如何运用他们的资本，那不仅是自寻烦恼地去注意最不需注意的问题，而且是僭取一种不能放心地委托给任何个人，也不能放心地委之于任何委员会或参议院的权力。把这种权力交给一个大言不惭地、荒唐地自认为有资格行使的人，是再危险也没有了。”① 因而，“法律应当让人民自己照应各自的利益。人民是当事人，定然比立法者更能了解自己的利益。”② “对于现世生活的维持，以及对于来世生活的幸福，人民是那么关心，政府因此必须听从人民的意见，而且为了确保公共的安宁，必须建立他们所赞成的制度。”③

亚当·斯密的思想被边际学派及新古典学派的马歇尔所继承。随着经济实践的变化，马歇尔虽然观察到卡特尔、托拉斯的存在，思考了政府在多大程度限制铁路及其他处于垄断地位的企业的经营，但是仍然在《经济学原理》导言中谨慎地表达了这样的观点：“……绝不要不加分析就对竞争统统加以诋毁，对竞争的任何特殊的表现都必须保持中立态度，直到相信人类本性确实如此，抑制竞争绝不会比竞争本身更起到反社会的作用”。④ 日本经济思想家猪木武德认为：“马歇尔虽然也承认中央、地方政府的潜在作用在增大，但他的基本意图在于支持私人企业，并承认官僚经营存在非效率性。他认为，纳税人有效地控制政府企业，并找到具有革新精神和能力的管理者与从业人员是困难的。而且与斯密一样，马歇尔也担心国家成为特殊利益集团，特别是工会的爪牙。因此，可以说，到马歇尔时代为止，经济学家们一直都继承了亚当·斯密的国家哲学的基本部分。”⑤ 亚当·斯密及其继承者的思想兴盛到150年后的20世

---

① ［英］亚当·斯密：《国民财富的性质和原因的研究》下卷，郭大力、王亚楠译，商务印书馆2008年版，第28页。

② 同上书，第102页。

③ 同上书，第111页。

④ ［英］阿弗里德·马歇尔：《经济学原理》，廉运杰译，华夏出版社2005年版，第8页。

⑤ ［日］猪木武德：《经济思想》，金洪云、洪振义译，生活·读书·新知三联书店2005年版，第65页。

纪 20 年代。

1929—1933 年爆发的经济危机，使传统的古典经济学中关于市场经济可以进行自我调节的神话破灭了，理想的传统理论与严峻的经济现实之间产生了尖锐的冲突，资本主义一方面面临着解决现实情况的理论匮乏，另一方面传统经济理论制定的自由放任政策在大萧条面前束手无策。在此之际，理论上的凯恩斯革命和政策上的罗斯福新政的完美结合克服了危机。凯恩斯以国民收入决定理论为出发点，认为“心理上的消费倾向、心理上的流动性偏好，以及心理上对资本资产的预期”① 这三大心理规律带来的有效需求不足引致了危机的爆发，“传统经济学理论向来以乐观著称于世，经济学家也往往被人们看成是甘迪德一类的人物。他离开了这个世界去开垦他的园地，并教导人们说：只要听其自然，一切都会在这个世界上以最好的形式向最好的方向发展。这种盲目乐观的态度，我认为是由于他们忽视了一点：有效需求不足可以妨碍经济繁荣。”②

而为了有效克服需求不足，实现充分就业，需要国家的干预：“……当然，确保充分就业所必需的国家管理，其中包含着政府传统机能的扩充……经济力量或许需要约束或指导才能自由运行。”③ 其政策主张一改平衡预算财政而转为实现无通货膨胀的充分就业的功能财政，即使用扩大公债发行、减税等手段克服萧条。凯恩斯主义全面而直接干预经济的理论所制定的经济政策在实践中收到的明显效果，也使凯恩斯主义备受政府青睐。凯恩斯提出的分析方法成为后来资本主义国家塑造市场竞争和政府干预的混合经济体制的重要理论基础和指导思想。

20 世纪 50 年代末至 70 年代末，在凯恩斯经济学在政策上得到大力推行的同时，凯恩斯学者们也对其理论进行了深化。以保罗·萨缪尔森为代表的凯恩斯主义经济学家将新古典经济学与凯恩斯经济学综合为“新古典综合派”。新古典综合派是一种混合经济理论。混合经济指既有市场发挥作用，又有国家对经济生活进行干预。现代市场经济是靠“有形的手”和“无形的手”相结合的混合经济，即私有制度通过市场机制的无

① ［英］约翰·梅纳德·凯恩斯：《就业、利息和货币通论》，宋韵声译，华夏出版社 2005 年版，第 189 页。

② 同上书，第 26 页。

③ 同上书，第 291 页。

形指令发挥作用，政府机构的作用则通过调节性的命令和财政政策与货币政策的刺激得以实现。把市场主体划分为消费者、厂商和政府，政府也不再是妨碍市场之外的因素。对于市场经济而言，市场能起到一种自发调节和协调的作用，从而存在自动趋于均衡的内在的秩序性，但同时也存在一些缺陷：如外部经济造成市场失灵；不能解决公共产品的有效供给问题；对于由人自身天赋能力、生存环境等先天差别造成的贫富悬殊、分配不均等，市场无法解决；市场竞争可能会加剧资本集聚和集中，从而导致垄断。因而政府应使用适当的手段对经济进行干预，包括宏观层面的财政和货币政策，微观层面的价格政策等。以萨缪尔森为代表的新古典综合派在所有制结构上将国家和私人所有制混合，在经济运行机制上将"看得见的手"和"看不见的手"混合，他们继承和发展了凯恩斯主义，其政策主张受到西方社会的青睐，占据了官方经济学的位置。

二　经济发展初期阶段的政府干预

同时，针对经济发展的不同阶段，政府可能出于保护或支持本民族工业发展的目的而干预经济，这方面的典型代表是汉密尔顿和李斯特。汉密尔顿是支持民族工业发展的经济学家和实践家，他意图通过政府来保护本国未发展起来的幼稚性工业。虽然，他本意并不是政府管制工业的发展，但是却为政府干预提供了先例。汉密尔顿认为市场的实质从来就不是自由放任，政府在"必要"的时候就要干预：政府必须起到主动的干预作用，因为所谓的市场自由调节机制根本不可能确保令人满意的工业发展。[①]

弗里德里希·李斯特在流亡美国时期，也深受汉密尔顿影响，在《政治经济学的自然体系》中就曾全面表达过他的看法。李斯特所生活的年代正是亚当·斯密的自由主义学说统治世界的年代，李斯特从早期的亚当·斯密的忠实信徒转变为著名的贸易保护者是源于当时德国的现实。虽然古典学说所畅言的自由贸易会按照比较优势形成合理的国际分工，国与国之间的资源会得到最充分发展，但是德国的现实却是技术落后、竞争无力、商品被排挤、竞争力被摧残。"自由贸易对于农业、工业和商业得到高度发展的先进经济国家而言是有益的，但对于刚刚使得工业与农业相平行发展的国家而言，为了能持续发展工业就有必要保护关税，这

---

① ［美］A. H. E. M. 韦灵克：《何时干预—为何干预—如何干预—干预多少：取决于各自国情与文化传统的差异》，载斯蒂格利茨《政府为什么干预经济——政府在市场经济中的角色》，中国物资出版社 1998 年版，第 207 页。

也是先进国家英国在重商时代就曾经采取过的政策。"① 李斯特对像英国这样的工业国家所确立的命题，能原封不动地搬到农业国家而感到不满。

李斯特从德国自身现实出发，以生产力理论为核心阐释了他的保护幼稚性工业理论。他认为自由贸易是一种欺骗，是只听从于并只适合于19世纪的英国的特殊利益的一个政策，而在发达国家自由主义思想影响下的发展中国家的自由，则被李斯特称为"消极的自由"②。如果实行自由贸易，那么处于不同经济发展阶段的国家之间一旦发生冲突，最落后的国家必定会一败涂地。因而当国家处于工业化的第二、第三阶段的话，采取贸易保护政策毫无疑问是必要的。李斯特认为历史的教训是："一个国家的人民如故不懂得在适当的时候去解决通过确立自主工业与有利的工商业阶级，以确保在精神方面、经济方面和政治方面的独立这一重大课题，就会因此而灭亡。"③

他建议，使用关税手段来保护本国的幼稚性工业。他的这一建议在现在看来已经很难实现，却向我们传递着同样的信息：保护性的贸易政策，而非斯密的自由贸易政策是实现后发国家强盛的途径，同时保护性的贸易政策也是走向自由贸易的必经途径。

同样的想法在很多日本学者那里也有所体现，原日本农林水产厅厅长佐竹五六把经济发展划分为危机状态、起飞期和成熟期三个阶段，他认为在经济的危机阶段应该对资源、物价、工资、利率进行干预。在经济起飞阶段，政府可以控制一些产品的价格，对金融行业进行规制，政府对经济的干预可以使资源向其所期望的部门，即新兴产业集中，并且建立缓冲机制以减轻对其他停滞部门的影响（见图1-1）。

作为"干预经济"的代表性人物，斯蒂格利茨在《政府的经济角色》一文中探讨了政府在经济中的作用，他把政府看作是一种经济组织，但这

① ［日］八木纪一郎：《经济思想——从古典到当代》，何慈珏译，南京大学出版社2012年版，第48—49页。

② ［德］弗里德里希·李斯特：《政治经济学的自然体系》，杨学春译，高等教育出版社1997年版，第162页。

③ ［日］八木纪一郎：《经济思想——从古典到当代》，何慈珏译，南京大学出版社2012年版，第49页。

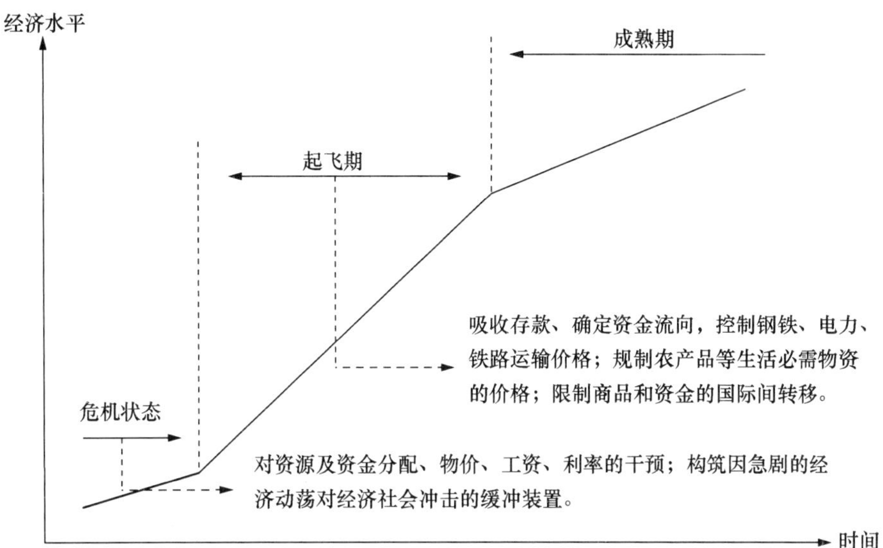

图 1－1　转型期的国家与经济

资料来源：陈建安：《经济全球化与 21 世纪日本的对策——复旦大学日本研究中心第十一届国际学术研讨会论文集》，上海财经出版社 2003 年版，第 88 页。

个组织与其他经济组织相比有很多不同，“在这些不同之处中，政府有两大显著特征：第一，政府是对全体社会成员具有普遍性的组织；第二，政府拥有其他经济组织所不具备的强制力，……政府的显著特征——拥有全体社会成员和强制力——使政府在纠正市场失灵方面具有明显优势。”① 即政府通过自己的强制力来纠正市场失灵。政府纠正市场失灵可通过直接的经济管理、政府规制、公共服务、社会管理和经济调节等职能来实现（见图 1－2）。学者徐平也对政府的经济职能有详细的表述，认为政府的经济职能大致可分为如下的三种类型：一是基础性职能，如提供产权界定、管理社会经济事务、为市场经济有秩序运行提供最基本条件；二是调节性职能，如政府通过财政、货币政策对市场进行干预，以影响市场参数和影响市场条件，也就是宏观调控；三是规制性职能，即政府为实现特定的目标，对某些企业及其他市场主体的部分行为直接施加影响和作用。②

① ［美］斯蒂格利茨：《政府为什么干预经济——政府在市场经济中的角色》，中国物资出版社 1998 年版，第 45、74 页。

② 徐平：《对日本政府经济职能的历史考察与研究》，中国社会科学出版社 2003 年版，第 67 页。

其中，政府对微观企业的规制职能是政府干预经济的重要手段之一（见图1－2）。

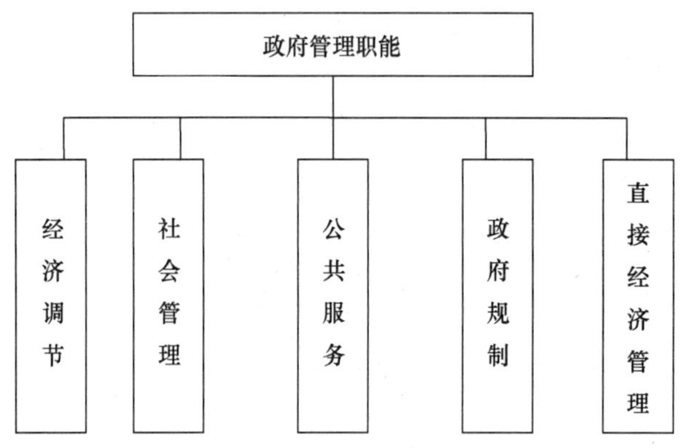

图1－2 政府管理职能的表现

资料来源：王俊豪、肖志兴、唐要家：《中国垄断性产业管制机构的设立与运行机制》，商务印书馆2008年版，第28页。

第二节 新自由主义思潮与政策实践

20世纪70年代，资本主义主要国家经济滞胀的出现使得传统凯恩斯主义在应对危机时束手无策，反凯恩斯主义的自由主义重新回到理论制高点。我们把具有沿袭传统古典自由主义思想的主要流派如拉弗为代表的供给学派，以科斯为代表的新制度经济学派，以布坎南为代表的公共选择学派，以小卢卡斯为代表的新古典宏观经济学，还有货币学派、弗莱堡学派、伦敦学派等统称为新自由主义思潮。新自由主义是相对于斯密以后十九世纪传统自由主义而言的，它沿袭了自由主义的传统，坚持经济自由的理论主张，认为古典经济学"看不见的手"的原理依然是正确的，资源有效配置只能由市场来执行，任何市场以外的力量都不能代替市场的作用；即使市场本身具有难以克服的缺点，但克服与纠正缺点的唯一方法在于通过产权明晰等措施来予以完善；政府本身也有不可克服的致命缺陷，绝不能依赖市场以外的政府干预。① 本书仅就具有代表意义的典型思想与政策实践加以简单概述。

一　新自由主义代表学派

新自由主义思潮是作为凯恩斯国家干预主义经济思潮的对立面出现的，早期的新自由主义思潮代表人物是哈耶克。20 世纪 30 年代凯恩斯主义大行其道而自由主义备受冷落之时，哈耶克仍然不屈不挠地坚持传播新自由主义。他从伦理学角度探讨平等与自由的含义，反对一切形式的国家干预，其 1944 年出版的代表作《通往奴役之路》被称为“新自由主义的圣经”。

哈耶克批评国家干预主义，认为社会是由追求私利的自然人组成，只有保证人们的自由选择权，他们创造财富的积极性才能发挥出来。他认为自由主义并不等于自由放任。“自由主义的论点，是赞成尽可能地运用竞争力量作为协调人类各种努力的工具，而不是主张让事态放任自流。它是以这种信念为基础的：只要能创造出有效的竞争，这就是再好不过的指导个人努力的方法。它并不否认，甚至还强调，为了竞争能有益地运行，需要一种精心想出的法律框架。”② 对于政府行为，他认为不能无限地扩大公共行动领域而仍让个人在其自己的领域中自由自在。一旦国家控制所有手段的公共部分超过了整体一定比例，国家行为的影响会支配整个体系。而政府的作用限于如“防止严重的物质匮乏的保障，即确保每个人维持生计的某种最低需要”；某种生活水平的保障；或者应对疾病或者事故的保险制度；遭受天灾的救助等。经济自由是资源有效配置的保证，而凯恩斯主义国家干预主义是对斯密的通过市场竞争配置资源的思想的否定。只有资本主义的私人所有制才能为经济的自由提供保证，而国家干预主义不可能有私有制和市场机制的那种作用。同时，对于垄断问题，哈耶克认为即使在垄断无法避免的条件下，控制它的最好方法也不是由政府来掌握。如铁路、公路、航空运输、煤气与电的供应这样无法避免的垄断性产业，若由“私人垄断则很少是完全的垄断，更难长时期存在下去，或者私人垄断通常不能忽视潜在的竞争，而国家垄断则是

---

①　参见［美］斯蒂格利茨《政府为什么干预经济——政府在市场经济中的角色》，中国物资出版社 1998 年版，第 5 页。

②　［英］弗里德里希·奥古斯特·哈耶克：《通往奴役之路》，王明毅、冯兴元等译，中国社会科学出版社 1997 年版，第 40—41 页。

一个受到国家保护的垄断——保护它不致受到潜在的竞争和有效的批评。”①

1973 年的中东战争引发的石油限产将资本主义国家再次卷入危机，经济萧条带来了通货膨胀，凯恩斯理论和政策逐渐暴露了其弊端，正当美国政府对滞胀束手无策时，供给学派以其独到的思想成为“里根经济学”的重要理论依据之一。其主要代表人物包括阿瑟·拉弗、罗伯特·蒙德尔、裘德·万尼斯基和马丁·费尔德斯坦等人，后三者曾任里根政府的总统经济顾问委员会的成员。供给学派反对凯恩斯片面强调需求效应。他们认为，凯恩斯主义长期不断地人为刺激需求，持续地损害了资本主义经济，过分的累进税制和福利政策导致了人们失去工作热情和存款意欲。②他们认为，当今美国的经济与凯恩斯当时的大萧条情形不同，需求的增长不一定会造成产出的增长，而会单纯地增加货币数量，促进物价上涨，结果反而带来储蓄率、投资率放慢。供给学派更重视的是政策的供给效应，从而复活了萨伊定律。他们认为一切经济选择都是对成本和收益进行精确比较的结果，个人和企业选择的结果及预期总是比较相符，而政府的选择缺乏合理性，侧重于需求的政策往往产生预料不到的后果。如政府采取扩张性的财政政策是希望降低失业率，结果产生了通货膨胀；政府为改善失业者生活，增加事业福利金数量，却助长了离职，不利于重新就业；而免责医疗和医疗补助，导致了政府对医疗费支出的爆炸性增长。马丁·费尔德斯坦曾指出：政府强化干预的结果使经济陷入了更深的滞胀，政府作用不断扩大是美国经济绩效减退的原因，政府财政政策和货币政策造成产出不稳定和通货膨胀迅速上升，政府各项规制是生产力低增长和新技术研究及新兴产业发展缩减的主要原因。

供给学派进而提出了政策主张，包括：①主张实行以减税为主要方式的供给管理，大幅度持续削减个人所得税和企业税，刺激人们工作积极性。减少税收会增加总供给，减税可以提高人们工作的积极性，增加劳动力的供给，增加储蓄和消费，因而降低边际税率是供给学派的核心主张。②缩减政府开支，减少福利支出。政府在保险、失业补助和困难家庭补助

---

① ［英］弗里德里希·奥古斯特·哈耶克：《通往奴役之路》，王明毅、冯兴元等译，中国社会科学出版社 1997 年版，第 187—188 页。

② ［日］八木纪一郎：《经济思想——从古典到当代》，何慈珏译，南京大学出版社 2012 年版，第 117 页。

方面的转移支付则会减少资源，增加政府支出，也助长了穷人依赖政府的思想，增加了自愿失业，减少了劳动供给，因而应减少政府的转移支付。③采取相对紧缩的货币政策，使货币供给量的增长和长期经济增长相适应，控制短期通胀。④改变国家干预的方向和内容，更多地依靠市场力量自行调节经济，减少国家对经济生活的干预。政府为了制定和执行规制，增加了大量的开支，而厂商为了遵守这些制度也增加了大量的费用，并限制了厂商有效利用技术和资源，导致投资下降，增长速度降低。因而主张精简束缚企业的规制，减少政府对企业活动的限制，降低规制的负效应，而让企业更好地按照市场经济原则行事。

供给学派是古典经济学的复苏。古典经济学派所认为的充分就业是自由市场经济条件下的常态，供给也会自动创造其需求，即萨伊定律。它强调生产与供给，主张经济自由主义。同样地，供给学派也主张经济学应着重分析社会经济的供给方面，立足于生产与供给来促进经济的复苏，因而供给学派也被称为“穿上现代服装的古典经济学”，它是古典经济学的正统继承。供给学派的思想和政策主张强烈地影响了美国 80 年代经济政策的制订。1981 年，里根向国会提交的“经济复兴计划”中，如削减个人所得税和企业税率；削减联邦开支，减少预算赤字；控制货币信贷，推行稳健货币政策；放宽和取消政府对企业的规制等，便映射了供给学派的思想。

与此同时，在凯恩斯主义经济理论在因经济滞胀而陷入困境之时，布坎南的公共选择理论以公共产品的生产和消费作为研究对象，将经济学的研究对象拓展到以往被经济学家视为外部因素的政治学研究领域，并对政府的干预行为进行了批判。

他从政府提供公共产品这一视角进行分析，认为由于公共产品具有不同于私人产品的特征，如非竞争性、非分割性、非排他性和“搭便车”现象，因而通过市场进行选择去配置资源在公共产品那里就失灵了，而政府若通过政治程序的政治市场来进行选择也存在很多问题。如①公共投票使得多数规制在做出集体选择时会失灵。②政府并不是社会利益的最优代表。国家干预主义蕴含了一个不真实的假定，即政府能够代表社会，并能够按照社会利益纠正市场失灵问题；同时政府干预的活动与措施不会造成其他恶果。政府官员在参与公共选择中与普通人一样具有自私的动机，因而由他们所组成的政府也同样会不顾公共利益去追求其官僚集体的自身利益，且相比于私人部门所受的约束更少。若市场不是一种完美的经济机制，那么国家干预也并不是解决问题的良方，过多的干预反而会扰乱和破坏经济生活的内在秩序，从而严重危害民主制度的生存。③产生寻租。寻租这一术语是由美国明尼苏达大学教授安·克鲁格（An O. Kruger）于1974年在《寻租社会的政治经济学》一文中首次提出的。寻租不同于寻利，寻利是通过新产品或者重新配置资源来创造价值，是在价格制度中自然产生的，是一种生产性活动。而寻租则是一种人为创造的非生产性活动，即政府通过帮助创造或保护某个企业的垄断地位，从而提高该企业的垄断租金。寻租表现为通过游说政府和院外活动来获得政府的准入、价格规制与特权等，政府权力对市场交易活动的介入是寻租活动赖以存在的前提。④政府官僚部门不以营利为目的的行为使其不计所提供的公共产品的成本，且往往超额提供，造成浪费，而对官僚的监督往往又是无效的。

对政府干预经济的动机、行为与效果的不信任成为要求政府放松规制、减少干预的重要依据，就连被称为“经济干预主义”的代表人物斯蒂格利茨虽然在《政府的经济角色》一文中表述了作为组织的政府克服诸如公共物品、外部性、自然垄断等市场失灵的优势所在，并可以通过征税权、禁止权、处罚权、降低交易费用等方面纠正市场失灵，但同时他也承认政府由于不完善的信息而存在公共失灵，市场失灵的来源同样也是政府失灵的来源，它同样会损害竞争、破坏合同、滋生腐败，政府才是名副其实的“自然性垄断”。

作为当代规制俘获理论的重要代表人物斯蒂格勒通过考察受管制和不受管制的供电企业，认为管制可能没有收到降低电费的效果，在电费结构方面也没有显著区别。他考察美国政府对证券市场的规制情况，认为规制在减少投资风险的同时，也丧失了许多开拓有希望的新事业的机会，削弱了合理配置资源的机能。他始终认为，政府规制作为经济系统的内生变量是规制双方供求均衡的产物：受规制企业为寻求政府保护要向规制机构支付交易费用，而政府规制则是利益集团活动的产物，与初始的公共利益目标相背离，即政府宣布的管制目标和管制的实际效果是不相符合的。

新自由主义经济思潮是由当代西方经济学界主张自由放任的各流派组成的思想潮流，其本身并不具有一个完整的核心的理论体系。不同的新自由主义经济学流派彼此间存在理论分歧，但他们实际上殊途同归，都认为政府干预过多降低了制度的活力。归纳起来，其主张表现为：①反对靠政府的财政政策，如财政支出和税收去调节总需求和经济波动；②反对官僚机器对经济的规制，主张恢复自由放任的市场经济，在国内外市场放松或取消政府对企业的调节和控制，特别是消除政府对垄断企业的规制；③反对公有制，主张国有企业和公共服务的私有化；④反对社会福利支出，要求大幅度削减社会福利开支和项目；⑤主张贸易自由化，并进一步发展为要求外国投资的完全自由化，同时为实现商品、服务、资本、货币的跨国自由流动，要求发展中国家放松金融业规制。

二 新自由主义政策实践

20世纪70年代中期以后，新自由主义在美英国家逐渐取代了后凯恩斯主义主流经济学，并成为制定国家经济政策的理论依据。由连任美国第49届、50届总统的罗纳德·里根实践的里根经济学成为新自由主义经济实践的代名词，他在面临高失业率、高通胀、低经济增长的两高一低的困境时，将供给学派与货币主义完美融合，开创了后凯恩斯时代经济政策的先河。与此同时，英国的铁娘子撒切尔夫人在1979年出任首相之后，认为前届工党政府热衷于国家干预和实行国有化带来了经济停滞与通货膨胀，因而上任之后以国企民营化为先锋开始了小政府、大市场的改革。"在1980—1982年中，对这场观念复兴（扩大供给、全面刺激拓宽市场、削弱政府作用）起到关键作用是里根时期的美国和撒切尔时期的英国。这两个主要资本主义国家的肯定态度起了决定性作用。"① 同时，鉴于美国和英国对新自由主义持肯定态度，新自由主义在70年代末到80年代初向全世界蔓延，而华盛顿共识正是其表现。

华盛顿共识是"位于华盛顿的若干机构（美国财政部、美国联邦储备委员会、国际货币基金组织和世界银行）向拉丁美洲国家提供政策建议的最低共识"的简称，是曾任世界银行的副行长和首席经济学家约翰·威廉森（John Williamson）于1989年提出的。华盛顿共识由推行经济改革方面的许多政策组成，其内容主要包括②：

（1）财政自律：实行严格的税收和预算原则，防止预算赤字和通货膨胀；

① ［美］A. H. E. M. 韦灵克：《何时干预—为何干预—如何干预—干预多少：取决于各自国情与文化传统的差异》，载斯蒂格利茨《政府为什么干预经济——政府在市场经济中的角色》，中国物资出版社1998年版，第206页。

② John Williamson, *What should the World Bank Think about Washington Consensus?*, Paper Prepared as a Background to the World Bank's World Development Report 2000, 1999, p. 2.

（2）重新确定国家支出的优先顺序，优先保证下列领域：能够实现较高经济回报，并且能够改善收入分配，例如改善卫生保健的基本措施、初级教育及基础设施等；

（3）实行税收改革：降低征收高额税的标准和扩大税基；

（4）实行利率自由化；

（5）实行货币的竞争汇率；

（6）实行贸易交易自由化：降低规制或取消关税壁垒；

（7）实行外国直接投资流动的自由化；

（8）实行私有化；

（9）规制放松：取消国家对市场的调节，取消进入和退出壁垒；

（10）为私有财产权提供司法保护。

斯蒂格利茨把这些措施又总结为：财政节俭、私有化和市场自由化。作为政策实践，撒切尔政府率先开展了私有化，而美国中间派的卡特政府率先发起了放松规制，在这十项措施中，相对而言，规制放松是政治分歧较少的领域。这些共识被认为是新自由主义和当今全球化的理论学说，是位于华盛顿的若干机构把这些规定强加给世界许多国家的纲领。受新自由主义思潮及华盛顿共识影响的，不仅仅包括拉美地区，而且还包括东欧、中国，甚至发达国家的日本。

总之，新自由主义继承了亚当·斯密为代表的古典自由主义经济理论，它产生于20世纪30年代的凯恩斯主义盛行时期，蓬勃于70年代两次石油危机的滞胀之后，于八九十年代向全球蔓延，并在华盛顿共识提出后达到了高潮，上升为世界主要发达国家的意识形态和主流价值观念。20世纪后期，新自由主义思潮基本统治了西方经济学的话语权，不仅独占了经济领域，而且在政治领域、社会领域、文化领域都有所体现，成为主要发达国家明确的政治和经济范式。

第三节　新自由主义的反思

20世纪90年代由美英推进的新自由主义模式在取得一定经济绩效的同时也带来了严重问题，新自由主义正在遭受越来越多的质疑，并进而升级为游行抗议活动，1999年WTO在西雅图会议上遭到抗议，2001年意大利西北部的热那亚，一位抗议者以死亡向世人警示。

在美国本土，以“新自由主义”思想为指导的电力行业的废除规制同样遭受了危机，最主要的例子就是2000—2001年加利福尼亚的电力危机及1999—2003年的美国电讯业的崩溃。对于美国电力行业规制废除在加州遭遇的重大失败，威廉·G. 谢泼德[①]总结了失败的几个原因：①加利福尼亚的解除规制政策设计得很不好，因为该解除规制是1996年的一次政治妥协的结果；②几次偶然性的短缺条件更恶化了其不足；③安然公司、EL Paso公司和很多其他公司实施了操作和扭曲市场的腐败行为；④联邦能源规制委员会（FERC）为自由市场理论家Curtis Hebert所控制，直到2001年4月他只是简单地拒绝让FERC开始采取有效行动。如果FERC早些采取补救行动，危机本来会很快消除。危机也产生了巨大的后遗症，很多州因此推迟了对电力的规制废除，它们指责新自由主义思想指导下FERC的规制废除是个悲惨的失败。

新自由主义思想指导下的规制缓和不仅在美国遭遇到了困境，同样给发展中国家带来了损害。特别是进入21世纪及2008年次贷危机后，这种分歧进一步扩大。主要体现在两个方面：

其一，新自由主义继承自古典经济学的自由贸易、自由经营等思想，倡导的自由化、私有化、市场化等措施在发展中国家和地区带来了严重问题，收入分配不公问题越来越突出，金融自由化导致金融危机频发，国家职能明显削弱，社会发展被严重忽视。如对于金融规制缓和问题，斯蒂格利茨认为，工业化国家直到发展到相当成熟的阶段，才尝试资本市场的自由化，欧洲国家直到20世纪70年代才解除资本市场的规制，而发展中国家却一直被鼓励要加快实施解除资本市场规制的后果——经济衰退以及由此而引起的银行业危机，这对于发达国家来说都很痛苦，对于发展中国家来说，当然就更严重。贫穷国家没有安全网络来缓和衰退所造成的影响。此外，金融市场中的有限竞争意味着自由化并不总能够带来它所承诺的降低利率的好处。[②] 同时，在新自由主义支配下，经济增长速度已经下降，失业与就业不足现象已非常广泛，国家内部和相互之间的不平等进一步加

---

① ［美］威廉·G. 谢泼德、乔安娜·M. 谢泼德：《产业组织经济学》第五版，张志奇、陈叶盛、崔书峰译，中国人民大学出版社2007年版，第479页。

② ［美］约瑟夫·E. 斯蒂格利茨：《全球化及其不满》，夏业良译，机械工业出版社2004年版，第52—53页。

剧，大多数人的生活条件几乎到处恶化，生活在边缘的人在经受经济停滞的折磨。换言之，新自由主义是一个少数人掌权、弄权和破坏环境的全球性制度。①

我国学者方福前在《论新自由主义经济学的两面性》一文中指出："新自由主义者大多接受了古典自由主义关于政府已成为特殊利益集团工具的论断，因而认为以促进平等为目标的政策取向往往只是迎合了某些利益集团的要求。因此新自由主义者更多的是强调自由，而不是平等和再分配。他们认为，政府应集中关注效率和增长问题，因为只有经济发展了，经济繁荣了，才能实现平等；政府通过税收、转移支付、管制和国家福利来实现平等的做法实际上是削弱了市场的活力。"

其二，新自由主义及其全球化思想在由国际垄断资本推动的全球一体化进程中发挥着主导作用。新自由主义的全球化毕竟不是一种"经济松绑"的模式，一般来说，它并不能提升"个人的主动性"。在不干预的理论托词下，新自由主义对社会生活的每一方面都进行了广泛而带有进攻性的干预。它强加一种特定形式的社会经济秩序，该秩序的基础是重点突出金融与国际精英的联盟，还有各国穷人的从属地位与对美国利益的普遍服从。新自由主义虽然提升了世界上的权贵及其附庸的权力与生活水平，但对大多数人来说却是灾难。② 美国学者罗伯特·迈克杰斯尼尖锐地指出，新自由主义经济学及其实践者代表了极端富裕的投资者和不到1000家庞大公司的直接利益。③ 新自由主义的本质就是国家垄断资本向国际垄断资本转变的要求，是国际垄断资本企图统一全球的制度安排，同时也是发达国家继续领导和统治发展中国家的有力工具。植草益早在2000年就已经指出了美国的"阴谋"："美国的规制放松政策多以强化本国产业的国际竞争力为目的而展开，于美国而言，其他国家存在政府规制是阻碍美国企业展开国际性活动的重要因素……若撤除规制，美国企业在世界各地自由地活动，美国在竞争中必定获胜，美国经济再生的国家目标就能实现。"④ 雨

① ［英］阿尔弗雷多·萨德－费洛、黛博拉·约翰斯顿：《新自由主义批判读本》，陈刚译，江苏人民出版社2006年版，第7页。

② 同上书，第6页。

③ ［俄］诺姆·乔姆斯基：《新自由主义和全球秩序》，江苏人民出版社2000年版，第11页。

④ ［日］植草益：《日本的产业组织——理论与实证前沿》，锁箭译，经济管理出版社2000年版，第300—301页。

果·雷迪斯甚至称新自由主义全球化是没有帝国的帝国主义。①

从以上两个意义来看，新自由主义也不应该成为主导世界，尤其是成为发展中国家的主流思想，政府一定范围上的干预可能对发展中国家更加重要。对于发展中国家而言，以新自由主义为主导思想的解除经济性规制，降低了经济活动的协调性和国家制定政策的能力，妨碍了鼓励优先发展的产业政策工具的使用。同时，以新自由主义为主导观念的规制改革也试图用市场秩序改变社会和政治，结果遭遇到了重重阻碍，没有注意到市场经济与社会关系的关联。新自由主义意味着社会关系根植于经济体系中，市场正持续不断地寻求以它自己的方式来塑造社会，市场外在于社会关系与政治秩序，从而产生了社会分化和政治失序。而事实上，市场经济应植根于社会关系中，而非社会关系植根于市场经济中，市场经济唯有在市场社会中才能运转起来，即市场经济只有适合发展中国家的社会关系与政治秩序才能发挥最大功效。“重要的是，我们应该谦虚地承认，民主也好，市场机制也好，它们都具有很大的局限性。我们被赋予的任务是，尽管民主、市场机制都极其不完美，但既然人类没有更好的东西，就必须努力寻找方法，让它们能顺利地运作。东京大学教授岩井克人说：用亚当和夏娃来做一个比喻，那就是，在资本主义中，人们尝到了自由这个禁果的甘甜。而在那种甘甜中，当然包含着不稳定因素这种原罪。但自由不应该被舍弃，也无法舍弃。作为不愿舍弃自由的我们，必须学会驾驭自由的办法，如果不能适当地驾驭自由，最终就会陷入失去更多自由的境地。”②

---

① ［英］阿尔弗雷多·萨德-费洛、黛博拉·约翰斯顿：《新自由主义批判读本》，陈刚译，江苏人民出版社2006年版，第119页。

② ［日］中谷岩：《资本主义为什么会自我崩溃？——新自由主义者的忏悔》，郑萍译，社会科学文献出版社2010年版，第68页。

第二章　统制经济到规制经济：国家干预主义盛行

日本的国家干预主义的思想传统可追溯至德国历史学派李斯特的保护幼稚性工业理论及卡尔·马克思的生产力理论，并根据日本本土的情况进行了适当调整。日本一些学者认为，日本不能简单信奉主张自由贸易的英国古典经济学思想，而是应该注重日本经济发展的需要，主张适当采用李斯特为代表的德国历史学派的政策思想。① 筱原三代平借鉴了李斯特理论，并结合日本国情，使用动态比较利益理论说明了政府扶持和发展幼稚产业实现产业结构高度化。② 同时，日本马克思主义经济学的自由争论和研究得到了发展和深化。特别是日本政府为尽快恢复战后经济而采用有泽广已等学者根据马克思再生产理论提出优先发展能源和重工业的倾斜式生产方式，使得马克思经济学的影响得到进一步扩大。③ 玉野井芳郎评论说："马克思主义是在第二次世界大战前在日本学术界得到普遍认可的唯一的外国理论……不仅在战前，就是在今天，也仍在日本知识界发挥着巨大影响。在此意义上，人们不能离开马克思主义来讨论现代日本。"④

日本在有选择性地借鉴吸收了国外经济思想的同时，了解日本经济的大批经济学家到政府各部门任职而充当政府参谋，形成了独特的"官厅

---

① 朱保华、陈雪玫、彭文兵：《他山之石——日本经济思想初探》，当代中国出版社 2002 年版，第 235 页。

② 筱原三代平认为，按照传统的国际贸易中李嘉图的比较优势理论及 H—O 要素禀赋论，只能使日本发展劳动密集型的低附加值的产业，并会进一步扩大日本与欧美之间的距离。他认为，日本不能静态地，而应动态地理解比较优势理论，因而一些经产业结构优化且长期收入弹性大和使劳动生产率迅速提高具有发展潜力的幼稚性产业，经过政府的扶持，完全可能成为具有国际竞争力的出口产业。

③ 朱保华、陈雪玫、彭文兵：《他山之石——日本经济思想初探》，当代中国出版社 2002 年版，第 238 页。

④ ［美］高柏：《经济意识形态与日本产业政策》，安佳译，上海人民出版社 2008 年版，第 50 页。

经济学派”。如有泽广巳、中山伊知郎、东畑精一、都留重人、石桥湛山、下村治等，他们一般都在第二次世界大战前接受过教育，并引领且直接参与了战后政府政策的制定。他们中的许多人不仅在理论界大名鼎鼎，而且大多担任过政府机构的重要职务，这些人兼有政府官员和学者的双重身份。如被称为日本经济高速增长之父的下村治担任过被认为是日本历史上势力最强大的经济机构——和田博雄领导下的经济安定本部的物价局局长，并出任以国民收入倍增计划而闻名的池田内阁的首席经济顾问；石桥湛山曾担当大藏省大臣、通产省大臣，并最终出任日本第55届首相；被日本政府授予“御三家”的有泽广巳、中山伊知郎、东畑精一三人，都是日本政策咨询委员会的领袖；都留重人在和田博雄领导下的经济安定本部综合政策协调委员会担任主席，该委员会主要负责政府经济政策的宏观协调。这些官厅经济学家将自己的经济理论付诸日本的经济实践，日本战后所执行的经济政策，都是基于这一代学者建立的思想基础。概括而言，他们的思想可归为以下方面：

其一，将民族和国家视为产业政策分析的基本单位，将经济系统看作是可以被人为干预或操纵的体系，强调国家在经济发展中的作用。国家负责制定经济发展战略、长期经济计划，对关键资源进行控制，注重国家对产业的指导与协调。

其二，在政策实践层面，确立倾斜式生产方式[①]，制定产业结构政策，特定产业被提升到经济战略的地位。树上泰亮（1992）分析指出，西方主流经济理论实质是“资本主义的经济学”，而日本则体现的是“产业化的经济学”。[②] 即莱斯特·塞罗所称的“生产者经济学”，生产导向是日本经济政策的中心主题。

其三，防止过度竞争。防止过度竞争的思想是生产者经济学的应有之义，政府对产业进行干预的一个重要依据就是规避不正当竞争，这一观念反映出政府在一国经济范围内更有效地分配资源以提升产业结构和国家竞

---

① 第二次世界大战严重打击了日本经济，1945—1946 年产能急剧下降，伴随失业与物资短缺的通货膨胀居高不下，经济不能恢复，社会局势动荡，1946 年 12 月，担任日本政府煤炭委员会委员的有泽广巳在其《挽救日本经济的残局》一文中，详细分析了当时日本的经济状况，并提出重点倾斜生产方式理论，该理论是组织以煤炭政策为核心，有计划地迅速提高其他基础部门的生产能力，为日本经济的全面恢复创造条件。

② ［美］高柏：《经济意识形态与日本产业政策》，安佳译，上海人民出版社 2008 年版，第 31 页。

争力的意愿，同时也是对生产者利益的保护和对消费者利益的漠视。防止过度竞争也就意味着私营企业竞争的开展只能在政府界定范围内进行，政府通过规制和行政引导，限制每个行业的竞争类型和程度。

在这样的思想指导下，日本战后不仅采取了宏观调控的干预方式，而且深入到了各产业与各企业进行微观干预。

第一节 统制型体制向规制型体制转换

日本是一个后发的资本主义国家，从明治维新后才进入到资本主义阶段。年轻的明治政府在西方殖民者的坚船利炮下建立现代军队，通过富国强兵战略，使自己成为东方世界第一个摆脱西方大国欺凌的国家。为实现国家的现代化，日本政府依靠国家权利和手中庞大的资金，对国民经济进行直接干预。第二次世界大战期间，为了调配战时所需物资，政府对经济活动进行了全面统制，颁布并实施了大量统制立法，如 1931 年《重要产业统制法》，1937 年《临时资金调整法》，1938 年的《国家总动员法》、《国家电力管理法》等，其中《重要产业统制法》是一部影响深远的法律。该法规定：在加盟卡特尔的同业者总数 2/3 以上提出申请时，为确保产业的公正利益和国民经济的发展，卡特尔有权要求全体加盟者和未加盟的同业者遵从其协定的全部或一部分。规定对违反此项命令或不依从该项协定者，课以罚金的制裁。这一规定的意义在于，它首次明确地赋予了政府对重要产业进行干预的权力，使国家在发生经济危机或其他事态时发动经济统制成为可能。[①] 战时日本政府对经济进行统制，国家在日本经济的发展中居于重要地位，对私人企业采取一系列强有力的经济保护政策。国家通过大力扶持和保护私人垄断资本，尤其是与统治集团关系密切的政商，为新老财阀的形成创造种种有利条件。

第二次世界大战后，日本处于美国占领之下，以麦克阿瑟为首的盟军总司令部对日本实施间接统治。在对日经济政策问题上，美国自身的各方面并不团结。华盛顿政府的方针是应该在日本断然实行大震荡型的财政金融紧缩政策，控制通货膨胀，迅速引入市场经济机制。对此，东京的麦克

① 雷鸣：《日本战时统制经济研究》，人民出版社 2007 年版，第 30 页。

阿瑟和他的司令部智囊团则主张采取渐进的方针，重视政府的干预和各项规章制度的建立。[①] 最后，华盛顿方面尊重了东京的麦克阿瑟，由日本政府继续存在并发挥作用。因为在危机四伏的经济形势下，民间经济活动无法发挥作用，必须由政府进行相应管理：生活必需品实行配给制，政府对生产和原材料采购下达指令，物价管制和补贴制度也依然执行。日本战时的计划经济继续坚持下来，管制经济并未随着战争结束而结束，而是一直延续。尽管到40年代末进行了土地改革、财阀解体、劳动法的三大改革，调整了部分生产关系，1949年的"道奇计划"从战时统制型经济向市场经济机制转变，但是并不代表经济活动完全实现了自由化，为了进行市场干预而制定的很多政策被延续，政府在经济发展中干预的传统被一直保留下来。

到了20世纪50年代初，虽然日本国内经济管制与税金补贴制度被撤销，大部分的市场经济机制得到了恢复。但在产业政策方面，日本推行的仍是产业合理化运动。为了执行产业政策，政府又制定了许多规制，如对外汇进行管制、限制国际资本流动，设立以日本开发银行为龙头的政策性银行，以扶持重点产业为目的的各种税收优惠措施等。日本政府转变了策略，从战时的替代市场的统制型体制转换为组织市场的规制型体制。

一　产业政策与竞争政策

（一）产业政策

"产业政策"这一概念发源于日本，是土生土长的日本名词，是具有民族特色的"日本经济学"。战后日本的经济政策除运用凯恩斯主义对宏观经济进行干预外，更广泛使用的是介于宏观和微观之间的产业政策。日本经济学界认为，单纯依靠市场机制的作用难以实现赶超欧美国家目标的，而实施产业政策是实现日本经济高速增长的直接手段。日本产业政策的实践开始于20世纪50年代，1964年产业结构审议会成立，政府与学界开始持续分析研究产业政策，成为日本政府扶持产业发展、计划引导国家经济的有效手段。而与此形成鲜明对比的是，对于崇尚自由的欧美国家，一般没有产业政策或根本不承认产业政策，其制定的经济政策的目标可能是为了稳定价格或充分就业，但与维护本国的产业结构没有明显

① ［日］大野健一：《从江户到平成——解密日本经济发展之路》，臧馨、臧兴远译，中信出版社2006年版，第138页。

关系。

日本制定和实施产业政策的主要政府机构是原通产省。原通产省前次官，被称为“产业国家主义者”的佐桥资（Sahashi Shigeru）认为，政府对国民经济负有全局责任，他指出“认为政府要做的事只是给各行业提供有利环境，无须提供指导的想法，是极端以自我为中心的企业主观点”。[①] 政府做什么、如何做，是极其复杂的公私交互作用，也即是产业政策的问题，通产省花费很长时间去寻找一种合适的政企关系，这种关系既能支持政府树立真正的产业政策，也能保持企业界的竞争和私有制度。

植草益将第二次世界大战后日本的产业政策归纳为以下几个特征：对重要产业的进入规制，各种政策手段（税制优惠措施、补助金等）的应用，不景气时期的卡特尔形成和设备投资调整，政府的行政指导介入，政府间合并的推进。无论是进入规制还是不景气卡特尔的形成，抑或行政指导和企业合并，都涉及另外一个非常敏感的课题——反垄断，产业政策就不可避免地与竞争政策发生了冲突。

（二）竞争政策

“竞争政策”是国家为保护和促进市场竞争而实施的一项基本经济政策，其目的是实现资源的有效配置。广义的竞争政策是放松经济规制，促进竞争自由和市场开放的政策；而狭义的竞争政策是指有关限制性商业的做法，垄断、兼并及相关现象的法律制度及规定，即《反垄断法》。一般而言，通常把竞争政策与反垄断法看作是同义词。

战后的1945年，盟军总司令部发布“股份公司解体指令”，标志着解散财阀的开始，最初被责令解散的是四大财阀，包括三井、三菱、住友、安田，之后被责令解散的范围逐渐扩大到十大财阀的鲇川、浅野、古河、大仓、野村五个，而且不仅解散其组织，还发展到了禁止垄断。1947年，在盟军总司令部的强制下，以美国反托拉斯法为蓝本的日本反垄断法诞生了。1947年4月由日本的独立委员会——公平贸易委员会（JFTC）制定并颁布了《禁止私人垄断和维护公平贸易法案》（简称《禁止私人垄断法》，或《反垄断法》，或《禁止独占法》），1947年12月颁布了《经济力量过度集中排除法》。两法的颁布阻止了垄断组织的形成，并对已经

① ［美］查默斯·约翰逊：《通产省与日本奇迹——产业政策的成长（1925—1975）》，金毅、许鸿艳、唐吉洪译，吉林出版集团有限责任公司2010年版，第9页。

形成的垄断组织进行治理，为企业开展自由竞争创造了良好条件。《禁止私人垄断法》明确规定：第一，禁止私人垄断，禁止不正当的限制交易和不公平的交易方法；第二，禁止建立共同行为卡特尔和统制集团，禁止建立控股公司；第三，限制公司职员在其他公司兼职，限制公司合并。反垄断法实施目的是为了建立以市场经济为基础的竞争型经济，通过市场结构措施维护一个竞争型市场结构，如解散了巨型企业集团 Saibatsu，消除经济力量的集中和去除私人控制的集团。虽然竞争法做出了杰出的贡献，但是由于日本经济整体观念与严峻的经济形势使得竞争格局没能迅速扎根。

反垄断法出台后不久，出现了东西方之间的冷战格局。随着 1848 年 10 月 7 日美国 NSC13－2 号文件的拟定，美国改变了对日战略，由抑制到扶植，对已经实施、正在实施和将要实施的政策也进行了调整。1948 年 3 月《经济力量过度集中排除法》实施仅 3 个月，美国便通知麦克阿瑟将军停止支持远东委员会《排除日本经济力量过度集中计划》的通知。仅时隔两年的 1949 年，日本政府就对《禁止私人垄断法》进行了第一次修改，放宽了对公司持有股份的限制，为企业之间相互持股提供了法律依据，战后日本企业集团的重组就始于此。1953 年，又第二次修改了反垄断法：一是允许建立反萧条卡特尔；二是批准建立合理化联合企业，三是缓和对持股和合并等的限制。这次修改为企业兼并和企业联合提供了更为宽松的法律环境。

20 世纪 50 年代被称为是“反垄断法的黑暗的年代”。[①] 占领军的离去使得日本经济实现了独立，政府政策专注于促进和强化国内产业，通过出口以赚取外汇。这导致了各种法律的诞生并使国内产业的反垄断法豁免，尤其是放松了卡特尔规制。此外，对竞争不利的行政指导在许多产业的衰退时期也大量使用，以防止过度竞争或者稳定市场。因此，从法律体系角度看，竞争政策被迫退后并受到限制。

（三）产业政策与竞争政策的博弈

战后日本学界普遍认为，日本经济面临的主要问题是规模过小的企业经营及过度竞争。日本企业欲获得国际竞争力必须促进个体企业之间的合作，通过加强政府规制，鼓励卡特尔和企业系列兼并与合作，扩大企业规

① OECD, *Competition Policy, Industrial Policy and National Champions—Contribution from Japan*, OECD, 2009, p. 2.

模。因而，作为产业政策制定和执行者的通产省与竞争政策制定和执行者的公平贸易委员会经常发生矛盾，而矛盾斗争的结果通常以通产省的胜利而告终。

通产省官员反感美英的自由竞争，认为自己的终身任务就是保护日本工业不受外国势力的挤压。而私营企业的立场却反映出了两难境地。一方面，它们希望政府能参与产业调整过程，并实施对某些企业倾斜的政策，并且大型企业也对过度竞争（破坏性竞争）表示担忧，即两个或更多企业可能为争夺顾客而展开竞争，企业支付的竞争性价格可能低于 AC 甚至 AVC，竞争可能会耗尽竞争性垄断企业的资源，并迫使他们退出，因而企业支持政府规制过度竞争。另一方面，它们也惧怕一旦与政府有联系，无论最初的体制采取何种形式，最终都有可能成为政府管制，私营部门又强烈反对官僚的控制。因而为实现这一目标，大私营企业的联合组织——日本经团联更倾向于在没有过多政府干预的情况下，组织卡特尔。它们极力推动《禁止私人垄断法》的修改，即私营企业间出于抵抗国外企业竞争压力而进行的兼并或谈合。

私营企业的担忧也正与日本政府的政策目标不谋而合，强化的产业政策与弱化的竞争政策对于私营企业和日本政府而言是一个现实的选择。20 世纪 60 年代，日本通产省的企业局曾欲推出《特定产业国际竞争力强化特别措施法案》①，其旨在促进工业重组，在这个法案中，在特定产业，如汽车、钢材和石化产品，政府与私营部门合作以强化国际竞争，建立对于资本投资、并购和卡特尔合理化的政策。在之后的审议会上，公平贸易委员会提出了异议，认为该法案意图彻底根除反垄断法。但是经过通产省官员的斡旋后，该法案依然于 1963 年 2 月 1 日公布，时任首相池田勇人命令公平贸易委员会予以合作，之后，主要工业领域发生了大规模并购。

六七十年代，日本有影响力的合并包括战后被分割的三菱与三重公司在 1964 年得以重新合并，日产汽车与王子汽车在 1966 年实现联合，日商与岩井两大综合商社则在 1968 年合并，日本第一银行与日本劝业银行在 1971 年合并形成第一行劝业银行等。

日本战后规模最大的一次合并是八幡和富士两大钢铁公司②于 1969

① 该法案后来更名为《特定产业振兴特别措施法案》。

② 八幡和富士是日本六大钢铁公司的其中最大的两家，其余四家为日本钢管、川崎、住友和神户。

年10月30日的合并。公平贸易委员会认为，从竞争政策角度看，合并将带来很多问题。但时任通产省次官的山下英明曾经与公平贸易委员会联系，获得了公平贸易委员会对于合并问题的正式批准，从而打破了该委员会禁止占本产业30%以上市场份额企业的合并的规定，为合并铺平了道路。最终于1970年3月成立了世界上最大的钢铁公司——新日本制铁公司。这次合并对国民经济产生了极大影响，因为钢铁产品是其他产业的基础。日本的工业企业也支持这次合并，然而这次合并却严重地影响了竞争，因为钢铁行业第一大和第二大企业的合并使得在近20种产品上的市场份额超过30%。[①] 日本政府通过鼓励大公司兼并进行产业重组来限制市场竞争，这些措施都与《禁止私人垄断法》相抵触，但是在政府支持下，尤其是在势力强大的通产省的支持下，这些措施依然被执行。

事实上，产业的合并与重组不仅反映了产业政策与竞争政策的冲突，而且作为日本反垄断法的《禁止私人垄断法》也一直以来存在着价值之争，或称之为目的之争，即反垄断的最终目的到底是什么。实际上，日本的反垄断法在订立之初就宣示了多种目的，例如，促进公平自由的竞争；使事业者发挥其创意、兴盛事业活动；促进雇佣；确保一般消费者利益；促进国民经济民主健全。由于以上目的包含的内容太广，因此日本学者对于反垄断法的目的或价值存在争议。如今村成和认为反垄断法应以公正自由竞争为目的；松下满雄认为以经济效率——资源的最优配置为核心；丹宗昭信认为反垄断法的目的是消费者保护与国民经济民主健全发展，而竞争只是达到其目的的手段。[②] 这样，竞争到底是不是作为反垄断的唯一目的？还是促进国民经济的健全与提高？抑或保护雇佣？对反垄断价值的认识不清也同样成为反垄断执行不力的一个重要原因。

总之，20世纪50—70年代，政府的产业规制政策更多地显现出了强化生产、遏制竞争的表征，政府规制作为维护大企业垄断地位的手段，以生产者利益为先，强化对企业的管理与产业政策，促进资本密集度提高。在这一过程中，日本通产省及其产业规制政策在日本经济起飞时期起到了重要的作用。

---

① OECD, *Competition Policy, Industrial Policy and National Champions—Contribution from Japan*, OECD, 2009, p. 3.

② ［日］赖源河：《公平交易法新论》，中国政法大学出版社2002年版，第18—23页。转引自张小强《网络经济的反垄断法规制》，法律出版社2007年版，第66页。

二　经济赶超与政府规制

战时统制型经济被废除后，日本战后建立起来的经济体系既不属于政府统制型经济，也不同于基于放任原则的自由经济。战时遗产与自由资本主义交互作用后，从对方吸收成分，形成了第三种立场或者是一种折中模式。这种将政府与市场联结起来的折中模式既适应战后世界的主流趋势，又继承并保留了日本所独具的内在传承，形成了一种规制型体制。这种规制型体制是在政府引导下，通过各种经济政策法规对介入国内经济，维护市场规则与秩序，发挥政府在资源配置方面的作用，同时尊重市场竞争，促进民间企业的发展。市场机制和政府规制的有机结合，使日本既确保了其政策的稳定性和时效性，也缩短了赶超欧美的历程。政府规制在日本高速经济增长中所起到的作用表现在以下几个方面：

（一）合理配置有限资源，造就了有国际竞争力的企业集团

在战后日本工业极度萎缩和生产资料严重缺乏的形势下，日本政府实施了一系列以规制为主的资源配置政策。政府接受了有泽广已提出的“倾斜生产理论”，该理论主张国家把有限的资源重点集中使用以煤炭为中心的产业上，并且对这些重点产业给予间接的诱导和必要的资助。政府进而推出了倾斜生产方式：将进口的全部原油提供给钢铁生产部门，将由此增产的钢铁再投入到煤炭生产，如此循环，以迅速恢复作为基础产业的煤炭和钢铁生产，带动其他工业部门的恢复。

日本政府根据不同时期，由政府主导确定战略性目标产业，并颁布法规支持这类产业发展。例如在经济高速增长时期，日本政府先后确定并扶持了三类战略性产业，分别是电力产业，石油、化工、钢铁、造船产业和汽车、家用电器产业。以海运造船产业为例，政府根据市场状况和原材料供给能力，制定相应的船舶修造计划，然后采取投标方式，选择有能力的企业进行计划内的船舶修造。[①] 这种方式，从海运造船业角度看，弥补了长期原料供给不足、无力自主发展的缺陷，从政府角度看，扶持了有实力的造船企业，避免了市场自由竞争的无序性。

与此同时，政府还采取了有利于企业发展的金融规制措施。第二次世界大战后很长一段时期，日本国内存在资金不足的问题，在这种情况下，

① 李晓：《东亚奇迹与“强政府”——东亚模式的制度分析》，经济科学出版社 1996 年版，第 32 页。

如果实现利率自由化就会形成高利率，增加企业筹资成本，因而日本中央银行政策委员会根据《临时利率调整法》对利率进行规制，限定存贷利率的最高限额，以保证企业能够获得低息贷款。为保证低利率政策的有效实施，政府还采取小额邮储免税制度、超额贷款政策、限制资本市场政策等，以刺激低利率条件下个人存款的积极性，为企业提供资金保障。同时还设立日本开发银行、日本进出口银行、农林渔业金库、中小企业金库等公共金融机构给企业提供资金支持。①

在政府扶持下，日本形成了一批具有国际竞争力的企业集团，如三菱、三井、住友等旧财阀系企业集团，以及芙蓉、第一劝银、三和等战后新形成的企业集团，以六大企业集团为代表的大型企业在日本各个领域各个行业都有所渗透，分布于包括农林水产、建筑、食品、纤维、造纸、化学、石油煤炭、钢铁、有色金属、机械、电气、运输、商业、证券银行保险、不动产、海运等各重要领域。

（二）创造了大量贸易盈余

日本政府在以经济为发展导向的指引下，制定贸易立国战略，刺激出口，拉动经济增长。为促进出口，日本长期对外汇实行管制，政府控制了所有外汇的管制权。在汇率政策上，维持1美元兑360日元的固定汇率，汇率的低估促进了出口和贸易顺差的扩大，迅速摆脱了外汇短缺情况，并且所有出口企业的外汇全部集中在政府手中，由政府分配。同时，对战略性出口产业予以政策优惠，如加速折旧的特殊税收刺激、以低于市场利率提供融资等。日本出口贸易在国际上的比重大大提高，1947年仅占0.4%，到1971年上升为7.5%，到1984年又上升为9.6%，占世界出口总额的近10%。而由于出口的增加，日本的贸易收支顺差逐年增加，1987年，日本的贸易收支顺差高达893亿日元，居世界第一位。②

（三）缩短了赶超欧美的时间

战后以来，日本一直实行“赶超型”经济发展战略。③经济赶超的实质就是后进国在经济起飞后的经济增长期，以不平衡的经济跳跃式发展为

---

① 徐梅：《日本的规制改革》，中国经济出版社2003年版，第52页。

② 参见徐平《对日本政府经济职能的历史考察与研究》，中国社会科学出版社2003年版，第126页。

③ 徐平：《对日本政府经济职能的历史考察与研究》，中国社会科学出版社2003年版，第190页。

特征的经济超常规增长过程。[①] 日本在经济赶超的过程中，国家运用“看得见的手”，通过产业政策、财政政策、金融政策等方式干预经济生活，尤其在产业政策方面，制定不同阶段的产业政策，并辅以金融、财政支持，培养了有竞争力的企业集团，促进了经济飞速发展。从 20 世纪 50 年代到石油危机之前，日本的平均经济增长率达到了 9% 左右，而同期其他发达国家的经济增长率却在 3% 左右，经济的飞速发展大大缩短了赶超欧美的历程。

日本的规制政策大量产生于其高速增长时期。这一阶段，日本政府对经济发展起到了关键作用，并且也促进了经济的起飞。日本政府实施的这些经济规制，不仅仅出于补救市场失灵的考虑，在很大程度上反映了后发国家政府对产业进行保护、扶持的政策目的，是政府行为对市场的替代。学者莽景石认为，作为东方的后发展国家，无论在战前还是战后，日本都不是像欧美国家那样待各种条件成熟后再自然进入发展过程，如果没有政府对市场的替代，仅仅依赖市场价格机制的自发力量，至少在时间意义上将难以实现超常的大跨度工业化。[②] 作为赶超型国家，日本的明显教训是政府需要市场，而私营企业则需要政府；一旦双方都认识到这一点，合作就有可能，高速经济增长才会出现。[③]

第二节　规制症结：过度的政府经济行为

日本政府的产业规制政策在经济发展初期集中有限资源恢复了战后经济，并且保证了政策的时效性与稳定性，在创造大量贸易盈余的同时，大大缩短了赶超欧美国家的进程。但是政府规制政策既存在“光”，也会出现“影”，当政府规制不再适合经济发展阶段时，也会带来负面影响。这种负面影响是一种“赶超后”现象[④]，主要表现为：经济超常规增长所造

① 金明善、车维汉：《赶超经济理论》，人民出版社 2001 年版，第 42 页。

② 莽景石：《日本市场复归中的政府规制改革》，《日本学刊》2000 年第 6 期。

③ ［美］查默斯·约翰逊：《通产省与日本奇迹——产业政策的成长（1925—1975）》，金毅、许鸿艳、唐吉洪译，吉林出版集团有限责任公司 2010 年版，第 356 页。

④ 徐平：《对日本政府经济职能的历史考察与研究》，中国社会科学出版社 2003 年版，第 137—140 页。

成的畸形缺陷；“强政府”干预造成的扭曲的经济关系；经济的超常规增长导致紧张的社会压力；“强政府”干预下形成的不规范的行政管理。

同时，冯玮在其著作中总结了典型的日本型政府模式的特征。所谓“日本型政府模式”由以下12项要素构成：（1）拥有稳定的官僚机构特别是通产省和大藏省；（2）重点扶持为经济增长做出贡献的特定产业；（3）积极促进外贸出口；（4）对企业及其行为进行广泛指导和采取许可制进行规制；（5）有选择地保护国内市场；（6）限制外国企业的直接投资；（7）舒缓地运用反垄断法；（8）使不景气产业合理化；（9）使卡特尔合法化；（10）对金融市场实施规制，削弱股东的企业治理；（11）推行由政府主导的共同研究开发计划；（12）推行坚实的宏观经济政策。① 这些特征无不暗含着政府介入微观企业的韵味，但是，“日本政府企图直接介入竞争的过程，违反了有效政策的基本原则。日本政府的许多行为阻碍了国内竞争，并歪曲了竞争的本质，使之偏离了外国市场所证实的有效竞争形势。反托拉斯法实施力度的薄弱性、合法的卡特尔、补助、保护和合作 R&D 都阻碍了创新和竞争力的提高。对国内行业（如零售和运输）竞争的干预，使它们耗费了更多的成本而且没有竞争力，并歪曲了许多其他日本行业所面临的需求条件。政府通过指导、补助、批准和其他手段把自己参与公司的决策，而不是用竞争的方法来筛选它们。”② “无论其动机如何，保护主义都是一种障碍……人们开始认识到保护那种在社会上无利可图的行业使它永远存在是不明智的。为了减轻转变的痛苦，这一类措施可以暂时利用，但不能长期使用。”③

一　低速经济增长与封闭的国内市场

日本的规制政策在造就了一批有竞争力的企业集团的同时，过多的保护也造成了一些产业的落后，并带来了封闭的国内市场，拖累了经济的持续增长。查尔斯·沃尔夫在谈及美国的各类规制机构时说：“政府行政机构包括许多具有管制无约束的市场运行的广泛权力的准独立机构。显而易见，这些机构（如联邦贸易委员会、证券交易委员会、州际贸易委员会、

---

① 冯玮：《日本经济体制的历史变迁——理论和政策的互动》，上海人民出版社2009年版，第469页。

② ［美］迈克尔·波特、竹内广高、榊原菊子：《日本还有竞争力吗?》，陈小悦等译，中信出版社2002年版，第165—166页。

③ ［英］约翰·希克斯：《经济史理论》，厉以平译，商务印书馆2007年版，第150页。

联邦通信委员会等许多其他机构）被赋予了规则制定权，避免或减轻产生效率和公平结果的特定市场的缺陷。因此，应该适时重新考虑，在某些情况和变化了的条件下，由这些机构制定的规则当下是否能够阻碍，而不是促进已经改善的市场运行。”①

表 2－1　　1978 年不同产业的规制法令数量

	进入规制	数量规制	价格规制	设备规制	总计
农林水产业	21	21	16	9	67
矿业	4	5	2	2	13
制造业	24	22	18	22	86
轻工业	11	14	14	12	51
重工业	13	8	4	10	35
能源产业	7	11	8	10	36
建筑业	4	1	1	1	7
通信运输业	26	24	25	20	95
金融、证券、保险业	23	22	11	14	70
批发、零售、服务业	47	34	22	18	121

资料来源：［日］安场保吉、猪木武德：《日本经济史——高速增长》，生活 · 读书 · 新知三联书店 1997 年版，第 260 页。

表 2－2　　1985 年受规制产业占全部产业比重

产业	占全部产业比重（%）	在该产业中受规制部门的比重（%）	主要规制
建设业	6.8	100.0	与建设业法、电力工业合理化相关的法律
金融、保险	5.2	100.0	银行法，长期信用银行法，互助银行法，证券交易法，保险业法，临时利率调整法
电力、煤气、水	3.0	100.0	电力事业法，煤气事业法，水道法，下水道法
采矿业	0.4	100.0	矿业法，煤炭矿业临时措施法

① ［美］查尔斯 · 沃尔夫：《市场还是政府——市场、政府失灵的真相》，陆俊、谢旭译，重庆出版社 2009 年版，第 162—163 页。

续表

产业	占全部产业比重（%）	在该产业中受规制部门的比重（%）	主要规制
交通运输·通信	6.1	96.3	公路运输法、铁路事业法、航空法、电力通信法
农林·水产业	3.0	78.0	粮食管理法、蔬菜发货稳定法、渔业法
服务	19.7	29.8	与环境卫生营业合理化相关的法律、旅馆业法、保安法、律师法
制造业	29.4	13.2	酒税法、关于畜产品价格稳定的法律、石油业法、药物法、造船法、临时造船调整法、武器等制造法、计量法
不动产业	10.0	3.2	住宅地建筑物交易法
公务·分类不明	4.0	0	—
批发·零售业	12.5	—	—
全部产业	100.0	33.6	—

资料来源：[日]植草益：《微观规制经济学》，朱绍文、胡欣欣等译，中国发展出版社1992年版，第25页。

表2-1和表2-2展示了日本政府在农林水产业、矿业、建造业、金融业、电力煤气水、交通运输业、电信业等领域实行的严格进入规制、价格规制、数量规制、投资规制等规制措施。其中，1985年，在建筑业、金融业、电力煤气水、采矿业这些部门的受规制比重达到了100%，交通运输通信、农林水产业受规制的比重也相当高。

波特教授提供了一个很好的案例：日本的石化产业受到严格的价格规制和进入规制。1949—1989年化肥的价格一直受到价格规制，化肥、合成树脂、合成纤维、石化产品得到了税收刺激和政府贷款的促进，进入石化产业需要获得通产省的许可，并且生产能力的扩张需要受到调控，公司也需要按照顺序增加厂房。在遇到市场低迷时，组成衰退卡特尔也会得到批准，并且行业出现过度生产能力，也会通过卡特尔进行协调。对缝纫机行业，日本政府也曾进行价格控制，固定制造商的出口价格和标准模型HA-I。对卡车和公共汽车的轮胎制造，1965年成立衰退卡特尔，限制产量和市场份额的分配。在政府鼓励下，轮胎种类从167个减少为58个。

如卡恩所说："规制天生就是保护性的或父爱主义的。"① 日本国内存在一系列不具备竞争力的产业，如农业、药品、软件、建筑、零售、金融等几乎所有服务业，都存在大量政府干预和保护，受规制越多，其竞争力越弱。

二 服务部门的低效率与行业垄断

美国哈佛大学商学院教授迈克尔·波特在《日本还有竞争力吗?》一书中指出："我们在试图理解日本过去辉煌根源的时候，不得不面对一个矛盾的事实：被普遍认为能够解释日本成功的政府措施——那些以种种方法限制竞争的活动——实际上造成了大量的经济浪费。"②

以电信业为例。电电公社在民营化之前共雇用33万名职员，其中大约有1/3为过剩人员。此外，电电公社购买生产资料也主要集中于被称为"电电家族"的企业群内，成本意识薄弱，常常购进高价生产资料。因此临调指出它是个效率差的企业。③ 即使是进行了公企民营化改革之后，严格的准入和价格规制仍然令NTT缺乏效率。以移动电话为例，1994年以前，日本居民甚至不允许拥有移动电话，他们只能从NTT公司租借。政府只允许使用两种移动电话规格：一种是依据摩托罗拉技术，而另一种是依据NTT的技术。这个政策有效地阻止了国外厂商的进入，但也造成了日本制的移动电话价格昂贵且是次等品。由于市场上缺乏竞争，所以NTT也没有降低其过高的固定电话线路费用的动力。最后，邮政省不得不要求日本电话电报对国内用户按月收取固定的电话费用。1999年11月起，日本电话电报开始仅限于东京和大阪的试行每月收费8000日元，并宣布将来月收费将减至4000日元，但即使是4000日元也高于美国的水平。④ 零售业也是如此。尽管《大店法》的规制在逐渐放松，但仍然十分烦琐。开办一家超过1000平方米（10760平方英尺）的商店要经过县级政府的批准，以保证对当地店主的影响最小化。大型零售商店平均需签署150份

---

① Alfred E. Kahn, *The Economics of Regulation*: *Principles and Institutions*, MIT Press, 1988, p. 46.

② ［美］迈克尔·波特、竹内广高、榊原菊子：《日本还有竞争力吗?》，陈小悦等译，中信出版社2002年版，第200页。

③ ［日］植草益：《微观规制经济学》，朱绍文、胡欣欣等译，中国发展出版社1992年版，第256页。

④ ［美］迈克尔·波特、竹内广高、榊原菊子：《日本还有竞争力吗?》，陈小悦等译，中信出版社2002年版，第192、202页。

文件，才能获得销售诸如肉、豆腐、电器、干洗服务等日常项目的许可。①

独占是良好经营的大敌。良好经营，只靠自由和竞争才得到普遍的确立。自由和普遍的竞争，势必驱使各个人，为了自卫而采用良好的经营方法。② 然而政府规制带来的结果经常是反竞争性的。美国经济临时委员会对"经济力量集中化"的研究中认为："……并且，应当注意，垄断的形成常常是规模大成本低以外的种种因素的结果。它通过互相串通的协定而形成并为公开的政策所促进。"③ 即垄断并不是由规模经济带来的，而是由政府规制或者厂商勾结带来的。

曾担任日本细川内阁和小渊内阁首相咨询机构成员的著名经济学家中谷岩认为："日本在结束赶超欧美先进国家，进入与之并驾齐驱的阶段以后，是不能穿新鞋，走老路，依靠原有的经济体制实现新的目标的，必须对原有的经济体制进行变革。在日本的体制中，最近特别显示出黔驴之技征象的是官和民的关系。公正、优秀的官僚和勤奋、向上的企业人的协调所成功创造的经济奇迹，曾足以令世人惊叹。但是，现在官和民的关系已成为反市场、反民主主义的代名词。"④ 政府对微观企业的过多规制不但造成经济部门效率的低下，而且还引起了行业垄断，而规制改革被认为是日本建立富有活力的、高效率的、具有竞争力的经济社会环境的重要一环，是实现向以民间企业为主导经济发展方式转变的重要途径。

三　铁三角下规制俘获与"神仙下凡"

传统规制经济学理论使用的是福利经济学的分析框架，假定规制当局进行规制的目的是追求效率与公平，且规制当局在实现这一目的时也不受任何制约。但实际的规制政策在形成与实施过程中不得不受制于相关利益集团或被规制企业的直接影响与间接影响，利益集团或被规制企业可以向

① ［美］迈克尔·波特、竹内广高、榊原菊子：《日本还有竞争力吗?》，陈小悦等译，中信出版社 2002 年版，第 200 页。

② ［英］亚当·斯密：《国民财富的性质和原因的研究》上卷，郭大力、王亚楠译，商务印书馆 2008 年版，第 141 页。

③ ［美］C. 威尔科克斯：《美国工业中的竞争与垄断》，全国经济临时委员会专题论文（第 21 号），1940 年，第 314 页。转引自弗里德里希·奥古斯特·哈耶克《通往奴役之路》，王明毅、冯兴元等译，中国社会科学出版社 1997 年版，第 49 页。

④ ［日］中谷岩：《日本经济的历史转换》，东洋经济报社 1996 年版，第 126—127 页。转引自冯玮《日本经济体制的历史变迁——理论和政策的互动》，上海人民出版社 2009 年版，第 473 页。

议会施加直接影响，也可以通过审议会等渠道施加间接影响。因而政府规制行为主要依赖于组织得当的利益集团，而不是大多数投票者，规制行为往往是对利益集团负责，而不是对大多数投票者负责。于是利益集团更倾向于把时间和金钱不是花费在生产真正的商品和服务上，而是花费在试图使政府改变规则，以使自己的行业更有利可图的寻租行为上。1970 年 6 月，美国学者詹姆斯·阿贝格伦发表了《探讨日本式经营——株式会社日本》一文，以株式会社的日本来形容日本政、官、财一体化体制，“日本株式会社”也成为“政府和企业关系”的代名词。大公司与政府部门之间存在瓜葛，导致了规制机制的弱化。

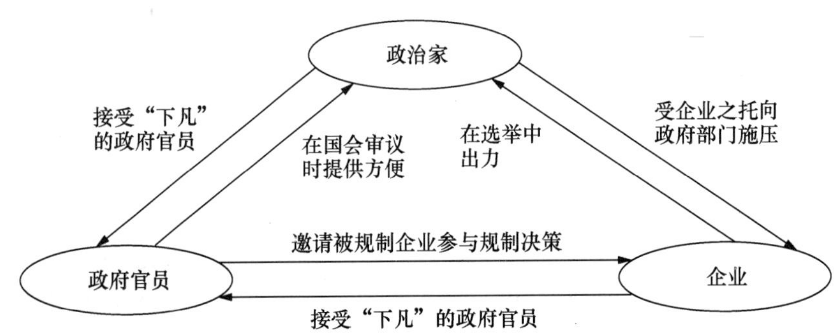

图 2－1　支持规制俘获的铁三角体制

图 2－1 向我们展示了日本政官商的铁三角体制。就政府官员而言，如果能够处理好与政治家的关系，那么在制定相关法律和获得预算方面就能获得支持，因此政治家对官员而言具有利用价值，想向官员们“卖人情”。另外，政治家则利用向政府官员“卖人情”的想法，让官员们“关照”特别的被规制企业，让企业行贿，并且在选举中，特定企业帮助自己拉选票。这样就形成了政官商一体的铁三角构造。在这样的构造中，政治家获得了选票，政府官员获得了政治家的政策支持，被规制企业获得了特别关照，而规制俘获与“神仙下凡”现象也同时产生了。

对于规制机构和被规制企业而言，它们之间存在一扇“旋转的门”，即规制机构的一些官员来自于被规制企业，也有不少官员离开规制机构之后又重新回到被规制企业。后一种政府官员从高层机关退休后进入被规制的私营企业担任重要领导职务的现象称为“空降制度”或

"神仙下凡"①。由表2－3可见，作为主要产业规制机构的原通产省，其次官在任期之后，都能够给自己在被规制企业，如钢铁企业、电力企业、石油企业等找到合适位置，并且担任主要领导者职务。这也印证了大阪大学名誉教授八田达夫所描述的现象，"电力公司凭借雄厚的资金实力，以高薪邀请大量的官员出任公司领导。此外，投入巨额资金充当广告赞助商，让媒体尝到甜头，还提供研究经费，资助大学的研究人员。不仅扶植电力公司的原任领导和工会干部成为国会议员，还为全国的政治家提供了间接的资金支持。"②

表2－3　　原通产省次官任期与退休之后的职务

通产省官员姓名	次官任期	退休后职务
1. 山本高行	1949年5月至1952年3月	富士钢铁公司副社长
2. 玉置敬三	1952年3月至1953年11月	东芝电气公司社长，后任理事长
3. 平井富三郎	1953年11月至1955年11月	新日本钢铁公司社长，后任顾问
4. 石原武夫	1955年11月至1957年6月	东京电力公司副社长，后任审计长
5. 上野幸七	1957年6月至1960年5月	关西电力公司副社长，后任顾问；关西石油公司社长
6. 德永久次	1960年5月至1961年7月	新日本钢铁公司副社长，后任总裁；日本石油开发公司社长
7. 松尾金藏	1961年7月至1963年7月	日本钢管公司理事长
8. 今井善卫	1963年7月至1964年10月	日本石化公司社长
9. 佐桥资	1964年10月至1966年4月	佐桥经商研究所；日本休闲开发中心理事长
10. 山本重信	1966年4月至1968年5月	丰田汽车公司副社长
11. 熊谷典文	1968年5月至1969年11月	住友金属公司社长
12. 大慈弥嘉久	1969年11月至1971年6月	阿拉伯石油公司社长
13. 两角良彦	1971年6月至1973年7月	电源开发公司社长

① "神仙下凡"在日本词典里的解释是从官厅（日本政府）干部退休后到民间团体和企业再就职，并且获得较高地位的行为。近年来，由于丑闻不断，神仙下凡到企业的就职数量急剧减少，而退休高级官员从原来的直接到企业就职转向了各种政府设立的法人，包括特殊法人、公益法人和认可法人等。

② ［日］竹中平藏、船桥洋一：《日本"3·11"大地震的启示——复合型灾害与危机管理》，林光江等译，新华出版社2012年版，第153页。

续表

通产省官员姓名	次官任期	退休后职务
14. 山下英明	1973 年 7 月至 1974 年 11 月	三井贸易公司常务理事；伊朗化学开发公司社长
15. 小松勇五郎	1974 年 11 月至 1976 年 7 月	神户钢铁公司理事

资料来源：［美］查默斯·约翰逊：《通产省与日本奇迹——产业政策的成长（1925—1975）》，金毅、许鸿艳、唐吉洪译，吉林出版集团有限责任公司 2010 年版，第 79 页。

规制机构领导者与被规制企业之间的“神仙下凡”现象之所以盛行，一方面，由于政府拥有垄断信息，更重要的是拥有广泛的规制权力，包括行业定价权、发放执照权、审批权等，使被规制企业更加偏好接受退休的高级官员；另一方面，由于退休官员离开政府之后的薪水大幅下降，也愿意在离职之后为自己谋得一个更好的职位，于是政府官员在政府中的那段工作经历就好像是利于退休后在企业就职而经历的见习阶段。因此，官员“下凡”制度就成为政府与企业之间合作的一种模式。在这种模式下，有助于公私双方制定共同目标、政府和企业关系得到有效处理，为政府与企业之间的协同决策打下基础。但从另外角度看，“神仙下凡”也使得政府官员在位期间更容易被其规制的企业俘获。“竹内直一，一位对现实不满的前农林省官员，离职后积极从事消费者权益运动，他指责说，大藏省预算局为了给本省退休官员找到职位，就给那些愿意提供公营、私营公司职位的省、厅多拨预算款项。”①

于是，在经过数十年依赖规制克服市场的不完全性之后，经济学家们开始怀疑规制的效果。人们越来越多地对政府规制的作用产生了怀疑，也许“政府对社会中的每一个行业，都既是一种资源，也是一种威胁……一个行业也许是主动地要求被规制，也许是被迫地受规制……作为一个通则，规制是行业自己所要求的，并且也是为该行业而服务的。”② 人们不禁有这样的担心，即规制没有达到保护消费者的目的，而且还有这样的印象：规制也许是经济增长率放慢的主要原因。改革提

① ［美］查默斯·约翰逊：《通产省与日本奇迹——产业政策的成长（1925—1975）》，金毅、许鸿艳、唐吉洪译，吉林出版集团有限责任公司 2010 年版，第 73 页。

② Stigler, G., “The Theory of Economic Regulation”, *Bell Journal of Economics*, No. 2, 1971, p. 3.

上了日程，目的是减少政府的各种委员会、办公室和代理机构提出的种种控制。①

第三节　小结

第二次世界大战后，日本从战时的统制型经济向市场经济转变过程中，带有浓厚的政府干预色彩。在政府引导下，通过各种经济政策、法规等对国内经济进行介入和干预，维护市场规则与秩序，发挥政府在资源配置方面的作用。这种体制既强调尊重市场竞争原理的必要性，促进民间企业的发展，增强企业活力；同时又主张政府对经济活动进行规制。政府扶持了一大批企业集团，创造了大量贸易盈余，为战后日本的稳定发展及经济起飞提供了保障。

然而在以“政府主导型经济体制”为特征的政府规制下，行政干预过度、规制僵化，对民间实行超保护的结果，既束缚了民间活力，又弱化了民间能力。传统规制方式存在很多问题②，包括：被规制企业内部发生无效率；有关规制的成本负担加重；发生寻租成本；伴随规制滞后造成的企业损失；企业革新行动停滞：规制维护了被规制企业，从而削弱了被规制企业对提高生产技术效率和开发新技术的积极性；服务多样化和收费体系多样化的进展迟缓；收费水平往往高于竞争条件下的收费等。体制因素极大压抑了企业和个人的活力，弱化了市场功能，损害了竞争效率，因而对原有规制进行缓和甚至撤废的呼声越高，而始于20世纪80年代的规制缓和便迎合了这一需求。

---

① Paul W. MacAvoy, *Industry Regulation and the Performance of the American Economy*, W. N. Norton, 1992, p. 1.

② ［日］植草益：《微观规制经济学》，朱绍文、胡欣欣等译，中国发展出版社1992年版，第167—168页。

第三章　迟来的规制缓和：新自由主义改革登场

20 世纪五六十年代日本政府干预政策的盛行时期，自由主义思想就以其微弱的声音存在。当时，小宫隆太郎等留美学者认为，市场经济的基本原理要求尽快消除人为障碍，保证自由公平竞争的实现，充分发挥企业的潜在能量，使日本成为一个充满生机的社会。① 认为应该通过推进自由贸易来增强日本的国际竞争力。日本大正时期，石桥湛山通过其主编的《东洋经济新报》杂志提倡重视自由主义和市场经济，批判动员国家全部资源赶超欧美的经济统制主义。②

20 世纪 70 年代末期，适应全球化迅速上升期释放市场力量的需要，新古典经济学不仅在西方发达国家成为显学，而且在发展中国家也成为具有极大影响力的主流话语。③ 哈耶克替代凯恩斯和马克思成了新时代日本年轻人心中的偶像，日本经济政策的基本立场也转向了新自由主义。新自由主义在日本是以行政改革形式出现的……日本通过行政改革来裁减公务员，将国有企业私有化，并在很多领域解除政府规制。④ 日本学者林直道甚至就直接把新自由主义政策的核心理念之一的市场竞争原理中心主义等同于规制缓和或规制撤除。同样，学者徐平认为：政府规制本质上是政府的制度供给，在新自由主义的延长线上，我们看到的是减少政府规制、实行小政府，制度供给由“大政府”向“小政府”转变。⑤

---

① 朱保华、陈雪玫、彭文兵：《他山之石——日本经济思想初探》，当代中国出版社 2002 年版，第 65 页。

② 同上书，第 245 页。

③ ［美］高柏：《经济意识形态与日本产业政策》，安佳译，上海人民出版社 2008 年版，第 9 页。

④ 程恩富：《新自由主义经济思潮与社会主义——日本东京大学伊藤诚教授访谈》，《国外理论动态》2005 年第 11 期。

⑤ 徐平：《苦涩的日本——从“赶超”时代到“后赶超”时代》，北京大学出版社 2012 年版，第 165 页。

第一节　规制缓和的外部动因

一　日本经济增长速度放缓

日本经济经历了战后重建后，1955 年已经恢复并超过了战前水平，重新开始了赶超的历程。在经历了神武景气、岩户景气和伊奘诺景气之后，日本 GNP 已经超过英国、法国和联邦德国，成为仅次于美国的世界第二大经济体。但五六十年代高速增长的美好时光止步于 70 年代。1973—1974 年，第四次中东战争爆发，石油输出国组织对发达国家的石油出口量减少了 10% 左右，并将原油价格由原来的每桶 2 美元大幅度提高为 11 美元。日本国内，田中角荣首相发布《日本列岛改造论》，引发了财政支出扩大，造成了经济过热，日本的 PPI 和 CPI 急剧上涨，消费者陷入了恐慌之中。1974 年，经济增长率为 -0.5%，出现了战后第一次负增长。即使是 1975 年之后，经济恢复了正增长，但也远远低于 60 年代水平。到 1979—1980 年，受伊朗革命的影响，原油价格又上涨为 30 美元。这两次石油危机使得对石油进口依赖度高达 99.7% 的日本经济深受打击。伴随着两次石油危机及日元升值①，日本经济进入了稳定低速增长期（见表 3-1）。

表 3-1　日本 20 世纪 50—80 年代实际经济增长率变动　单位:%

高速增长期		稳定增长期	
年份	增长率	年份	增长率
1956	6.8	1974	-0.5
1957	8.1	1975	4.0
1958	6.6	1976	3.8
1959	11.2	1977	4.5
1960	12.0	1978	5.4
1961	11.7	1979	5.1
1962	7.5	1980	2.6

① 1985 年 9 月，日元的汇率是 1 美元 = 240 日元，经过不到 3 年的时间，到了 1988 年 1 月飙升为 1 美元 = 120 日元，正好是 1985 年 9 月美元对日元汇率的一半。

续表

高速增长期		稳定增长期	
年份	增长率	年份	增长率
1963	10. 4	1981	3. 9
1964	9. 5	1982	3. 1
1965	6. 2	1983	3. 5
1966	11. 0	1984	4. 8
1967	11. 0	1985	6. 3
1968	12. 4	1986	1. 9
1969	12. 0	1987	6. 1
1970	8. 2	1988	6. 4
1971	5. 0	1989	4. 6
1972	9. 1	1990	6. 2
1973	5. 1		
平均增长率	9. 1	平均增长率	4. 2

资料来源：[日] 日本统计局网站长期经济统计系列。转引自田中景《日本经济症候群研究》，经济科学出版社 2011 年版，第 2 页。

日本的经济出现停滞的原因众说纷纭。有人认为是银行的不良债权问题，有人指责错误的货币政策，有人认为是日本传统的长期雇佣制、年功序列制、关系企业制等长期关系为特点的日本经济体制的落后，还有人认为从长远看是日本人口迅速老龄化所带来的必然结果，更有人认为是日本政治领导能力的欠缺。那么，到底是什么因素阻碍了经济的增长呢？

2011 年 9 月日本学者波头亮发表名为《日本经济完全没有增长的三个理由，名义 GDP 为负值，实际 GDP 也不到 1%》一文。[①] 文中认为，从经济增长的公式中就能清楚地看出日本经济没能增长的理由。经济增长率 = 劳动的增长率 + 资本积累的增长率 + 生产效率的提高率。由公式可知，GDP 增长率由如下三个要素决定，即劳动力增加了多少（由劳动人口和劳动时间决定）、投入到经济活动中的资本增加了多少（由储蓄率决定）、左右经济活动效率高低的技术水准有多大提高。第三个要素也被称为“全要素生产率”（TFP），即索洛余值。日本劳动要素自 1995 年起无

① 参见田中景《日本经济症候群研究》，经济科学出版社 2011 年版，第 13—15 页。

论是劳动力还是劳动时间都有所减少；资本要素在进入 90 年代之后急速下降，投资低迷；劳动生产率要素在 2000 年以后低于美国、英国、法国和德国。

对于波头亮提出的经济增长公式的三要素中，劳动力问题主要取决于日本的人口结构，在老龄化日趋严重的今天，劳动力供给的快速增长在短期内是不现实的。对于资本的形成问题，主要是改善由储蓄转化为投资的制度环境及其路径，由于日本民众和企业对未来的信心不足及新经济增长点的匮乏，吸引国内投资的驱动力不足。而由于日本国内市场的狭窄，欲吸引国外投资则需要进一步改善国内投资环境和规制制度。如果全要素生产率的增长能够弥补劳动力和资本的负效应，那么日本经济才有可能实现正增长。而全要素生产率一方面取决于技术的进步，另一方面则取决于制度环境的改善。

而日本政府严格的规制阻碍了经济增长。产业保护限制了竞争，规制手段中经常使用的市场进入规制对于该领域现有企业来说带来了利润提高的好处，而由于它妨碍了新进入企业的加入而导致整个经济的生产效率难以提高。这样的问题在日本的非制造业中，表现得尤为明显。规制越严格的产业，其生产效率提高的幅度越小，规制越繁多的产业，其低效率企业就越能得以存续。正如日本经济学家中条潮所说："长期持续的保护体制，形成了一个使低效率赖以生存的、压制竞争的、封闭的经济结构。在一个没有自由选择的社会，尽管没有风险，但也没有前途。为了增加整个社会的活力，有必要消除压制竞争性质的规制，促进自由竞争，为了达到这一目的，其手段即是改革规制。"①

二　迅猛发展的经济全球化

"冷战"结束以后，经济全球化浪潮汹涌澎湃，势不可当，资本、劳动力、技术开始跨越国境在全球范围流动。对于经济全球化的内涵，学者程伟认为："其核心有两点：第一，是指生产要素在全球范围内实现更加自由流动，进而实现更加优化的配置；第二，是指市场经济的运行规则被越来越多的民族国家认可和采纳。这两点互为依托、相互促进。"② 经济的全球化促使资本、劳动力、技术等生产要素在全球范围更加自由地流

① ［日］中条潮：《通过自下而上的破坏规制推进改革》，《日本学刊》2000 年第 6 期。

② 程伟：《世界经济十论》，高等教育出版社 2004 年版，第 28 页。

动，而当这些生产要素流动到日本的时候，日本既存的大量规制政策大大阻碍了这些要素的流动，跨国公司在日本开展业务时遇到了重重阻碍。同时，对于市场经济的运行规则，不同国家存在不同的理解。日本政府对企业规制不仅表现在法律层面，更多使用的是非正式的行政指导，对外国企业而言，似乎遇到了一堵隐形的墙，市场的透明性和公平性难以得到体现。

经济全球化的发展，使任何阻碍生产要素流动的因素都成为改革对象。而日本政府对经济的严格规制，成为生产要素全球流动的障碍，不仅阻挡了外国生产要素的流入，同时也成为日本企业进入国际市场的“绊脚石”。

三　来自国际市场的压力

日本的规制改革不是孤立进行的，自 20 世纪 70 年代起，各国政府开始重视市场机制作用，一些发达国家打响撤销规制的战役，相继撤销对民间企业经营活动的严格管制。70 年代美国卡特政府时期开始实施撤销规制的政策，尤其是对金融部门及电力、煤气等自然垄断部门。英国撒切尔夫人推动了公企民营化浪潮，从石油公司开始，推广到通信、电力、航空、供水等公用事业部门。由欧美引领的民营化和放宽规制的运动，到了 80 年代成为世界的一大潮流，日本也被卷入其中。

70 年代后半期，出口成为经济增长的重要支柱，日本经济的增长模式从高速增长期的民间投资主导型逐渐转向出口主导型。[①] 这一政策导向被认为是日本进入国际社会的重要标志。但是这一政策存在两个问题：一是这是一种消极的外向型，而不是积极的外向型，这种外向型的目的不是为了融入国际市场，而是出于增强国家力量，提高某些产业竞争力而加入国际竞争；二是促进出口的政策导向从另外的角度理解则是限制进口，这无异于重商主义的经济政策。因而，这一政策本身就隐含着对国内市场的保护与封闭问题，保护性的表现形式之一就是政府的烦琐和复杂的规制政策。

因此，尽管日本已经开始参与国际贸易，但由于日本国内市场仍然受到严密保护，政府官员仍然牢牢地控制着经济，日本经济仍然是在一个半

① ［日］桥本寿朗、长谷川信、宫岛英昭：《现代日本经济》，戴晓芙译，上海财经大学出版社 2001 年版，第 143 页。

开放的国际环境中运行。[①] 例如，在清洁剂产业，整个 20 世纪 50 年代，日本政府禁止外国投资者拥有日本公司的所有权。直到 70 年代，政府才允许五五开的合资。在证券业，外国直接投资直到 1967 年才放开，1971 年外国公司才获得设立代表处的许可，1980 年才可以获得东京股票交易所的会员资格，在 1986 年仅有 6 家外国公司具有东京股票交易所的会员资格。[②]

同时，贸易赤字的增大也招来了欧美对日本产业政策和对外企业进入日本社会困难性的批判。20 世纪 80 年代之后，日本的主要贸易伙伴开始更多注意日本国内的规制及经济体制，他们认为这些规制给外国产品和服务的竞争带来了不利影响，是进入日本市场的主要障碍。美国和欧盟强烈要求日本提高市场开放度，减少国内的经济限制，日本也不得不对欧美做出增大其国内市场的开放性和透明性的承诺。

尽管日本的规制体系努力减少国民待遇例外情况的发生，但是许多贸易伙伴对不同领域的歧视表示出了担忧。主要是歧视外国公司作为新加入者，对日本本国的信息还不是很了解，而这些信息的取得需要和规制者保持长期的联系。例如，日本政府认为，本国制造的大部分“叉车”和其他工业卡车都属于“小型的内燃交通工具”，然而进口的大部分“叉车”都属于“大型的内燃交通工具”，并且后一范围常常受到更加严格的规制。然而，由于日本政府限制高速公路上“一前一后”骑法，日本的机车市场，特别是大型机车市场，受到了扭曲。[③]

尽管规制改革是国内议事日程的一部分，但也是国际问题的衍生物，这不仅仅是因为规制体系能帮助提高市场开放度，而且规制合作能帮助促进与国外体系相接近，进而提高和谐度和认知度。[④] 日本规制改革的目的，在国内方面考虑是要解决自然垄断、公用事业和信息偏在领域中资源的有效配置，而在国际方面考虑是在世界经济一体化过程中通过市场开放来解决贸易摩擦与争端。

---

① ［美］高柏：《经济意识形态与日本产业政策》，安佳译，上海人民出版社 2008 年版，第 178 页。

② ［美］迈克尔·波特、竹内广高、榊原菊子：《日本还有竞争力吗?》，陈小悦等译，中信出版社 2002 年版，第 40 页。

③ 王林生、张汉林：《发达国家规制改革与绩效》，上海财经大学出版社 2006 年版，第 360 页。

④ OECD, *Reviews of Regulatory Reform*（*Japan*）—*Progress in Implementing Regulatory Reform*, OECD Working Papers, 2004, p. 8.

四 生产技术与消费需求变化

政府规制的一个重要理由就是垄断的存在。若要判断一个产业是否为垄断性产业，主要取决于平均成本和需求曲线之间的关系。具体而言，其决定性的因素是最低效率规模（MES）的大小，也就是使平均成本相对于需求所达到的最低产量水平。一般而言，企业的平均成本曲线呈 U 形，市场的需求曲线呈向右下方倾斜的形状。如果相对于 MES 的需求量很大，那么市场结构可能是竞争性的；如果相对于 MES 的需求量很小，那么市场结构就偏向于垄断性市场。衡量一个产业的自然垄断结构能否成立取决于厂商平均成本曲线与产业的需求曲线之间的关系。若使平均成本达到最低的厂商的产量水平相对于市场规模而言比较大，那么该产业就具备自然垄断的基础；反之，若平均成本达到最低的厂商的产量水平相对于市场规模而言比较小，那么该产业就需要多家企业共同提供产品（见图 3－1）。

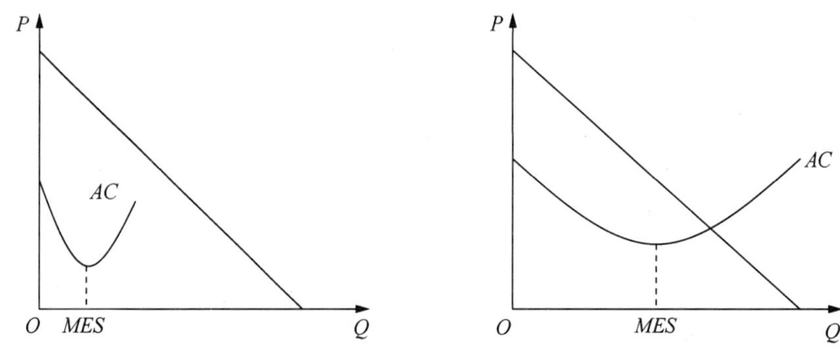

图 3－1　不同成本下的最低规模效率

资料来源：王俊豪、肖志兴、唐要家：《中国垄断性产业管制机构的设立与运行机制》，商务印书馆 2008 年版，第 238 页。

需求和供给的变动都会影响市场结构的演变。从需求角度看，如果在一段时间内人们对某种商品的消费需求提高，则会引导市场的需求曲线向右上方移动，从而使一个原本处于垄断性产业具有脱离原始状态的可能性，市场独家垄断就不再成立，由两家或多家企业提供商品或服务可能更有效率。因而产品需求的增加，市场容量的扩大使得垄断不再具有合理性。

从供给角度看，影响企业供给的最重要的因素就是企业的生产成本，而企业成本最重要的因素之一就是技术的进步和技术的创新。技术的进步和技术的创新使得垄断得以动摇：如传统上，电信业主要包括电话和电报，但信息技术的发展，互联网的出现使互联网络、微波通信、有线电视、供电网络等都可以提供传统的电话服务，因而电信业的所谓自然垄断地位被技术进步打破。同样，电力技术的进步也导致发电企业的最小效率规模显著下降。20 世纪 80 年代发电企业的最小效率规模为 900MW，而到了 90 年代中期，最小效率规模缩小为 100MW①，新的更小规模技术的出现使得竞争成为可能。铁路的出现本来是作为运河的竞争对手而发展起来的，到 19 世纪逐渐取代了运河而形成垄断地位。但技术的革新使得 20 世纪的环境发生了很大变化，随着高速公路的延伸和飞机场的建设，汽车飞机在某种程度上可以替代火车，旅客也有了更多种运输方式的选择，于是通过规制维持垄断市场结构的理由大大弱化了。技术的进步和技术的创新可能使得企业的 MES 降低，由于企业的生产成本更低，对于有效率企业的生产规模要求也会更低，从而使得两家或多家企业服务同一市场成为可能。

从动态角度看，生产技术和消费需求的变化从供给和需求两方面促进市场结构的变迁，只有市场结构与规制结构相匹配时，市场结构和规制结构才能实现一种均衡，此时的均衡也才有可能是具有效率的。而当市场结构发生变迁后，它将会推动规制结构和规制方式的演变，政府也需要对产业的规制进行相应的调整和改革。

另外，政府原有规制方法有把企业全部业务都进行规制的倾向，即不区分自然垄断与非自然垄断业务，受规制企业的所有业务都可以在自然垄断的大旗下免受竞争的保护。鲍莫尔提出的可竞争市场理论向传统理论提出了挑战，他认为，应该放松准入规制，让市场竞争去判断这件事。若在某一业务领域能有效开展竞争，那么这部分业务则不属于自然垄断本身，现有供给者的行为也会受到潜在竞争者的竞争约束。

正如高柏所说，资本主义永远不会是铁板一块。产业的发展也不可能是铁板一块。现实情况是，原来具有垄断特征的行业，随着生产技术和消费需求的变化，独家垄断行为将不再成立，或者在某些业务领域具有自然垄断性，而另外一些业务领域则发展出了竞争性的特征。自然垄断产业并不是所有的环节都是垄断环节，有些环节可以存在竞争（见表 3－2）。

---

① Bayless, C. E., "Less is More: Why Gas Turbines will Transform Electric Utilities", *Public Utilities Fortnightly*, No. 132, 1994, pp. 21－25.

表 3 – 2　　垄断业务与竞争业务的分离

产业	自然垄断环节	非自然垄断环节
电信	本地电话网、光缆网	长途电话、移动通信及增值服务
电力	高压输电、低压配电网络	发电、售电环节、电力市场交易
铁路	路轨网络、车站设施	客运、货运及其他服务
民航	机场服务、空中规制网络	民航客运、货运、航油、航材及其他服务
邮政	邮政网络	邮政快递、邮政汇兑及其他服务

任何一种制度在其经济环境发生变化时，都应做出及时调整才能顺应形势的发展。在经济全球化的汹涌浪潮下，生产技术和消费需求的变化使得传统的所谓垄断行业的地位不断动摇，并且伴随着石油危机后经济增长的放缓，日本也不得不开始规制缓和的行动。在战后对日本经济的恢复与高速增长起到重要作用的规制政策，到了后赶超时代已经成为不合时宜的限制，与信息技术的发展、世界经济的一体化趋势不协调，成为日本经济进一步增长的障碍。

第二节　规制缓和行动迟缓的症结分析

日本在 20 世纪 80 年代初开始了规制缓和的进程，而与美英在 70 年代开始的规制改革相比，日本的行动明显迟缓。这正应验了马歇尔的忠告："虽然制度可能会迅速发生变化，但是如果要持久的话，制度就必须适合于人类。如果制度的变化比人类的变化快得多，制度就不能保持其稳定性。因此，进步本身就使以下警告更加迫切：在经济界，自然是不能飞跃的。"①

一　路径依赖与锁入效应

规制改革的进程不仅仅依赖规制经济理论，制度变迁理论也适用于规制改革，规制改革本质是一种制度的变迁过程，而制度变迁具有路径依赖与锁定特征。

① ［英］阿弗里德·马歇尔：《经济学原理》，廉运杰译，华夏出版社 2005 年版，第 212 页。

路径依赖，又称为“路线依赖性”。路径依赖最先是生物学家用于描述生物演进路径，后来用于描述技术变迁，诺思把它扩展到制度变迁中。诺思认为：“路线依赖性意味着历史是重要的，如果不去追溯制度的渐进性演化过程，我们就无法理解今日的选择……”[①] 它强调的是经济究竟向哪个方向发展，是“敏感地依赖于初始条件”，过去的绩效对现在和未来产生巨大影响力。

日本的近现代史始于“明治维新”时代。19 世纪中后期，明治天皇建立合法新政府。在合法政府成立的第三年，政府拿出当年收入的 2%，派出 49 名高官成立岩仓使节团出访欧美。在德国，日本使节团寻找到了自己国家的发展模式。刚刚完成国家统一的铁血宰相俾斯麦对他们说，如今世界各国都说要以礼仪相交，但那毕竟是表面文章，背地里实际上是倚强凌弱。这番话让日本人感同身受，他们不仅认同了俾斯麦的强权政治说，同时也醉心于德国的发展模式——由国家来主导工业发展。[②] 日本也像德国那样，采取有别于自由主义经济的发展模式，在保留资本主义基本性质的前提下，改变经济运行的方法，使国家成为经济发展的主导力量。与此同时，日本也逐步抛弃了亚当·斯密的自由竞争理论，产生了对“看不见的手”的不信任及对自由竞争无序状态的恐惧。至此，由政府主导经济发展，由政府制定发展计划调控全国资源成为顺理成章的事情。

万峰在研究日本资本主义产生发展的过程后认为，日本的资本主义市场经济体制自产生之日起，就带有明显的垄断性和封建性，“日本在近代资本主义形成过程中，不仅国家一开始就集中地垄断资本力量，而且在国家扶持财阀和集中社会上分散资金的过程中，也鼓励了私人资本的集中与垄断局面的形成。这是后进国家创立近代资本主义的一个特点。”[③] 而第二次世界大战之后日本的赶超经历，又使得传统的市场经济通过政府的扶持干预保护，发展成为“政府主导型市场经济体制”。这种经济体制在早期经济追赶发达国家的同时，也意味着政府管制过多。与此相比，在美国和英国这样自由主义传统统治的国度里，规制改革的起点就比日本高很多，初始的经济结构条件将会大大影响规制改革的进程和效果。“正如冈

---

① ［美］道格拉斯·C. 诺思：《制度、制度变迁与经济绩效》，杭行译，生活·读书·新知三联书店 2008 年版，第 138 页。

② 《大国崛起——百年维新（日本）》，中央电视台，2011 年。

③ 万峰：《日本资本主义史研究》，湖南人民出版社 1984 年版，第 171—172 页。

崎哲二说，作为多种制度互补的均衡，经济体系依据的是一种路径依赖。在历史上，当一场危机刺激各种制度发生变化时，制度将会转换到一个在本质上与前一种制度不同的新的均衡点。即使刺激制度重组的大震荡在历史上消失之后，重新形成的经济体系仍然会不可避免地按照自己的惯性向前推进。”①

二 既得利益集团的反对

2005 年，OECD 总结了发达国家规制改革的实践经验认为，许多国家规制改革的失败很大程度是源于强大利益集团的反对，因而在 2011 年新提出的关于规制政策和治理的建议草案中，更贴近于政策实践，考虑到谈判与政治妥协的内容。因而，变革必然会遭遇到既得利益者的反对，强大的反对甚至会令变革流产。日本在规制改革过程中同样遭遇到巨大阻力，这种阻力从日本学者、经济政策实践家中谷岩与宫崎勇在著作所提及的经历中可见一斑。

1993 年，细川内阁诞生，细川内阁一成立便开始实施结构改革，首先是筹建以规制缓和为核心的经济改革研究会，会长为经济审议会会长平岩，并且开始酝酿平岩报告。在平岩报告中，宫崎勇和中谷岩都曾强调："这不是缓和规制的计划，而是要废除规制。”② 一时间就招致了政府各相关省厅的激励反对，“但最终仍要在原则上全部废除经济规制的前提下，对所有规制政策进行重新评估。……最终与各省厅达成一致的是，规制政策的废除不是不必要的，但需要符合时代发展的特点，应在这一前提下随时进行必要的协调。”③ 最终，计划变异为“包括废除在内的规制缓和”。

与此同时，中谷岩受到赏识而进入了平岩委员会，就如何推进经济改革提出建议。委员会提出“应废除一切经济规制”，与恪守规制的政府部门及企业界全面抵抗。但改革进展并不顺利，一旦涉及某一个行业的规制改革，反对派的力量就骤然强大起来。一天，他去大学上班，秘书对他讲：“我请求辞职。”他吃惊地问原因，秘书说：“害怕接电话。”因为自从中谷岩在平岩委员会活动以来，他的大学研究室，开始频繁接到陌生人

---

① ［美］高柏：《经济意识形态与日本产业政策》，安佳译，上海人民出版社 2008 年版，第 9—10 页。

② ［日］宫崎勇：《日本经济政策亲历者实录》，孙晓燕译，中信出版社 2009 年版，第 197 页。

③ 同上书，第 193—194 页。

打来的电话。多数电话是抗议，或者是想说明业界的情况。多数时候，中谷岩会每天接几十个电话。他上班的时候可以直接对话，但是他不在的时候，秘书就会接待。“我受不了了在电话里被怒骂”，这就是他秘书辞职的理由。①

竹内靖雄一针见血地指出：日本的官僚、政治家，而且最要紧的是国民都不希望改革和缓和规制。人们为什么讨厌改革呢？其理由无非有两个：一是人们并不认为现状有多么难以承受；二是担心因为改革，自己会不会失去些什么？②

三　传统文化对新自由主义的排斥

传统文化及社会理念是规制缓和行动迟缓最深层次的原因。经济问题处理的是“人与物”之间关系的问题，任何经济问题都要受到“人”这一参与单位的影响。日本人的某些异于欧美人群的特质，也会深刻影响经济体制的变革。莱宾斯坦曾对日本的历史、宗教、教育惯例以及规范、代表性行为方式对日本经营体制的影响进行了研究。结果认为，日本的历史、思想和文化等特征对日本经营体制起到极为重要的巨大作用，日本经营体制的独自要素和其文化要素几乎是网眼一样相互交织在一起。若文化体制是不可分割的整体，则与日本经营体制相异的文化社会的制度移植将面临相当巨大的困难。同样，政府的规制体制也与思想文化网眼般地交织在一起，受到社会理念及传统文化的影响。

日本是一个由单一民族组成的狭小多灾岛国，这是日本最基本的生存环境。单一民族是集团心理的血缘基础，这种集团心理又成为狭隘的民族主义的心理基础，使得日本人与其他民族的沟通存在障碍，在对外交往中则体现出日本与外国之间筑起了一道严实的心理壁垒，本能形成自我封闭与排外的圈；狭小多灾的岛国令日本人很难与外界联系，并且缺乏安全感和充裕感，存在强烈的危机意识。这样环境中生活的日本人，在文化上和思维上存在着一些特性，如保守性、同一性、排他性、忧虑性等。这些特性使得日本人展现出了与其他民族不同的行为特征，如尊重传统和规则，

① ［日］中谷岩：《资本主义为什么会自我崩溃？——新自由主义者的忏悔》，郑萍译，社会科学文献出版社 2010 年版，第 31 页。

② ［日］竹内靖雄：《日本的末日——与“日本式社会主义的诀别”》，日本经济新闻社 1998 年版，第 44 页。转引自徐平《对日本政府经济职能的历史考察与研究》，中国社会科学出版社 2003 年版，第 141 页。

不喜欢大的变动、革新和制度创新；压抑个性，不喜欢攀比；强烈维护自我，排外；缺乏安全感，危机意识强。这种封闭与排外在经济落后时期表现的并不明显，但当日本成为仅屈于美国的第二大经济体时，其岛国的根性则与国际社会形成了冲突。岛国的封闭性与排他性使日本在国际化进程中感受到一种无形的约束，也同样形成一道无形的墙，在阻碍着国际文化、思想与意识形态进入日本社会。

日本传统文化的特征导致了对于新自由主义思想的排斥。新自由主义思想的特质是自由化、市场化、多元化、个性化，在经济政策层面表现为"小政府主义"，彻底对原有的规制进行改革，走市场机制路线，让市场自动调配资源达到最佳配置。思想层面的新自由主义及政策层面的规制缓和，强化的是打破原有规章制度、竞争与创新。这种新自由主义思想与日本传统文化之间存在着巨大的鸿沟。如果说日本人认为明治维新是第一次开国的话，那么日本人把战后的资本投资自由化看作是"第二艘黑船"，外国投资被认为是对日本国家安全的潜在威胁。尽管外资自由化被视为不可避免，但日本人确信需要避免外国资本控制那些增长潜力巨大且营利的行业。否则，日本人担心可能会沦为经济殖民地。

因而，日本的传统文化与社会理念的形成不是一朝一夕的，日本"特殊论"、"被排挤者"、"圈外人"的说法也并非空穴来风。日本也已经形成了不同于英美的自身文化与社会理念，这种文化与社会理念与新自由主义思想格格不入，同时也已经形成了一套不同于英美的，具有自身文化习惯社会传统的互补性极强的体制，并达到了一种稳定的均衡。由于存在着制度的锁入效应和路径依赖，若使日本选择与英美的新自由主义理念相一致的规制改革，则会面临更大困难。

第三节　行政改革与公企民营化附属品的规制缓和

新自由主义在日本是以行政改革形式出现的。官方的行政改革旨在取得国家预算平衡，解决国家日益加深的财政危机。为了达到这个目的，日本通过行政改革裁减公务员，将国有企业私有化，并在很多领域解除政府规制。[①] 规制缓和从 80 年代铃木内阁推行行政改革开始，以“规制缓和”的名义缓缓展开，到 90 年代后作为平成改革的主要内容而继续推进。

一　从临时行政调查会到行政改革推动审议会

传统意义上的行政改革指的是对现行政治、行政制度的改革，在宪法框架内，对某些不适应经济、社会发展的行政组织、行政程序包括公务员制度中某些不适应新形势需要的部分进行调整和改革。它是行政管理领域内的改革，是如何将行政工作管理得更有效益、更具效率、更为经济，其中不包含改变行政政策的内容。在日本行政改革的历史中，1961 年成立的第一次临时行政调查会（简称“第一次临调”）就是开展过大规模行政改革研究的调查会之一，并向日本政府建议进行行政改革。“第一次临调”关注的重点主要是如何提高行政效率，去冗除繁、消除差错、减少浪费上属于传统的行政管理领域内的改革，并没有涉及改变政策的内容。而第二次临时行政调查会的研究范畴则不再局限于传统行政管理领域，将改革扩展至政策领域。

（一）临时行政调查会（第二次临调）

20 世纪 70 年代后期，日本经济因第一次石油危机的拖累转为了低速增长，财政状况恶化。铃木内阁为了克服上述困难，设立了第二次临时行政调查会（简称“第二次临调”，1981 年 3 月至 1983 年 3 月），第二次临时行政调查会是日本行政改革的核心机构，直接设立于总理府之内，而不是置于行政管理厅（行政管理厅 1984 年改组为总务厅，第一次临调设置于行政管理厅之下）之下。第二次临调成立不久的 1981 年 3 月 25 日，成立了政府、自民党行政推动本部，由政府内阁最高领导人亲临第一线推动行政改革，内阁总理大臣任本部部长、由全体官僚出任成员。这与第一次临调之后成立的行政改革推动本部由行政管理厅长官担任本部长的情形形成了对比，充分说明内阁对行政改革的重视。

第二次临调会长是经国会两院同意后，由总理大臣任命。时任日本经团联社长，被称为“财界天皇”的土光敏夫人格廉洁高尚，办事认真，很有威望，出任第二次临调会长。第二次临调分为四个部会及若干个分科

---

① ［日］伊藤诚：《中国社会主义市场经济与日本新自由主义》，《上海金融学院学报》2005 年第 3 期。

会，其职能主要包括：提高公务伦理及建立能适应新形势发展的公务员制度；行政情报的公开与管理及其他行政程序制度的现状；预算编制，预算执行，财政投融资等的现状；地方支分部局的整顿改组合理化，事务的改革，地方事务官等考试制的改革；批准、许可制度等的整顿合理化等。

第二次临调不仅增加了重建财政的课题，改革内容也不再局限于行政管理工作，增加了如修改老年人免费医疗制度、改善农业补贴制度等传统行政改革不涉及的政策层面问题，并初步涉及了批准、许可制度的合理化等规制缓和的内容。同时，也把行政改革的概念界定为“为了恰当且有效地实现行政所给予的理念及政策目标而必须采取的对制度、方针政策、组织体制、业务运营等进行的改革措施。”① 因而超越了单纯追求行政高效率的行政管理领域，涉及行政政策的内容。

第二次临调对内阁的政策产生了极大的影响力。1981 年 5 月，日本首相铃木善幸在访问美国时宣称：“日本正进行第三次远航”，并公开许诺要“为实现行政改革赌政治生命”来推动行政改革。1982 年 11 月中曾根内阁成立后，继承了铃木内阁的行政改革路线，要求所有内阁官僚候选人必须承诺全面支持行政改革，否则不予任命，中曾根康弘的态度是坚持把实现“临调”咨询报告作为最重要的政策课题。

（二）行政改革推动审议会（三次行革审）

1983 年 3 月，在第二次临调完成使命后，先后成立了三次临时行政改革推动审议会，又被称为“后临调机关”。1983 年 6 月，成立了第一次临时行政改革推动审议会（简称“第一次行革审”），在该审议会的 7 位委员中，包括土光敏夫在内，共有 3 位委员曾经是第二次临调委员，它的主要任务是监督第二次临调所倡议的各项改革措施是否执行。应该说在人员与政策方面，行革审都是对临调的继承。也就是在这一时期，中曾根内阁将国有铁路、日本电报电话公社和日本专卖公社进行了民营化改革。1986 年 4 月，以日本银行总裁前川春熊为首的中曾根首相的私人咨询机构在前川报告中提议，实行以刺激内需为目的的积极财政金融政策，放宽规制，通过削减贸易顺差避免美日贸易摩擦。著名的前川报告的出台，标志着日本政府首次将规制缓和作为经济结构改革的重要方面。

---

① ［日］增岛俊之：《日本的行政改革》，熊达云、张健等译，天津社会科学院出版社 1997 年版，第 16 页。

第一次临时行政改革推动审议会存续了三年，1987 年 4 月，第二次临时行政改革推动审议会（简称“第二次行革审”）成立。行政改革的内容包括规制缓和、地方分权、政务公开、行政信息化等内容，而规制缓和作为改善政府与民间企业的关系的措施而受到了民众的欢迎，这也是第一次明确提出有关规制缓和的课题。审议会还专门设置了“关于政府规制状况的小委员会”，在这个小委员会中，委员们提出：现有的许可和认可的审查标准不透明、行政指导具有随意性和不规范等问题。在传统行政手段中，“名目繁多的政府规制阻碍了技术革新，成为低生产效率企业乃至产业赖以生存的温床，造成经济运行效率低下的不合理现象。”① 规制缓和受到竹下登首相的密切关注，1987 年 12 月 21 日，竹下登内阁要求第二次行革审探讨如何在行政改革的旗帜下推动经济结构调整的问题：“最近国内外形势非常严峻，对外经济问题的解决、与其相对应的市场准入的改善和金融及资本市场的自由化、经济结构的调整等，都是必须解决的重要课题。与此相联系，正如临调咨询报告等不断指出的那样，希望各位今后能从推动行政改革的角度重点研究国家规制的状况。”② 实际上，是意图将规制缓和等内容纳入到经济结构调整的潮流之中，以推进行政改革。1988 年 12 月，第二次行革审向国会提交《关于缓和公共规制的咨询报告》，指出应重新认识公共规制，同时公布了放宽规制的具体领域和基本方向，竹下登内阁采纳了报告内容并制定了“规制缓和推进纲要”。

第三次临时行政改革推动审议会（简称“第三次行革审”）由日本经团联会长铃木永二出任。在该审议会下设立了三个分科会，分别是“富裕的生活”、“世界中的日本”、“公平透明的行政手续”。第三次行革审继承了前两次行革审的精神，进一步推进规制缓和。增岛俊之曾回忆说，1993 年 8 月 10 日，细川护熙内阁上台后的第一项工作就是促进规制缓和。1993 年 8 月 19 日，官房长官武村嘱咐总务厅事务次官增岛俊之：“不管是从今天的日美关系考虑，抑或是从经济情况考虑，都要彻底地推进规制缓和，因此要以总务厅为中心推进这项工作。”增岛俊之回复道：“在此之前的宫泽政权时期，曾将规制缓和当作一个大问题，并作为一项

---

① ［日］桥本寿朗、长谷川信、宫岛英昭：《现代日本经济》，戴晓芙译，上海财经大学出版社 2001 年版，第 242 页。

② ［日］增岛俊之：《日本的行政改革》，熊达云、张健等译，天津社会科学院出版社 1997 年版，第 17 页。

重要的政策来推行的。”① 1993 年第三次行革审向政府提出最终咨询，提出了今后行政改革的方向，并特别提出了促进改革的计划，其内容包括：研讨制定了《行政情报公开法》、行政信息化、继承和发展行政改革程序、地方分权、规制缓和。前三项涉及传统行政改革问题，地方分权解决的是中央政府与地方政府之间的关系问题，而规制缓和则意图解决政府与企业之间的关系。1993 年 10 月，第三次临时行政改革推动审议会完成使命并解散（见表 3－3）。

表 3－3　　　　两次临调与三次行革审②

审议会	存续时间	会长	内阁总理	审议范围
第一次临调	1961—1963 年	三井银行董事长佐藤喜一	池田勇人、佐藤荣作	传统行政管理领域内的改革
第二次临调	1981 年 3 月至 1983 年 3 月	经团联③名誉会长土光敏夫	铃木善幸	传统行政管理领域内的改革；以重建财政为目标的政策调整；探讨国有铁路、日本电报电话公社和日本专卖公社民营化问题

① ［日］增岛俊之：《日本的行政改革》，熊达云、张健等译，天津社会科学院出版社 1997 年版，第 146 页。

② “临调”和“行革审”的本质是审议会。审议会类型的专家咨询机构是行政改革的火车头，是政府倾听国民意见的机构，是从第三者角度监督、批评行政工作，是具有权威的国家机关，他们被称为“神圣的市民”。其成员是内阁选拔的，并且直接向首相报告，依照法律，首相必须尊重专家的观点和建议。专家咨询机构有广泛的调查权利，例如他们可以要求行政机构提交信息以及材料；组织公众集会及当地的听证会；聘请专家进行专门问题的研究。日本各个部门和机构从 200 多个咨询委员会那里获得有关政策和政策方向的总的观点。咨询委员会由著名的学者、新闻记者、行业专家和商业部门的领导组成。正是由于这种组合方式，审议会代表了公众和专家的观点。1998 年 3 月的报告中指出：73% 的咨询委员会通过公开的会议和详细的出版物公布了他们的讨论，比 1996 年提高了 50%；21.7% 的咨询委员会接受来自普遍公众的观点和意见。审议会的作用体现在，一方面审议各项改革方案，另一方面监督改革方案的执行。这两个机构作为推动改革的战略机制，在行政改革中占有非常重要的位置，并获得了国民的强有力支持。参见王林生、张汉林《发达国家规制改革与绩效》，上海财经大学出版社 2006 年版，第 338 页。

③ 经团联是日本经济团体联合会的简称。日本经团联是当今日本最有影响力的经济团体，其主要成员是日本有代表性的大企业、主要行业团体和地方主要经济团体。其成员企业几乎都是东京证券交易所第一部上市的大企业，其行业团体是制造业、服务业等主要行业协会的全国团体。日本经团联是日本最具国际竞争力、代表最先进生产力的经济团体，被称为日本经济界的“内阁”，日本经团联会长被称为“日本经济界的总理大臣”。经团联会长定期与日本首相和主要政治家会面，经团联各级机构人员则与执政党议员、日本政府相关部门官员定期交换意见，进而对日本的经济、社会政策提出建议，影响政策制定。

续表

审议会	存续时间	会长	内阁总理	审议范围
第一次行革审	1983年7月至1986年6月	土光敏夫	中曾根康弘	传统行政管理领域内的改革；土地问题
第二次行革审	1987年4月至1990年4月	经团联名誉会长大槻文平	竹下登	传统行政管理领域内的改革；关注日本航空公司和国立医院民营化问题；调整经济结构、规制缓和
第三次行革审	1990年10月至1993年10月	经团联会长铃木永二	海部俊树、宫泽喜一	传统行政管理领域内的改革；适应国际化、与国际接轨、重视国民生活

在第三次行革审解散后的1994年1月21日的内阁会议上，细川内阁通过了关于行政改革推进本部的设定。这一机构实际上是对临调和行革审等审议会精神的延续，但机构设置上不属于审议会，属于政府政策制定机构。值得关注的有三方面内容：一是这个推进本部的本部长由内阁总理大臣亲自担任，本部成员包括了所有内阁成员，已经从民间的审议和讨论上升到政策制定层面；二是本部成员中，首次邀请了公平交易委员会委员长出席，强化了竞争政策；三是邀请有学识经验的人士作为本部的专门人员参加本部，从这个角度看是继承了审议会充分尊重专业人员意见的优势。

（三）作为行政改革一部分的规制缓和的进展情况

日本规制缓和的开展最初是以行政改革的面貌出现的，是作为行政改革的一部分而推进的，表3-4详细展示了日本行政改革进程中关于规制缓和的进展状况。

表3-4　20世纪八九十年代初日本行政改革进程中涉及规制缓和的部分

时间	具体政策措施
1981年3月	成立“第二次临时行政调查会”，其会长是经团联名誉会长土光敏夫，成员由财界、工会、退休政府公务员、传媒界和学术界代表共9人组成。“第二次临调”于1981年3月至1983年3月间，先后5次就日本行政改革的主攻方向和实施方案向政府提出建议
1981年4月	政府、自民党行政改革推动本部成立，由铃木善幸亲任部长
1982年2月	“第二次临时行政调查会”就日本电信电话公社、国铁、专卖公社的民营化进行答辩和咨询

续表

时间	具体政策措施
1982 年 12 月	通过有关行政改革的法案 2 件，其一是重建国铁临时措施
1983 年 3 月	“第二次临时行政调查会”发表最终报告，就将放宽规制定位为经济社会结构转换的组成部分。中曾根内阁在题为《80 年代经济社会展望与指针》的经济发展计划中强调要促进“民间经济自主活力”，这是日本政府文件中首次列入规制缓和的内容
1983 年 6 月	成立重建国铁监理委员会
1983 年 7 月	“第一次临时行政改革推动审议会”成立，1986 年 6 月结束，仍由土光敏夫任会长，它的主要任务是监督第二次临调所倡议的各项改革措施是否实行，在指出规制缓和对恢复市场机制、激活经济、培育民间活力的必要性的同时，将最初作为财政重建手段提出的规制缓和明确纳入经济、社会改革范畴，赋予了更广泛的含义
1983 年 8 月	重建国铁监理委员会意见
1983 年 12 月	公布《行政改革法》
1984 年 8 月	重建国铁监理委员会意见
1984 年 12 月	通过有关行政改革的法案 18 件，其一是关于电信电话公司改革
1985 年 4 月	日本电信电话公社更名为日本电报电话公司，日本专卖公社更名为日本烟草股份公司
1985 年 7 月	重建国铁监理委员会意见 召开的行政改革推动审议会规制缓和会议上制定的“规制缓和推进策略”，确定了培育民间活力、放宽规制的具体方针
1985 年 10 月	通过有关行政改革的法案 7 件，其一是关于规制缓和
1986 年 4 月	中曾根内阁发表《前川报告》，首次将规制缓和作为政策主题，提出“原则取消、例外规制”的基本方针，《前川报告》通常被认为是日本政府开始规制改革的重要标志
1986 年 9 月	通过有关行政改革的法案 10 件，关于国铁改革 8 件
1987 年 4 月	成立“第二次临时行政改革推进审议会”，由日本经团联名誉会长大槻文平任会长，他除了继续关注日本航空公司和公立医院的民营化改革等问题外，还提出有关“规制缓和”的课题 日本国有铁路向新经营形态过渡，拆分为六家旅客铁路株式会社和一家日本货物铁路株式会社
1988 年 12 月	第二次行革审咨询报告——关于规制缓和的咨询报告
1988 年 12 月	内阁会议确定《规制缓和推进纲要》

续表

时间	具体政策措施
1989 年 11 月	关于公共规制现状的小委员会提出《关于公共规制现状小委员会报告》
1990 年 10 月	成立“第三次临时行政改革推进审议会”，由日本经团联会长铃木永二牵头。它提出的一系列咨询报告的主题是必须把推进国际化、提高国民生活水平作为行政改革的重要课题。该审议会下设“富裕的生活”、“世界中的日本”和“公平透明的行政手续”三个分科会
1993 年 4 月	宫泽内阁提出的《关于推进综合性的经济对策》中，第一次将规制缓和政策作为综合经济对策的一环
1993 年 9 月	细川护熙内阁通过了《紧急综合经济对策》，其中一个重要的内容就是推进规制缓和，决定放松 94 个规制项目。同时成立了首相私人咨询机构“经济改革研究会”。“经济改革研究会”以经团联会长平岩外四为首。同年 11 月，该研究会提出一份中期报告，主张通过规制缓和，给企业创造新的经营机会，促进国内外的自由竞争
1993 年 12 月	12 月 16 日，经济改革研究会提出名为《平岩报告》的最终报告，强调新一轮的经济结构改革必须以“建立内外开放的、透明的经济社会”、“具有创造性和活力的社会”、“生活者优先的生活”，以及“和世界协调的，能使世界产生共鸣的生活”为目标。而五大政策支柱分别是“规制缓和”、“内需型的、充满创造力与活力的生活”、“适应社会福利社会”、“开放市场和多对策支援海外”和“搞活金融、资本市场”

资料来源：［日］增岛俊之：《日本的行政改革》，熊达云、张健等译，天津社会科学院出版社 1997 年版，第 81—89 页；徐梅：《日本的规制改革》，中国经济出版社 2003 年版，第 95—98 页；吴寄南：《新世纪日本的行政改革》，时事出版社 2003 年版，第 9 页。

二　产权结构改制后的规制重构及规制缓和

传统观点认为，某些具有自然垄断特征的产业部门必须实行独家垄断经营，但是私人企业的垄断经营往往会在利润驱动下制定垄断高价掠夺利润，伤害消费者剩余，因而一些国家对某些产业实行长期的公有企业垄断经营模式。然而垄断经营模式带来缺乏竞争、投资渠道单一、供给能力不足等低效率，而且人们对公企是否以追求社会福利最大化为目标也产生了极大的怀疑。“我们首先应指出的是，虽然市场存在失灵问题，且要求政府以某种形式进行干预。但是，以某种形式进行干预并没有必然地要求政府进行生产。这在自然垄断的情况下可以清楚地看出来。在这种情况下，政府至少有五种选择：它可以无视这个问题；它可建立竞争性的政府企业；它可以赋予政府企业垄断权；它可以运用法规制度和税收规定保持竞争；它可以约束私人垄断。”[①] 对于垄断问题，斯蒂格利茨给出了五种解决方法，而政府直接控制公有企业只是其中的一种形式。对于垄断问题，仍然可以运用私人经营形式或者运用法律制度的形式约束其行为。为破除国有企业的垄断地位，提高企业绩效，日本采取以下改革方式：

第一，对原由国家控制的公企业进行产权结构改制，进行民营化改革，但考虑到民营化后的市场结构可能由国家的完全垄断转化成私人的完全垄断，因而常伴随第二种方式或第三种方式的改革。

第二，对具有绝对市场垄断力量的主导型企业实行横向分割。如1984 年把国铁分割为六个地区性客运公司和一个全国性客运公司，把NTT 横向分割为东 NTT 和西 NTT，进而形成地区性的垄断公司。

第三，对具有绝对市场垄断力量的主导型企业实行纵向分割，即区分垄断产业的自然垄断业务和非自然垄断业务，划分具有网络经济性业务和竞争性业务。对竞争性业务，政府放松进入壁垒，允许多家企业进入，以充分发挥竞争机制作用，同时规制进入的数量和质量，以避免产生过度竞争问题。对于具有自然垄断性质的业务，由于存在大量的沉没投资，多家企业的经营会造成资源浪费，因此政府需要严格控制新进入企业。例如电力行业，区分发电和售电环节的竞争性特征与配电输电环节的自然垄断性特征。

对于全国垄断的公有企业而言，在国家实行垄断经营的管理体制下，是不存在真正意义上的政府规制问题的，或者说当由国家垄断企业事务的时候，是不需要许可和认可的，也不需要进入规制和价格规制。若由民间管理，就需要许可和认可及进入价格规制了。因而，公企民营化的改革通常伴随着规制的重构，公企民营化后，规制数量可能反而会增加。如电信业自由化过程中，电信电话公司的垄断体制被改变了，根据电器通讯法进行了大幅度的规制缓和，但是为了电器通讯的自由化而实施制度改革的时候，许可和认可制度反而增加了 90 项。这并不代表着规制更加严格，而是民营化后的规制重构。

① ［美］斯蒂格利茨：《政府为什么干预经济——政府在市场经济中的角色》，中国物资出版社 1998 年版，第 72 页。

日本国有企业通常被称作"公企业"，广义的公企业可分为由中央政府管辖的公企业和由地方政府管辖的公企业，中央政府管辖的公企业又可分为行政事业性企业和公共性企业（狭义的公企业）两大类。公企业一般由政府全额出资，享有较多的经营自主权，其范围涉及金融、保险、通信、交通、公共福利、社会服务等广泛领域。在这些企业中，三公社（日本电信电话公社、日本专卖公社、日本国有铁道）是最大的公企业，职工总数占国企职工总数的80%以上。

公共企业民营化是指废除该公企业的设置法，同时出售政府所有的公企业的资本，将其转化为私营企业，并解除以公企业法规定的规制。① 公企民营化一般采取三种形态：一是公共法人通过组织变革，将政府一部分资本出售给民间而转为股份公司形态的公企业，这类企业称为"特殊公司化"；二是公共法人向民间所有认可法人的组织变更，称为"认可法人化"；三是公共法人或股份公司形态的公企业通过组织变革而成为私人企业，是"完全民营化"（见表3－5）。

表3－5　　日本1985年以后的公企民营化

组织变更前	组织变更后	组织变更日期
［特殊公司化］（3个）		
（1）日本电信电话公社	日本电信电话股份公司	1985年4月1日
（2）日本专卖公社	日本烟草产业股份公司	1985年4月1日
（3）日本国有铁道	北海道旅客铁路股份公司	1987年4月1日
	东日本旅客铁路股份公司	1987年4月1日
	东海旅客铁路股份公司	1987年4月1日
	西日本旅客铁路股份公司	1987年4月1日
	四国旅客铁路股份公司	1987年4月1日
	九州旅客铁路股份公司	1987年4月1日
	日本货物铁路股份公司	1987年4月1日
	日本国有铁路清算事业团	1987年4月1日
	新干线铁路保有机构	1987年4月1日

① ［日］植草益：《微观规制经济学》，朱绍文、胡欣欣等译，中国发展出版社1992年版，第254页。

续表

组织变更前	组织变更后	组织变更日期
[认可法人化]（9个）		
（1）农林中央金库	农林中央金库	1986年4月1日
（2）东京中小企业投资育成公司 （3）名古屋中小企业投资育成公司 （4）大阪中小企业投资育成公司	中小企业投资育成公司	1986年4月1日
（5）高压气保安协会	高压气保安协会	1986年4月1日
（6）日本电气计器检定所	日本电气计器检定所	1986年4月1日
（7）日本消防检定协会	日本消防检定协会	1986年4月1日
（8）农林信用基金	由农林渔业信用基金继承	1986年10月1日
（9）农林机械化研究所	由生物特定产业技术研究推进机构继承	1986年10月1日
[完全民营化]（4个）		
（1）日本汽车终端股份公司	日本汽车终端股份公司	1985年4月23日
（2）东北开发股份公司	东北开发股份公司	1985年10月6日
（3）日本航空股份公司	日本航空股份公司	1987年11月18日
（4）冲绳电力股份公司	冲绳电力股份公司	1988年实施

注：日本国有铁路清算事业团与新干线铁路保有机构不是特殊公司而是公共法人。

资料来源：[日] 植草益：《微观规制经济学》，朱绍文、胡欣欣等译，中国发展出版社1992年版，第255页。

本书仅以日本电电公社、日本国铁和日本航空股份公司为例，考察日本公企业产权结构改制后的规制重构与规制缓和。

三　规制缓和案例分析：日本电信

日本电信市场的公企民营化与规制缓和主要从20世纪80年代中期到20世纪末的近20年时间。1952年以前，日本的电信设施与服务都是由政府邮政省垄断经营。1952年，日本根据《公众电信法》、《日本电信电话公社法》、《国际电信电话股份公司法》，把邮政省改革为政府全额出资的公共法人企业——日本电信电话公社（Nippon Telegraph and Telephone Public Corporation，旧NTT）垄断国内通信线路，与此同时，成立国际电信电话股份公司（Kokusai Denshin Denwa，KDD）垄断国际电信服务。同时成立邮政省[①]对邮政服务、邮政储蓄、邮政生命保险和 NTT、KDD 执行政府规制职能。尤其是作为公共法人性质的日本电信核心企业——日本电电公社更是在邮政省隶属下，受到无所不至的规制。

20 世纪 70 年代，电子计算机的使用使得信息处理服务有了新的发展，事业者强烈要求提供增值网络（VAN），于是 1971 年和 1982 年两次部分开放了增值网络的线路，使得中小企业也能开始提供增值网络服务。并且由于电信产业与各种信息媒介产业和信息处理产业的融合，能够以低廉的价格提供优质的服务，潜在竞争态势初现，使得电信产业的垄断体制得以动摇，为产权结构改制与规制缓和提供了技术条件。

（一）日本电电公社民营化后的规制重构及规制缓和进程

20 世纪 80 年代初，由于电信政策越来越灵活，1982 年行政改革委员会建议对 NTT 进行全方位剥离和民营化。通产省面临着开放增值网络服务市场的压力，日本邮政省也认识到日本电信部门需要对电信需求的多样化做出回应。[②] 1984 年 12 月制定了《电信事业法》（TBL），同年制定了《日本电信电话公社法》（《NTT 法》），这标志着日本电信业民营化的开始。1985 年，《电信事业法》颁布，具体措施包括：在电信市场引入竞争、开放增值网络服务、电话设施销售的自由化。同时也颁布了《NTT 法》，旨在赋予 NTT 更多的自主权。NTT 法颁布后，NTT 民营化进程开始，原日本电电公社改组为日本电信电话会社（NTT），实现了产权改制，公社人员也从 30 余万人精减到 25 万人，MPT 实施了所谓“电信系统的第一次改革”。

MPT 根据电信企业是否拥有自己的线路和设施，把电信企业划分为两种类型：第一种电信企业与第二种电信企业，第二种电信企业又分为特别第二种电信企业和一般第二种电信企业。第一种电信企业是通过自己建设线路和设备以提供电信服务的企业；特别第二种电信企业是通过公共交换网络租用线路，为订户提供语音电话服务；一般第二种电信企业是从事

① 邮政省（MPT）替代原邮政省（the Ministry of Posts）执行规制职能。MPT 是负责制定电信政策和规制的机构，这个机构既是政策制定者，也是政策的规制者。MPT 也负责广播政策、邮政服务、邮政储蓄服务和邮政生命保险服务的政策制定与规制。在 MPT 内部，电信局负责电信规制，广播局负责广播规制。

② Wonki Min, Dimitri Ypsilanti, *Regulatory reform in Japan—Regulatory Reform in the Telecommunications Industry*, OECD, 1999.

特别第二种电信企业业务之外的企业。

MPT 认为第一种电信企业具有显著的公共利益的特征，因而对第一种类型的电信企业实施进入许可制。考察进入企业是否具备足够的资本基础和技术能力，是否具有可靠和可行的商业计划，并且进入电信业务应适合电信业健康发展。表 3－6 展示了电信企业民营化后的规制重构状况，对第一种电信企业的价格实行认可制，进入与退出实行许可制，对特别第二种电信企业的价格实行申报制，进入需注册，退出需申报，而对一般第二种电信企业的进入与退出只需申报，无价格规制。

表 3－6　　日本电电公社民营化后的规制重构

	第一种电信企业		第二种电信企业		所依据的法律
	NTT	NCC	特别	一般	
人事	认可	—	—	—	NTT 法
事业开发	认可	—	—	—	NTT 法
研究开发	义务	—	—	—	NTT 法
普遍服务	义务	—	—	—	NTT 法
准入	许可	许可	注册	申报	电信事业法
退出	许可	许可	申报	申报	电信事业法
价格	认可	认可	申报	—	电信事业法

注：—表示没有规制。

资料来源：［日］松原聪：《民营化与放松规制》，日本评论社 1991 年版，第 173 页。转引自徐梅《日本的规制改革》，中国经济出版社 2003 年版，第 199 页。

1985 年的第一次改革使日本电信市场引入了竞争，但是竞争远远不够。因为市场准入和关税是由 MPT 单独发放牌照或批准的，在获得许可之前运营商是不能从事于相关业务的。此外，本地电信市场不存在竞争，NTT 或 KDD 与其他新进入者在长途电话和国际电信市场所开展的竞争也要通过 MPT 审批，而且人为地区分两种类型的运营商反而会增加不必要的额外负担。另外，对第一种类型电信企业的严格的规制也会因阻止其他厂商的进入而阻碍基础设施的发展。

1996 年，MPT 宣布要进行“信息电信系统的第二次改革”，包括了许多政策的变动，其中 NTT 的重组是日本电信改革的核心。从 1981 年开始，MPT 内部就 NTT 重组和民营化就进行了争论，然而直至 1990 年才打破僵局。根据NTT法，NTT在1985年之后的第五年即1990年加以审查。在审查时，电信理事会建议把NTT解体为一个长途电话公司和一个本地电话公司。MPT支持理事会的建议，但是作为支持竞争的手段，它将面临来自通产省、NTT公司、电信设备公司、日本经团联和日本财务省等方面的强烈反对。很多人还认为为时过早，日本财务省也害怕资产的剥离将对NTT的股价产生不利影响。但最终于1990年3月底达成一项妥协：将NTT移动电话业务成立一个独立的公司，并且在5年之后再对NTT进行审查。1995年，政府对NTT重新建议。例如，内阁办公室的一个小组委员会提交了一份报告，建议NTT应该分为四个区域性公司和一家长途电话公司。日本公平贸易委员会还提交了一份报告，认为应该进一步放松规制，而不是对NTT分割。同时，NTT强调自己是日本国民的资产，而反对任何形式的分割，它强调作为一个整体公司对于R&D的重要性。1996年2月，电信理事会提交最终报告，把NTT分割为一个长途电话公司和两家区域性公司（东NTT和西NTT）。但是，政府迫于政治压力把计划推迟一年执行。最终，政府于1997年3月宣布：NTT分割为一个长途电话公司和两家区域性公司（东NTT和西NTT），并且为保证研发和管理成立了一个控股公司——Nippon Telegraph and Telephone Corp。其中，长途电话公司是一个可以进入国际电信市场的民营公司；两个区域性公司只在各自区域提供地区性电信服务，不能进入长途电话市场；控股公司负责基本的研发；同时不允许任何其他公司进入电信领域。

按照日本在WTO基本电信服务下的承诺，政策的变动还包括互联规则的建立和进一步的放松规制。1997年6月，修正了TBL法、NTT法、KDD法。为确保公平竞争和提高规制的透明度，TBL法有三个重大改变。[①] 第一，废除作为发放许可证基础的“供求调节型规制”。第一种电信企业的执照是否颁发，原来是由MPT根据保证供给和需求的平衡为基础来决定的，以公众利益为借口使MPT可以按照TBL法阻止新进入企业。这种类型的发放牌照的规制被认为是日本最大的进入壁垒的象征，现在已经被废除。第二，为保证透明和公平的互联条件，提出了一种新的互联方案，包括会计分离和“指定设施”的非歧视性互联。第三，TBL添加了

① Wonki Min, Dimitri Ypsilanti, *Regulatory reform in Japan—Regulatory Reform in the Telecommunications Industry*, OECD, 1999.

新的规定以确保各主体平等的进入。

表3-7　　日本电信业规制政策

类　别		规制政策
1. 进入规制	第一种电信企业	许可
	特别第二种电信企业	注册
	一般第二种电信企业	申报
	有线电视	许可
	广播	执照
2. 价格规制	第一种电信企业	申报和价格上限规制
	特别第二种电信企业	申报
	一般第二种电信企业	无
	有线电视	申报
3. 业务规制	—	没有直接的业务规制，但是，NTT 不允许进入有线电视服务市场
4. 外国所有权控制规制	—	除了 NTT 需小于 20% 外，对其他公司的外国所有权没有规制
5. 互联互通控制	价格	第一种电信企业与“指定设施”需要部长的批准
	争端解决	缔约方可以要求仲裁
	范围	所有第一种电信企业都须提供互联
6. 频谱分配	—	执照
7. 普遍服务	—	NTT 有义务提供普遍服务，并且没有政府或任何其他运营商的财务补偿

资料来源：Wonki Min，Dimitri Ypsilanti，*Regulatory reform in Japan—Regulatory Reform in the Telecommunications Industry*，OECD，1999，pp. 16-17。

1998年5月，TBL又进行修订，废除了对第一类电信企业运营商的零售价格的认可规制，而改为申报，并于1998年11月1日执行。修正案还使得对 NTT 的本地固定基本服务引入价格上限规制，并且放宽了 NTT 的国际电信服务。同时，也修订了 KDD 法，允许 KDD 进入国内电信市场，使用其自己的国内通信线路和卫星通信。此外，KDD 法于1998年7月被废止、这项法律的废止意味着 KDD 从特殊公司转变为私营企业，并自主做出经营决策。此外，对 KDD 外国所有权不得超过20%的规制也被取消（见表3-7）。

1998年11月，MPT引入了关税申报制度，规定除了NTT的本地基本服务外，允许电信公司自主决定价格，而不需要MPT的批准。这一决定被认为是开放电信市场的一个里程碑，因为它使得价格竞争成为可能（见表3-8）。

表3-8　日本电信业发展历程

时间（年）	事　件
1952	MPT建立 NTT和KDD建立
1979	NTT开始提供移动电信服务
1985	在电信市场引入竞争 　使NCC（New Common Carriers）成为第一类电信企业 　开放增值网络服务 　电话设备销售自由化
1986	NTT民营化
1988	NCC进入移动市场
1992	把移动业务部门从NTT分离出来
1993	从NTT分离出来9家移动业务运营商
1994	在每个移动市场中引入三家到四家运营商以引入竞争 　在每个地区市场中允许三家小灵通运营商PHS 　开放移动电信设备市场
1996	NTT解体为一家长途电话公司和两家地区性的控股公司 引入移动运营商的关税申报制度
1997	开放国际简单转售（ISR）服务，包括互联网电话服务
1998	除NTT外，取消对外国资本投资的规制 除了NTT的本地服务，对所有第一类电信企业引入关税申报制度 废除KDD法，取消外国投资者对KDD投资的规制

资料来源：Wonki Min，Dimitri Ypsilanti，*Regulatory reform in Japan—Regulatory Reform in the Telecommunications Industry*，OECD，1999，p. 8。

另外，在移动市场上，NTT的垄断地位持续到1988年。1988年12月，两家公司进入移动市场，1994年4月，MPT以允许四个移动数字运营商进入十个独立的地区市场的方式而引入竞争。MPT 还通过引入 COMA① 而开放了移动电话设备市场，这导致了终端设备价格的下降，刺激了移动服务的增长。1995 年 7 月，三个小灵通 PHS（Personal Handy - phone System）运营商被允许进入区域市场而进一步开放了移动市场。在此之后又在收费和使用许可上进行了规制缓和。例如 2004 年 4 月，在撤销第一种和第二种电信划分的同时，收费和合同条约的规制也被废止，服务的提供也变得自由化；并且 2005 年 11 月对移动通信的赫兹数进行了重新分配（见表 3 - 9）。

表 3 - 9　　　　日本移动通信领域规制缓和

时间	主要内容
1992 年 7 月	○NTT DoCoMo 公司分拆上市
1994 年 4 月	○引入移动电话销售的 COMA 除租赁方式外，手机终端的销售自由化
1995 年 7 月	○使用 PHS 技术服务
1996 年 12 月	○移动通信服务费用由认可制改为申报制 及时对收费方案进行调整成为可能
1998 年 2 月	○对第一种电信企业的外资规制的废除（NTT、KDD 除外） 对外国居民持有运营商股票的规制的废除
1998 年 11 月	○引入手机的许可制度 许可证的办理程序大大简化，同时下调手续费
2001 年 11 月	○对非对称规制的调整。一方面，对于有市场支配地位的电信企业，为了防止反竞争行为对其进行了一些规定；另一方面，对于那些没有市场支配力的企业，放宽合同条约和协议规制，以达到竞争规则的公平公正性 合同条款和连续协议由认可制缓和为申报制，这使得迅速引入新的服务成为可能
2004 年 4 月	○废除对第一种电信企业和第二种电信企业的划分 ○进入和退出许可制的废除 对大规模的线路和设备公司实行注册制，其他公司改为申报制 费用和合同条款的规制被废除，服务向更加自由化方向迈进

① COMA（Customer Owned and Maintained System），COMA 是允许顾客不仅可以在移动公司，也可以在移动设备零售商店购买终端设备。

续表

时间	主要内容
2005 年 11 月	○对手机的赫兹数进行了重新分配 手机业务实施新的进入规制，BBモバイル株式会社、イー・モバイル株式会社和びアイピーモバイル株式会社三家公司成为新的运营商

资料来源：内閣府政策統括官，規制・制度改革の経済効果——規制・制度改革の利用者メリットはどの程度あったか，内閣府政策統括官（経済財政分析担当），平成 22 年 10 月，4 页。

（二）规制缓和的效果

放松经济性规制，不论哪种形式，都是以向受规制企业引入竞争机制为目的，通过竞争，提供多种新的服务，降低收费水平，使收费体系多样化，并促进技术革新。[①] 日本电信行业的规制缓和主要是通过引入新的企业（包括国内企业和国外企业）、使投资来源多元化，而增加电信市场的竞争程度。如表 3－10 所示，自从民营化及规制缓和后，日本第一种电信企业的数量在逐年增加，从改革初期的只有 NTT 和 KDD 两家，发展到截至 1997 年的总计 153 家。同时，移动通信公司的数量也出现惊人增长，到 1997 年已经出现了 84 家。同时，国内长途电话新进入者的市场份额也在逐年提高（见表 3－11），至 1997 年，新进入者的市场份额达到了 40.6%。

表 3－10　　日本第一种电信企业数量

财年	1984	1985	1986	1987	1988	1989	1990	1991	1992	1993	1994	1995	1996	1997
第一种电信企业	2	7	12	36	44	62	68	70	80	86	111	126	138	153
NTT	1	1	1	1	1	1	1	1	1	1	1	1	1	1
NTT DoCoMo									1	9	9	9	9	9
KDD	1	1	1	1	1	1	1	1	1	1	1	1	1	1
新第一种电信企业		5	10	34	42	60	66	68	77	75	100	115	127	142
长途电话/国际电话		3	3	5	5	5	5	5	5	5	5	5	5	6
地区电话			3	4	4	7	7	7	8	10	11	16	28	47

① ［日］植草益：《微观规制经济学》，朱绍文、胡欣欣等译，中国发展出版社 1992 年版，第 166 页。

续表

财年	1984	1985	1986	1987	1988	1989	1990	1991	1992	1993	1994	1995	1996	1997
卫星		2	2	2	2	2	2	3	3	2	2	4	4	5
移动通信			2	23	31	46	52	53	61	58	82	90	90	84
移动电话				2	4	8	8	9	15	15	17	21	21	21
无线电寻呼			2	20	26	33	36	36	36	31	31	31	31	31
小灵通											23	28	28	28
无线电话						2	4	4	7	7	7	6	6	
船舶电话				1	1	2	3	3	2	2	1			
机场广播电话										2	2	2	2	2
数据通信						1	1	1	1	1	1	2	2	2

资料来源：Wonki Min，Dimitri Ypsilanti，*Regulatory reform in Japan—Regulatory Reform in the Telecommunications Industry*，OECD，1999，p. 16。

表 3－11　　国内长途电话新进入者市场份额的国际比较　　单位：%

时间（年）	1984	1985	1986	1987	1988	1989	1990	1991	1992	1993	1994	1995	1996	1997
澳大利亚								0	0.5	2	7.6	11.7		17.9
加拿大							0	5	7	14	18			
丹麦													0	5
芬兰										0	50	60	59	59
日本			0	3	6	10	15.9	22.4	26.8	29.1	31.3	31.9	35.7	40.6
韩国													9	8
墨西哥													0	18.8
新西兰							0	12	18	19	21	22		25
瑞典											0	5	10	17
英国		0	2	4	6	7	8	9	10.7	14	16.5	18.6	21	24
美国	19.8	20.2	23.2	28	31.5	35.1	37.4	37.8	39.5	39.8	41.5	44.5	47.8	48.6

资料来源：OECD，*Communications Outlook*，OECD，1999。

电信企业数量的增加引来竞争，而竞争的结果是服务质量的提升与服务价格的下降。从长途电话费价格看，日本长途电话费价格由 1987 年的每分钟 300—400 日元，下降到了 1998 年的 100 日元之下，只有原来价格的不到 1/3（见图 3－2）。从移动通信市场来看，移动电话与 PHS 新进入者的数量在不断增加，同时移动电话、PHS 的综合价格指数在下降，2008 年的价格仅为 1990 年价格的 1/4（见图 3－4）。

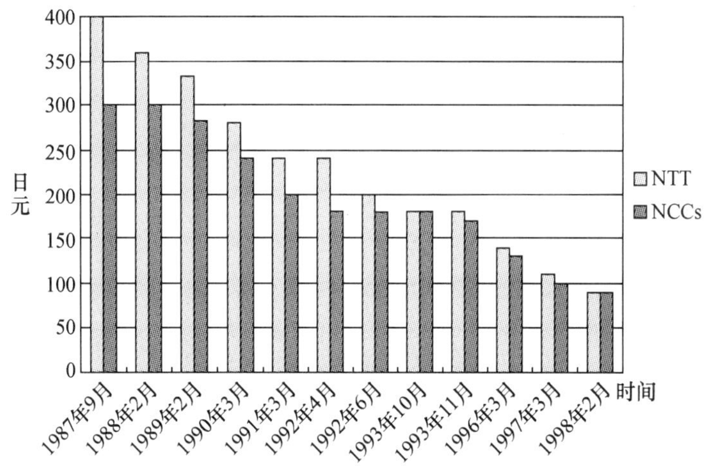

图 3－2　日本长途话费下降趋势

注：工作日、白天、三分钟的最大通话距离的价格。1991 年 3 月之前为 NTT160 公里，NCC 为 170 公里，1991 年 3 月之后为 NTT320 公里和 NCC340 公里。

资料来源：Information & Communications in Japan，*NTT Annual Report*，Information & Communications in Japan，1997.

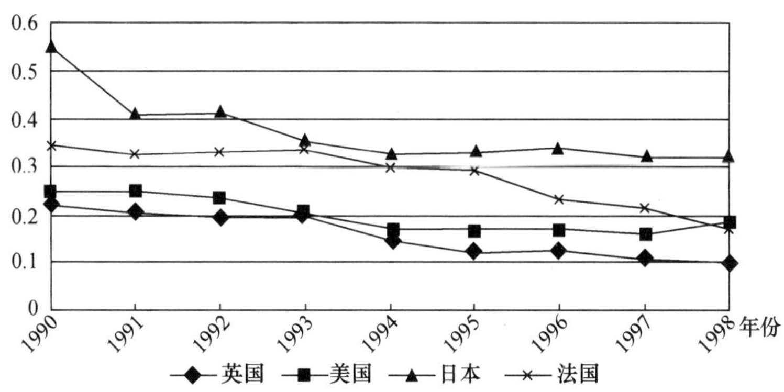

图 3－3　以美元购买力平价为基础的 350 公里通话费的国际比较

注：价格为一分钟通话价格。

资料来源：Wonki Min，Dimitri Ypsilanti，*Regulatory reform in Japan—Regulatory Reform in the Telecommunications Industry*，OECD，1999，p. 37.

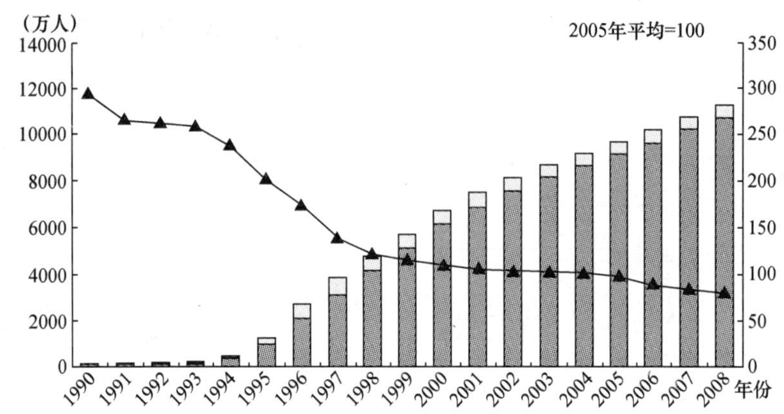

图 3－4　日本移动通信市场需求量与价格变化

资料来源：内閣府政策統括官，規制・制度改革の経済効果——規制・制度改革の利用者メリットはどの程度あったか，内閣府政策統括官（経済財政分析担当），平成 22 年 10 月，5 页。

四　规制缓和案例分析：日本国铁

日本国土大部分是山地，在太平洋沿岸拥有一些平原，这里人口密集，有东京、名古屋、大阪等大型城市，由狭窄的平原构成的走廊非常适合铁路运输。日本铁路 1906 年实现国有化，1949 年转为政府全额投资的公有企业。“二战”后，日本国家铁路（JNR）发挥了非常重要的作用，但是随着产业结构的调整和人口向大城市的聚集，即可以修建道路通过汽运的方式进行，人口运输方式发生了变化。从货物运输方面看，从 20 世纪 50 年代日本铁路货物运输呈稳定上升趋势，到 20 世纪 70 年代达到高峰之后不断下降。至民营化之前，铁路货物运输份额由占总份额的将近 50% 下降到民营化前期 1986 年的 4.6%。因而铁路运输方式正逐渐面临挑战。更值得提到的是国铁的债务问题。JNR 在 1957—1964 年是盈余状态，而之后就迅速亏损，虽然政府也通过四个金融重组计划而延长 JNR 的长期债务偿还期限，但是 JNR 也未能重振。1980 年其纯损失已达 10084 亿日元，大约占营业收入的 30%，而累积的债务在 1982 年年末竟高达 25 兆日元，若将铁道建设公团包括在内，总额达 37 兆日元。[①] 因而铁路运输业的民营化及

① ［日］植草益：《微观规制经济学》，朱绍文、胡欣欣等译，中国发展出版社 1992 年版，第 258 页。

规制缓和迫在眉睫。

1982 年行政改革委员会建议 JNR 民营化，1983 年 JNR 重组委员会成立，提交了计划书，1985 年 7 月总理大臣宣布了民营化计划，1987 年 4 月国铁民营化改革开始。JNR 被分割为九家公司，分别是整顿积累债务的国有铁路清算事业团、保全新干线资产的新干线铁道保有机构、按照地理位置被分割的六个区域性的客运公司和一家货运公司。JNR 的全国性货运业务被新货运公司——日本铁路货运公司（JR Freight）取代。伴随国铁民营化，原来有关国铁的《日本国有铁路法》和有关民铁的《地方铁路法》合二为一，形成《铁路事业法》。新的法律对原国铁和原民铁适用于同一规制标准，日本国铁民营化前后的规制比较（见表 3－12）。

表 3－12　　《铁路事业法》与旧《日本国有铁路法》、《地方铁路法》规制项目比较　　（1987 年）

规制项目	《铁路事业法》	《日本国有铁路法》	《地方铁路法》
1. 事业开始	○执照 （一种、二种、三种）	○来自《铁路铺设法》、《日本国有铁路法》等法律规定	○执照
2. 工程实施	○认可 与地方铁路法比较，尽量使施工计划的记载内容简单化	○认可 （仅限于营业线路的新增设和改道、撤销等的重要工程）	○认可
3. 铁路设施检查	○完成检查 力图检查项目的尽量简单化，设计制定检查机构制度	○对认可事项实行事后报告	○完成检查
4. 车辆安全	○使车辆技术适合性的确认（轻微变更需申报）	○使用车辆的事前报告	○设计认可
5. 设计管理者	○设计管理者制度的创设 对设计管理者所从事的事业实行大幅度的认可，通过对申报手续简化的默认力图使规制缓和	—	—
6. 运费、使用费	○申报	○申报	○认可
7. 运行计划（最高速度、时刻表）	○事后申报	○事前报告	○认可

续表

规制项目	《铁路事业法》	《日本国有铁路法》	《地方铁路法》
8. 运输开始	○事后申报	○事前报告	○认可
9. 事业改善命令	○事业改善命令	○一般的监督命令	○事业改善命令

资料来源：［日］山田德彦：《铁道改革的经济学》，成文堂 2002 年版，第 99 页。转引自刘迪瑞《日本国有铁路改革研究》，人民出版社 2006 年版，第 294 页。

对于国有企业而言，是不存在真正的规制问题的。民营化前的日本国有铁路在人事方面，总裁由内阁任命，在财务方面国会对预算进行决议，在业务方面也仅限于铁路事业法等法律明文规定的事业。而国铁民营化后，在人事、财务和业务方面进行了规制重构。人事方面，总裁和检查委员需得到运输大臣认可；财务方面，JR 的预算也不需要得到国会的决议，只需将预算收支书和长期贷款计划作为事业计划的附加材料向运输大臣提出并得到其认可即可；业务方面，不需国会表决，而只需得到运输大臣认可即可（见表 3－13）。

表 3－13　日本国铁民营化前后的人事、财务、业务方面的规制重构

	事　项	民营化前的“国铁”	民营化后的 JR
人事	负责人的任命	总裁由内阁任命；检查委员由运输大臣任命；其他负责人要得到运输大臣的认可	总裁、监察委员会要得到运输大臣的认可；董事由股东大会决定
财务	预算	国会决定	预算收支书与长期贷款计划需得到运输大臣的认可
	事业计划	作为预算的附加材料向国会提出	运输大臣的认可
业务	关联事业范围	业务限定在规定范围内	运输大臣的认可
	股份、贷款、公司债务等的重要财产的处理	运输大臣的认可	运输大臣的认可（贷款的超过一年期）
	运费、使用费	国会表决	运输大臣的认可

资料来源：刘迪瑞：《日本国有铁路改革研究》，人民出版社 2006 年版，第 309 页。

1987 年日本国铁民营化后，政府对国铁进行了规制的重构，进而促进了规制缓和。价格规制方面，1997 年 1 月导入价格上限规制的同时，鉴于划分了六家区域性客运公司，根据标尺竞争规制，效率高的企业给予奖励，效率不高的企业给予惩罚以促进地区间竞争的开展。2000 年 3 月，对进入规制进行缓和并撤销了供求调整型规制（对铁路运行线路的规制方式有所缓和，每条路线由执照制改为许可制）。与此同时，价格上限规制得到强化。

表 3－14　　　　日本铁路规制缓和进展

时间	主要内容
1987 年 4 月	○铁路事业法规定的铁路事业规制一体化 进入规制：线路和种别的执照制 价格规制：认可制 对旧国铁的分割和民营化 作为旧国铁的 JNR 被分割为六个旅客铁路公司和一个货物铁路公司，并进行了民营化
1997 年 1 月	○运输价格规制的缓和 价格上限规制的引入 标尺竞争规制的强化。在没有直接竞争的企业之间设立一定的指标，将此指标作为一个标准进行间接竞争
2000 年 3 月	○进入规制的缓和及供求调整型规制的撤销 线路的执照制→线路的许可制 ○运费规制的缓和 价格上限的认可制（价格上限规制的法定化）

资料来源：内閣府政策統括官，規制・制度改革の経済効果——規制・制度改革の利用者メリットはどの程度あったか，内閣府政策統括官（経済財政分析担当），平成 22 年 10 月，第 9 页。

应该说，民营化及规制缓和后的七家公司人员得到精减，截至 1991 年，即日本国铁私有化四年之后，日本铁路公司系统雇员已经裁减了 28%，从 1987 年的 27.7 万人减为 20 万人。① 并且企业经营状况趋于好转（见表 3－15），运送旅客数量有所提高（见图 3　5），内陆铁路货运运费趋于下降（见图 3－6）。

表 3－15　　　　日本铁路七家公司（JR）经营绩效

时间（年）	经营收益	经营利润	税前利润	税后净收入
1987	35529	3448	1558	500
1988	38132	4177	2207	889
1989	39391	4042	2895	1601

① ［美］查尔斯·沃尔夫：《市场还是政府——市场、政府失灵的真相》，陆俊、谢旭译，重庆出版社 2009 年版，第 74 页。

续表

时间（年）	经营收益	经营利润	税前利润	税后净收入
1990	42257	4705	3035	1480
1991	43882	6871	3068	1565
1992	44047	9024	2360	1264
1993	43950	8543	2243	1115
1994	42723	7390	1423	734
1995	43708	8131	2195	1067
1996	44505	8102	2360	1276
1997	44121	7288	1982	1027

资料来源：European Conference of Ministers of Transport, *Railway Reform—Regulation of Freight Transport Market*, European Conference of Ministers of Transport, 2001, p. 126。

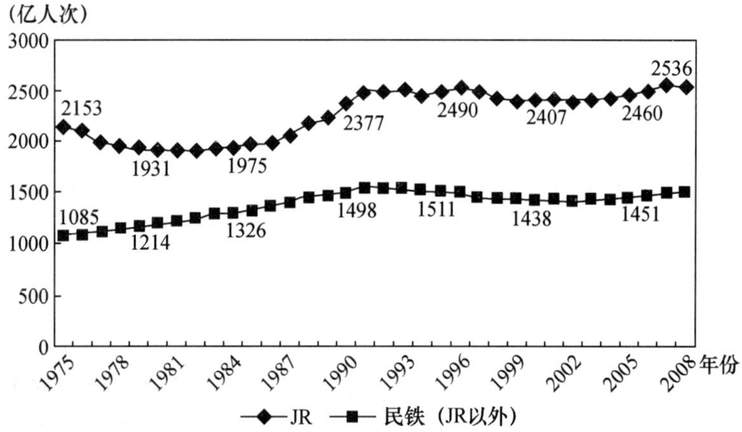

图 3-5　日本铁路（JR 与除 JR 以外的铁路公司）旅客输送量

资料来源：内閣府政策統括官，規制・制度改革の経済効果——規制・制度改革の利用者メリットはどの程度あったか，内閣府政策統括官（経済財政分析担当），平成 22 年 10 月，10 页。

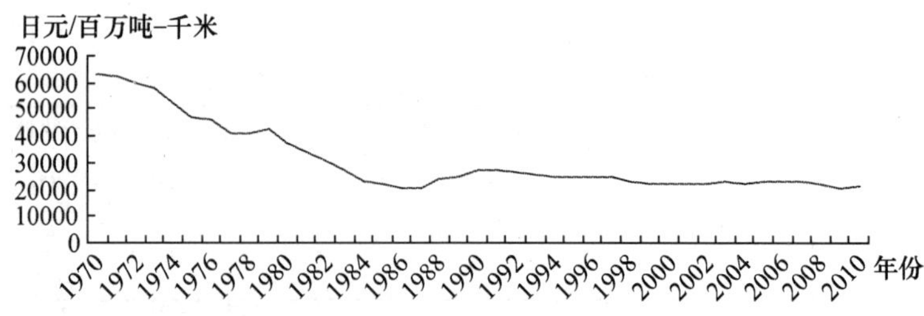

图 3-6　日本内陆铁路货运运费

资料来源：OECD 数据库。http：//stats. oecd. org/OECDStat_ Metadata/ShowMetadata. ashx? Dataset = INLAND_ FREIGHT_ TRANSPORT&ShowOnWeb = true&Lang = en。

五　规制缓和案例分析：日本航空

日本航空公司是1953年由政府和民间共同出资设立的公私合营的股份公司，在国内航空方面，一直处于与民间企业相竞争的体制，保持着很高的市场份额，而在国际航空方面则只由日本航空公司独家垄断经营。临时行政调查会指出：日本航空公司由于存在国家股份，使得经营者任命方面经常受到政治干预，经营者集团内部处于对立状态，而且与国内其他企业相比，日本航空公司的事故发生率也较高。因此，政府接受了临调的建议，对日航实施民营化。表3－16体现了在民营化前的日本国内对于航空业的严格规制状况，不仅维持了日本航空公司的垄断地位，而且也不利于企业效率的提高。

表3－16　　日本国内航空业的严格规制

范围	规制手段	规制法律
准入	每条航线都得获得执照，是否发放执照要根据从事事业是否合格、完成事业的能力、事业供求情况等来判断	1952年制定《航空法》，到1987年改革之前数次修改
退出	许可制	
价格	认可制，采用公正报酬原则、限制差别价格；当运费下降时，也须经过认可	
经营服务	使用的飞机总数、航行次数、起飞和着陆日期和时间都是在申报事业执照时被审查的对象；经营计划的变化也实行认可制	

资料来源：根据［日］植草益：《微观规制经济学》，朱绍文、胡欣欣等译，中国发展出版社1992年版，第194页整理所得。

20世纪80年代后期，以临时行政调查会的争论和美日航空协议为背景，开始了日本航空业的规制缓和。1986年6月，日本航空公司被完全民营化，改变了国际航线中日航完全垄断的格局，全日本航空公司和日本航空系统公司被允许参加特定航线，同时在国内航线引入了同一航线中第二家或第三家公司的参与。1992年10月，关于同一路线中第二家或者第三家公司参与标准进一步缓和（第一次），两三家航空公司使用同一航线方面，一年需求在100万人次以上的航线，以三家公司为基准；70万人次以上（特别指定航线在30万人次以上）者，以实行两家公司为基准。1997年废除了同一线路中第二家或第三家公司的进入标准。2000年在进入规制与价格规制方面进一步缓和，废除供求调节型规制，机票的价格也由认可制改为申报制。近年来，随着 Sky Mark 航空公司飞往北海道的第一次航班，对羽田和千岁机场航班进行了分配，伴随着羽田机场第二机场大楼的运营，各航空公司对登机桥进行分配，使得竞争的环境日趋成熟（见表 3－17）。

表 3－17　　日本国内航空业规制缓和

时间	主要内容
1986 年 6 月	○新航空政策的转换 日本航空的完全民营化 国际航线中，日本航空垄断经营的改变 国内航线中，同一路线中第二家或者第三家公司参与的设计
1992 年 10 月	○同一路线中第二家或者第三家公司参与标准的缓和（第一次）
1994 年 12 月	○机票价格打折的弹性化。对于设定运费最高优惠率 50% 的销售政策，由认可制改为申报制
1995 年 12 月	○幅度运费制度的导入。在一定幅度上将标准的原价作为最高价格，航空公司自主设定普通的运费成为可能
1996 年 4 月	○同一路线中第二家或者第三家公司参与标准的缓和（第二次）
1997 年 4 月	○废除同一路线中第二家或者第三家公司参与标准
2000 年 2 月	○进入规制的缓和，废除供求调整型规制 每条航线的执照制→每家企业执照制 运行时刻表的许可制→原则上申报制 ○机票价格规制的缓和 认可制→事先申报制
2005 年 4 月	○羽田机场航班的再分配 大型航空公司的 20 个航班分配给新航空公司。日本航空由 182 次航班减少至 171 次航班，全日空由 158 次航班减少至 149 次航班，共计减少了 20 个航班。另外新的航空公司由 47 次航班增加到 67 次航班，增加了 20 次航班，促进了新企业的进入
2006 年 4 月	○随着飞往北海道的 Sky Mark 航空公司的第一次航班起航，羽田和千岁机场对航班进行了分配
2007 年 2 月	伴随着羽田机场第二机场大楼的运营，对各航空公司的登机桥进行了分配

资料来源：内閣府政策統括官，規制・制度改革の経済効果——規制・制度改革の利用者メリットはどの程度あったか，内閣府政策統括官（経済財政分析担当），平成 22 年 10 月，第 7 页。

日本航空业以日航公司完全民营化为契机展开了规制缓和，规制缓和取得了一定的成效，如在日本国内航空方面，从20世纪90年代初开始，平均运费处于持续下降态势，运送旅客数量也在不断攀升（见图3－7）。同时，规制缓和使每年都能获得一定程度的消费者剩余（见表3－18）。

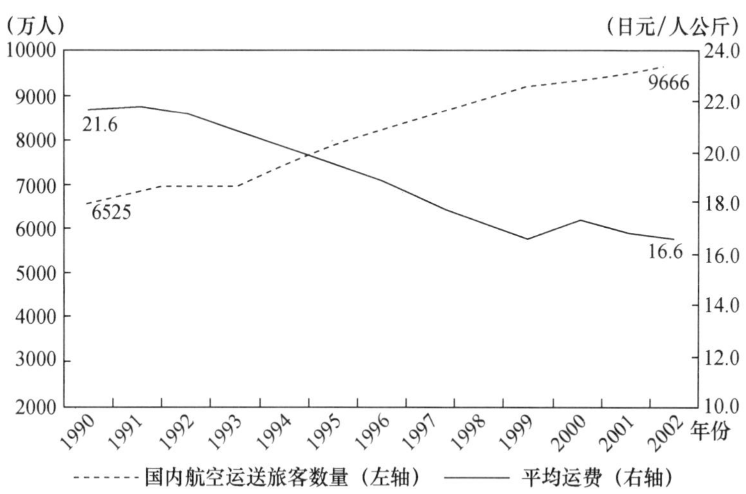

图3－7　日本国内航空平均运费与运送旅客人数的变化

资料来源：内閣府政策統括官，90年代以降の規制改革の経済効果——利用者メリットの分析（再改訂試算），内閣府政策統括官（経済財政分析担当），平成15年12月，第10页。

表3－18　日本国内航空业规制改革消费者剩余的获取

年份	1993	1994	1995	1996	1997	1998	1999	2000	2001	2002	2003	2004	2005
消费者剩余	327	742	1127	1420	1915	2359	2693	2289	2589	2730	2190	1212	1206
与前年度差	327	415	385	294	494	445	334	－404	300	141	－539	－978	－6

资料来源：内閣府政策統括官室，規制改革の経済効果——利用者メリットの分析（改訂試算）2007年版，内閣府政策統括官室（経済財政分析担当），平成19年3月，第10页。

虽然自2000年以来，政府放弃了供求调节型规制，航空机票价格从许可制转变为提前通知，航空业的进入和退出规制由需要获得执照制变为许可制，规制在一定程度上得以缓和。但从OECD规制指标显示，1995年以来，日本航空运输业的指标就没有发生变化，消费者剩余的获取也逐年减少，日本企业部门也抱怨航空的高收费。虽然服务于东京地区的成田机场[①]为提高其国际竞争力，2005 年通过改进外包服务增加非航空收入降低成本进行补偿，把着陆费降低了 20%，然而成田机场和关西机场（日本第二大机场）仍然位于全世界着陆费最贵行列之一（见图 3－8）。

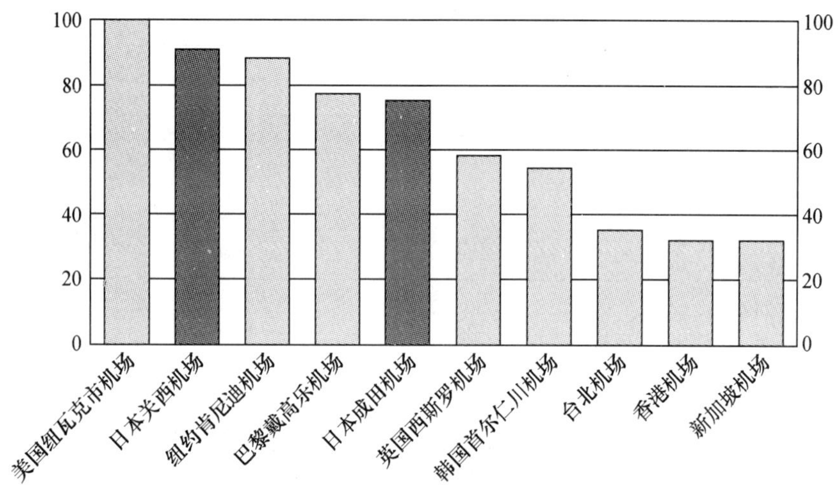

图 3－8　2005 年机场着陆起飞费用的国际比较

注：设定最贵费用为 100。

资料来源：OECD，*OECD Economic Surveys：Japan—Enhancing the productivity of the service sector in Japan*，OECD，2008，p. 157。

另一个限制竞争的障碍是对机票价格的规制和国际机票价格的分配机制。航空公司向消费者出售的航空票价受到日本交通省的规制，原则上讲，最低限价为国际航空运输协会（IATA）规定价格的 30%，但是，这个价格并不能反映真实的市场价格。结果航空公司向消费者提供具有竞争力的机票的数量受到了限制，他们只能向获得执照的旅行社出售机票，这部分票源占了销售的大部分。然而，这样的限制措施对外国航空公司是不利的，因为他们因缺乏规模经济而很难在日本开设旅行社。[②] 因而对国际航线机票的限制应该取消，航空公司也应该被允许直接向消费者出售市场

① 尽管成田机场在 2004 年实现公司化运营，但仍然是政府 100% 控股。

② OECD，*OECD Economic Surveys：Japan—Enhancing the productivity of the service sector in Japan*，OECD，2008.

定价的机票，政府也应该通过规制缓和降低高昂的着陆和起飞费用及机场运营成本。

第四节　《规制缓和推进计划》：从细川到森喜朗

自从20世纪80年代初的铃木内阁和中曾根内阁开启规制缓和大幕之后，经历了第二次临调和三次行革审，伴随着行政改革与产权结构改制逐渐开始了规制缓和进程。进入20世纪90年代以后，在国内经济不景气与国内外要求放宽规制的呼声日益高涨的压力下，细川护熙内阁在1993年9月"紧急经济对策"中，提出了放宽94项规制的计划，并且1993年11月其经济改革研究会做了《关于规制缓和的中间报告》，这被认为是规制缓和进程中的具有标志性的举措，又在其下台前两个月的1994年2月通过了《行政改革推进方案》，决定放松250个规制项目，并在"行政改革大纲"中提出放宽781项规制的计划。

短命的羽田内阁后，1994年7月村山内阁在其制定的《规制缓和推进纲要》中提出放宽279项规制，并计划于1995—1997年间，在住宅、流通、金融等11个领域放宽1091项规制。1994年12月，成立"行政改革委员会"，由三菱工业公司董事长饭田庸太郎担任该会会长。在1997年12月结束之前，该委员会关注的重点是：放宽规制、改革特殊法人、有关行政信息公开的法律法规等。1995年3月，村山内阁通过了《规制缓和推进计划》，该计划确定1091个放宽规制项目。该计划明确指出，规制缓和的目的是为了实行日本经济社会的彻底改革。后来又分别在1995年9月和11月增加了37个和50个放宽规制项目。

1996年1月，桥本龙太郎组阁，把规制缓和、官民共担和信息公开作为其三大政策支柱。3月，桥本龙太郎决定修改《规制缓和推进计划》，将放松规制的项目增加到1797个。同年11月，桥本内阁设立统筹改革的最高决策机构——行政改革委员会，桥本自任会长，总务厅长官武藤章任代理会长。"行政改革委员会"的主要任务除倡议设立内阁府以强化内阁功能之外，还就中央省厅的重组进行规划，12月制定"行政改革日程表"。"行政改革委员会"下设"规制缓和小委员会"。1997年3月，桥本内阁再次修改村山内阁制定的《规制缓和推进计划》，新增加项目890项，把改革增加到2823项，增加了教育领域的规制缓和。主要措施有：改革电费制度；对通信价格由审批制改为备案制，大幅度降低费率；允许业者自由加入航空运输、港口装卸、公路长途运输和出租车等行业，放宽政府对营业区域、价格设定等具体业务的限制；设立新银行由许可证制度改为登记备案制，取消银行业、证券业和保险业不能相互兼营的规定，推进资产交易的自由化，对经纪人佣金不设上限，取消指定银行从事外汇业务的限制等，规制缓和进一步加速。

1997年12月4日，行政改革委员会·规制缓和小委员会就放宽或废除规制问题提出最终答询报告，在17个领域、26个项目中放宽或废除规制，包括教育、医疗福利、能源、运输、公共事业、金融证券保险等。1998年1月，规制缓和委员会成立，其主要职能是监督并推进规制缓和计划的顺利实施，并提出审议新的规制缓和计划，制订了1998—2000年《规制缓和推进三年计划》，该计划于当年3月被桥本内阁审议通过。

1998年7月，小渊内阁成立，成立了作为总理大臣咨询机构的经济战略会议，经济战略会议成员主要包括企业家和学者。经济战略会议的议长由朝日啤酒总裁通口广太郎出任，他被称为是新自由主义的评论家；其代理议长是一桥大学的教授中谷严，他是个彻底的自由主义者；庆应义塾大学教授竹中平藏也是该会议的委员，后来出任了小泉政府的财政省大臣，主导了邮政事业改革（见表3－19）。小渊内阁成立的第二个月，经济战略会议做了以《日本经济走向再生战略》为题的报告，报告指出：迄今为止，日本经济的低迷状态根源在于日本是以规制和保护为基础的过于平等的社会，只有告别平等社会，仅仅贯彻市场原理，构筑一个优胜劣汰的竞争社会，日本经济才能走上再生轨道。要以“撤除规制、废除保护，构筑竞争社会”为目标，坚决进行大胆的结构改革，彻底进行结构调整，推进劳动就业自由化，精减公务员，实现退休金民营化，提高消费税，贯彻企业收益中心主义，实现从平等社会向竞争社会转化。① 整个报告以结构调整与规制缓和论调为基础，延续并强化了桥本内阁的规制缓和计划。

---

① ［日］林直道：《危机与繁荣的经济理论——对日、美及东亚经济衰退的剖析》，江瑞平译，中国人民大学出版社2005年版，第119—120页。

表 3－19　　　小渊内阁时期创立的经济战略会议委员名单

井手正敏	西日本旅客铁路股份公司董事长
伊藤元重	东京大学教授
奥田硕	丰田汽车股份公司总经理
铃木敏文	伊藤洋华堂股份公司总经理
竹内佐和子	东京大学助教
竹中平藏	庆应义塾大学教授
寺田千代乃	艺术股份有限公司总经理
中谷严	一桥大学教授
通口广太郎	朝日啤酒股份公司执行顾问、名誉董事长
森埝	森夏股份公司总经理

资料来源：［日］林直道：《危机与繁荣的经济理论——对日、美及东亚经济衰退的剖析》，江瑞平译，中国人民大学出版社 2005 年版，第 136 页。

作为规制缓和进程中核心环节的《规制缓和推进计划》的制定和执行情况受到了广泛的关注，表 3－20 列出了历次《规制缓和推进计划》情况。

表 3－20　　　《规制缓和推进计划》的制定与修改

内阁	时间	机构	计划	内　容
村山内阁	1994 年 6 月 30 日至 1996 年 1 月 11 日	规制缓和小委员会	《规制缓和推进计划》（1995—1997 年）	1995 年 3 月 31 日，村山内阁在听取了各方面意见的基础上，制订了《规制缓和推进五年计划》，该计划涉及住宅、通信、流通、运输、证券等领域，规制缓和数目达到 1091 项。之后，日本政府为应对日元升值给日本经济带来的不利影响，出台了《日元升值紧急经济对策》，决定将为期五年的计划缩短为三年提前予以实施。该计划被桥本内阁于 1996 年和 1997 年两次修改，规制缓和的数目扩大到了 2823 项
桥本内阁	1996 年 1 月 11 日至 1998 年 7 月 30 日	规制缓和小委员会	《规制缓和推进三年计划》（1998—2000 年）	1998 年 3 月，桥本内阁通过了 1998—2000 年度的《规制缓和推进三年计划》，确定对信息通信、流通、运输、医疗福利、教育、能源等 15 个领域的 624 项规制进行缓和

续表

内阁	时间	机构	计划	内　容
小渊内阁	1998 年 7 月 30 日至 2000 年 4 月 5 日	规制缓和委员会，后改名为规制改革委员会	—	1999 年 3 月，小渊内阁决定修改《规制缓和推进三年计划》，将放松规制项目增加到 917 个；2000 年 3 月，小渊内阁再次修改《规制缓和推进三年计划》，又追加了 351 个放松规制项目，并将规制改革项目扩大到 16 个领域的 1268 项内容
森喜朗内阁	2000 年 4 月 5 日至 2001 年 4 月 26 日	规制改革委员会	《规制缓和推进三年计划》（2001—2003 年）	2001 年 3 月，森喜朗内阁通过了新的《规制缓和推进三年计划》，改革对象包括 15 个领域的 554 项规制。2001 年 4 月，小泉上台，并于 2002 年和 2003 年两次修改《规制缓和推进三年计划》，使规制改革扩大到 IT、环境、竞争政策、法务、金融、教育、医疗、福利、就业、农林水产业、流通能源、住宅土地、运输、危险品安全等 16 个领域的 1153 项内容

第五节　小结

规制缓和本质是一种制度创新，当生产技术、组织形式、经营管理方式、法律政治发生变化时，原有的制度均衡就会被打破，就有可能发生新的创新。制度发展的过程就是从制度均衡到制度创新，再从制度创新到达新的制度均衡的过程。作为一种制度创新，从 80 年代开始的日本规制缓和的特征表现在如下几个方面：

一　规制缓和开始时间比欧美国家稍晚

美国、英国等在 20 世纪 70 年代就开始进行了大规模规制改革，在自然垄断领域和很多竞争性领域撤销了规制。如在航空领域，1978 年，美国政府颁布《航空客运放松规制法》，放松航空旅客运输的准入规制和价格规制。而日本航空业的规制缓和从 1985 年民营化之后才开始。日本电信领域 1985 年开始民营化，日本国铁 1987 年才开始民营化，从时间上看比欧美国家要晚。

二　规制缓和领域主要集中在经济性领域

规制缓和的领域主要集中在信息通信、零售业、航空、铁路、公路、电力、燃气、金融业等领域，当然也部分涉及劳动就业、公害废物处理、环保、教育等领域，但这一时期以经济性规制缓和为主。

三 规制缓和力度小，行为谨慎

从总体进展看，日本20世纪80年代的规制缓和的力度较小。2000年的日本规制缓和白皮书向我们展示了1985年、1990年和1995年的各行业的规制所占比重状况（见表3－21）。至1995年，建筑业和金融业仍然处于100%的被规制状态，而电力、燃气、自来水、运输、通信广播业的被规制比重也仍然占到80%以上。而从总体看，1985年的被规制所占比重为45.7%，而到了十年之后的1995年，被规制所占比重仍然为44.1%。而从规制措施的落实情况看，1998年的落实项目只占了20.8%，1999年的落实项目也不到一半，而未实施项目所占比重分别为58.3%、20.0%和12.1%（见表3－22）。

表3－21 日本各行业规制所占比重状况 单位：%

年份	1985	1990	1995
农林水产业	63.7	57.9	34.9
矿业	76.1	62.7	58.2
制造业	32.0	30.3	33.0
建筑业	100.0	100.0	100.0
电力、燃气、自来水	89.7	88.5	87.3
零售业	—	—	—
金融业	100.0	100.0	100.0
不动产	3.6	7.5	5.2
运输	92.4	94.5	94.1
通信、广播	80.6	79.1	80.6
公务	0.0	0.0	0.0
服务业	64.5	55.5	58.3
其他	0.0	0.0	0.0
合计	45.7	44.8	44.1

注：规制所占比重＝受规制部门附加价值额/该行业附加价值总额。

资料来源：［日］日本总务厅：《2000年规制缓和白皮书》，2000年，第128页。

表 3－22　　1998 年、1999 年、2000 年规制落实措施情况

年份	计划项目	落实项目（A）	部分落实项目（B）	落实项目＋部分落实项目（A＋B）	未实施项目
1998	624 （100）	130 （20.8）	130 （20.8）	260 （41.6）	364 （58.3）
1999	917 （100）	454 （49.5）	280 （30.5）	734 （80.0）	183 （20.0）
2000	1268 （100）	744 （58.7）	370 （29.2）	1114 （87.9）	154 （12.1）

注：括号内为比重。

资料来源：［日］日本总务厅：《2000 年规制缓和白皮书》，2000 年，第 7—14 页。

从行业规制缓和进展看。根据 OECD 提供的规制改革数据库，ETCR（Regulation in Energy，Transport and Communications）指数是能源、运输和通信领域规制的简写形式，是 OECD 各国规制改革进展效果的重要衡量指标之一。ETCR 指标评分介于 0—6 之间，越接近于 0，规制越缓和，表明该国的自由化水平越高，越接近于 6，则显示规制越严格，表明该国的规制改革进展越慢（更详细内容参见第五章第三节第三部分）。

表 3－23　ETCR 指数中日本航空运输、铁路运输和公路运输规制严格度指数

年份	航空	铁路	公路	年份	航空	铁路	公路
1975	4.50	6.00	6.00	1987	4.02	4.50	6.00
1976	4.50	6.00	6.00	1988	2.52	4.50	6.00
1977	4.50	6.00	6.00	1989	2.52	4.50	6.00
1978	4.50	6.00	6.00	1990	2.52	4.50	2.98
1979	4.50	6.00	6.00	1991	2.52	4.50	2.98
1980	4.50	6.00	6.00	1992	2.52	4.50	2.98
1981	4.50	6.00	6.00	1993	2.52	4.50	2.98
1982	4.50	6.00	6.00	1994	2.52	4.50	2.98
1983	4.50	6.00	6.00	1995	2.52	4.50	2.98
1984	4.50	6.00	6.00	1996	2.52	4.50	2.98
1985	4.50	6.00	6.00	1997	2.52	4.50	2.98
1986	4.02	6.00	6.00	1998	2.52	4.50	2.48

续表

年份	航空	铁路	公路	年份	航空	铁路	公路
1999	2.52	4.50	2.48	2004	2.52	4.13	0.49
2000	2.52	4.50	2.48	2005	2.52	4.13	0.98
2001	2.52	4.13	1.99	2006	2.52	4.13	0.98
2002	2.52	4.13	1.99	2007	2.52	4.13	0.98
2003	2.52	4.13	0.49				

资料来源：OECD Regulatory Reform Database。http：//stats. oecd. org/Index. aspx？DataSetCode = ETCR。

从日本的ETCR指数可见（见表3－23），无论是航空运输、铁路运输还是公路运输的指数都是在逐渐地下降的，表明日本的规制缓和是在持续进行的。当然不同领域依然有很大区别，如公路运输领域取得了很大进展，规制指标从1975年的最严格规制指标6下降到了2007年的0.98，这意味着政府在这一领域的规制政策已经微乎其微，市场机制能够比较充分发挥功效；而在航空运输方面，从1987年日本航空股份公司民营化后，其进展就一直非常缓慢以致停滞不前；在铁路运输领域，在1986年的日本国铁分割后，其规制指数一直不变，直至2000年进行了国铁的进入缓和及价格缓和之后，才有微微下降。

四　规制决策过程——自下而上

规制决策过程有自上而下和自下而上两种。自下而上的做法又称为是逆向做法。首先收集各项规制上的问题，并在各省厅召开听证会，然后指出应该修改的地方并提出改善方案。经过反复讨论，最后得出应该在法律上加以修改的结论。另一种做法是自上而下。这种做法是内阁应该将规制缓和作为其内阁的任务，内阁各官僚应该负责，且内阁会议应适时作出指示。日本规制缓和阶段，这两种手段是皆使用的。相对而言，这一时期更倾向于自下而上的方法，这集中体现在第二次临调和三次行革审上，它们是政府倾听国民意见的机构，是从第三者的角度批评行政工作，并监督规制缓和的执行。而第三次行革审之后的细川护熙政府时期，尤其到小泉时代，则强化了自上而下的做法，通过紧急对策形式，对各省厅下达强有力的指示，把规制缓和作为内阁及每个内阁官僚的责任。

第四章　规制缓和到规制改革：新自由主义蔓延

1999年4月6日，在小渊内阁任内，"规制缓和委员会"更名为"规制改革委员会"，标志着"规制缓和"正式进入"规制改革"阶段。以规制改革替代了规制缓和，这种替代不仅仅是名称的变化，更重要的是意味着规制改革的进一步深化。

在日本，规制改革这一概念长期以来被认为或多或少等同于规制缓和，然而规制缓和并不是指导规制改革的全部原则。80年代的规制缓和阶段严格区分经济性规制和社会性规制，经济性规制是对经济性领域如电信、电力、运输、零售等行业的价格和进入的规制，而社会性规制是对如公民生活、公众认定的商品如卫生、教育分配等方面的规制。这一阶段的规制缓和主要集中于经济性规制，社会规制被长期视为规制审查中不可触及的内容，而规制改革阶段则涉及社会性规制领域，而且在经济实践中，我们很难严格区分经济性规制和社会性规制。经济性规制通常会产生社会性效果，反之亦然。如果把规制改革的概念简单地称为规制缓和，则会对社会性规制改革存有争议，这都使得有效改革的数量和质量受到损失。另外，机构的、程序的和人员能力的高素质也是规制改革同样重要的必要元素，不仅需要规制能力去审查已经存在的规制，而且也要确保连贯和全面评估新的规制。如果把规制改革的范围限于规制缓和，那么就像是把在经济方面必要的改革与政治上有争议的社会改革之间划了一条鸿沟。而且规制缓和的主要内容往往无法讨论规制的质量与再规制的内容，而这往往是作为规制缓和的补充或者替代。

但是，随着"规制缓和"改为"规制改革"，规制改革正在趋于全面。根据2000年日本规制改革委员会发表的《关于规制改革的见解》一文，"规制缓和"的对象重点集中于金融、情报通信、住宅土地、运输、能源、物流等产业相关的经济领域。而"规制改革"则重视以前忽略的医疗、福祉、雇佣劳动、教育、环境等社会领域。另外，"规制改革"还强调将事前规制型的行政模式转变为事后确认型，积极推进规制改革的同时加强与竞争政策的联动。[①] 2002 年 11 月公平交易委员会报告中称“要在社会性规制部门促进竞争”，认为社会性规制应该使用经济性规制相同的审查方法，同样的声音也来自经团联 2003 年的年度报告。

从“规制缓和”到“规制改革”，不仅仅是名称的变化，更是新自由主义思想在日本的深入。英国著名商业刊物《经济学家》（1994）出版了一期题为《东方的文艺复兴》增刊，该刊宣称，成功已经使日本的体制过时了，这一点即使是曾经宣扬这一体制的人也是这样看的：日本正在向西方体制趋同。[②]

第一节　规制改革的紧迫性

20 世纪 80 年代后期，日本经历了股票与房地产的资产泡沫，泡沫在 1990 年前后达到高峰后破灭，日本经济陷入漫长的经济停滞。面对经济的持续滑坡，政府一筹莫展。使日本出现千疮百孔的弊病早已超出了宏观调控的范畴：凯恩斯政策中的两大手段——货币政策与财政政策相继失效：长期的低利率政策使日本货币政策陷入凯恩斯陷阱；财政政策的刺激作用越来越弱，公共投资削减税负的效果越来越不明显，政府为现金不足的公司及银行提供紧急贷款收效甚微，经济状况依旧疲软。相反，由于不断扩大公共投资，再加之由老龄化带来的养老金等社会保障支出的增加，使得政府债台高筑、财政危机加重。同时，80 年代末美日贸易摩擦的加剧促使美国希望通过日本改变国内的严格规制，进而突破对日贸易和投资壁垒这个“隐形的墙”，进而对日本施加压力。于是，迫切需要改变现状的日本把规制改革看作是改变经济结构，促进民间活力，解除财政危机，缓解对外贸易摩擦的救命稻草，规制改革进程大大加速。

一　日本国内经济与社会状况

（一）长期经济停滞

1990 年 10 月，突如其来的“黑色星期一”捅破了虚拟的泡沫，不仅

① 高建强：《当代日本规制改革浅论》，硕士学位论文，中国社会科学院研究生院，2010 年。

② ［美］高柏：《经济意识形态与日本产业政策》，安佳译，上海人民出版社 2008 年版，第 4 页。

仅地价和股价一泻千里，更带来了实体经济的停滞不前。根据日本内阁府的统计数据，日本实际经济增长率在其高速经济增长期年均高达9.1%，即使在石油危机之后的稳定增长时期，其增长率也能达到年均4.2%，而从泡沫经济破灭之后的10年间，年均增长仅为1.1%（见表4-1）。横向比较看，从1980—1990年这11年间的实际经济增长率基本都高于其他六国的平均水平，而从1991—2000年这10年间，日本的实际经济增长率在大多数年份都低于七国集团中其他六国的平均水平（见表4-2）。

表4-1　　日本失去的二十年经济增长率　　单位:%

年度	增长率	年度	增长率
1991	2.3	2001	-0.8
1992	0.7	2002	1.1
1993	-0.5	2003	2.1
1994	1.5	2004	2.0
1995	2.3	2005	2.3
1996	2.9	2006	2.3
1997	0.0	2007	1.8
1998	-1.5	2008	-4.1
1999	0.7	2009	-2.4
2000	2.6	2010	2.3

资料来源：［日］日本统计局网站长期经济统计系列。转引自田中景《日本经济症候群研究》，经济科学出版社2011年版，第2页。

表4-2　　七国集团实际经济增长率比较（1980—2000年）　　单位:%

年份	加拿大	法国	德国	意大利	英国	美国	前六国平均	日本	
1980	2.2	1.8	1.3	-1.4	-2.1	-0.3	0.3	3.2	↑
1981	3.5	1.0	0.1	0.8	-1.3	2.5	1.1	4.2	↑
1982	-2.9	2.4	-0.8	0.7	2.1	-1.9	-0.1	3.4	↑
1983	2.7	1.2	1.6	0.9	3.6	4.5	2.4	3.1	↑
1984	5.8	1.6	2.8	3.2	2.7	7.2	3.9	4.5	↑
1985	4.8	1.8	2.2	2.8	3.6	4.1	3.2	6.3	↑
1986	2.4	2.4	2.4	2.9	4.0	3.5	2.9	2.8	↓
1987	4.3	2.5	1.5	3.2	4.6	3.2	3.2	4.1	↑
1988	5.0	4.5	3.7	4.2	5.0	4.1	4.4	7.2	↑

续表

年份	加拿大	法国	德国	意大利	英国	美国	前六国平均	日本	
1989	2.6	4.3	3.9	3.4	2.3	3.6	3.4	5.4	↑
1990	0.2	2.7	5.7	2.1	0.8	1.9	2.2	5.6	↑
1991	-2.1	1.0	5.0	1.4	-1.4	-0.2	0.6	3.3	↑
1992	0.9	1.2	1.5	0.8	0.2	3.4	1.3	0.8	↓
1993	2.3	-0.8	-1.0	-0.9	2.2	2.9	0.8	0.2	↓
1994	4.8	2.2	2.5	2.2	4.3	4.1	3.3	0.9	↓
1995	2.8	2.3	1.8	2.9	3.1	2.5	2.6	1.9	↓
1996	1.6	1.1	0.8	1.1	2.9	3.7	1.9	2.6	↑
1997	4.2	2.2	1.8	1.9	3.4	4.5	3.0	1.6	↓
1998	4.1	3.4	1.7	1.5	3.8	4.4	3.1	-2.0	↓
1999	5.5	3.2	1.8	1.5	3.7	4.8	3.4	-0.2	↓
2000	5.2	3.9	3.3	3.7	4.5	4.1	4.1	2.3	↓

资料来源：International Monetary Fund，World Economic Outlook Database，April 2012。

实际经济增长率放缓的同时也带来了人均收入的下降。按照当前购买力平价测算的人均收入水平，如果把美国这一数值标准化为100的话，日本从90年代中期占美国的83%降低到75%，已经从最富有的国家沦落到OECD的平均水平（见图4-1）。

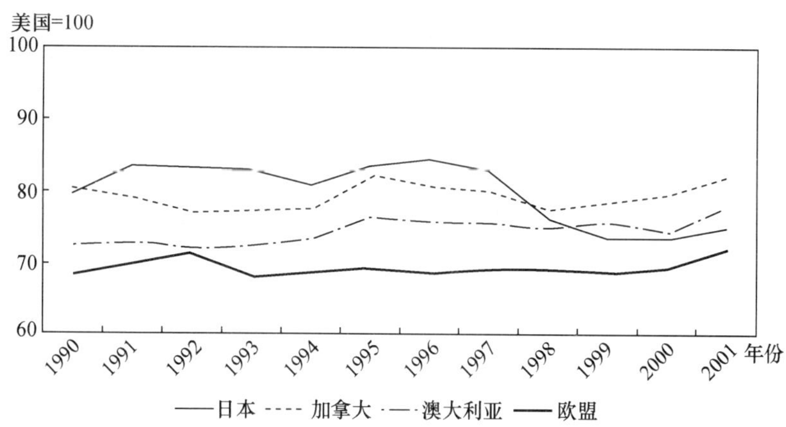

图4-1　日本相对于其他国家人均收入的下降

注：以当前购买力平价为基础。

资料来源：OECD，*OECD Reviews of Regulatory Reform—Japan*：*Progress in Implementing Regulatory Reform*，OECD，2004，p. 25。

（二）老龄化、少子化加深

人口老龄化是指65岁以上的老年人在总人口中所占比重。日本人口结构的老龄化①飞速发展，主要表现在日本人均寿命由于医疗条件和生活环境的改善而不断攀升（见图4－2），老龄人口数量每年都在增长（见图4－3）。65岁以上老年人口比率，从1985年的10.3%上升到1993年的13.2%和2000年的16.2%。

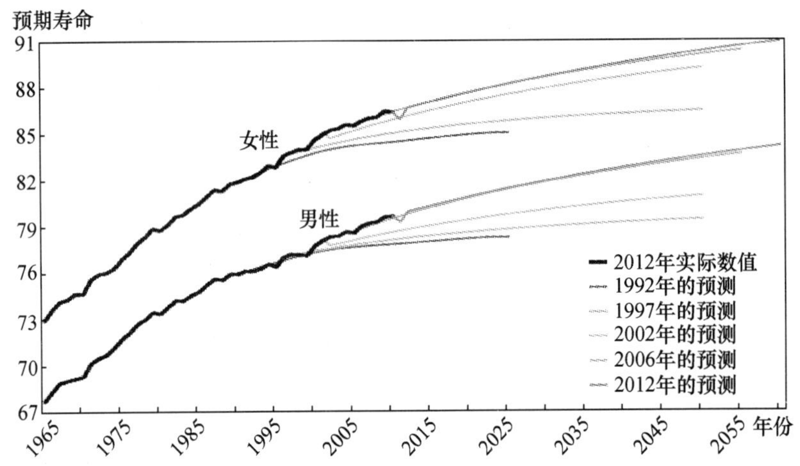

图4－2 日本人寿命预测

资料来源：日本厚生劳动省：国家人口和社会保障研究所，2012年。

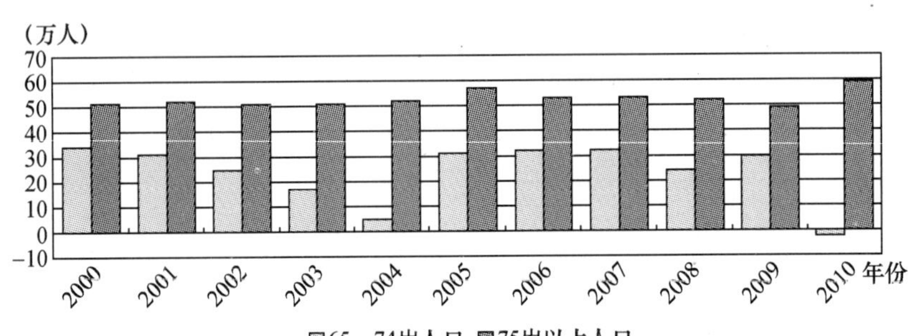

图4－3 日本65岁以上高龄者每年增加额

资料来源：日本厚生劳动省高龄社会白皮书，平成23年版，http：//www8. cao. go. jp/kourei/whitepaper/w－2011/zenbun/23pdf_ index. html。

① 2010年日本平均5个人中有一个是65岁以上的高龄者，而到了2013年，高龄化率将达到25.2%，平均4人中有一个高龄者，而预计到2035年的高龄化率将达到33.7%，到2055年，这一数字预计为40.5%。

与老龄化相伴的是少子化。从日本战后的出生情况趋势看，第一次出生高峰期是在1947—1949年间，出生数为805万人，第二次出生高峰期为1971—1974年间，出生人口816万，之后就出现下降趋势，2009年只出生了107万。1970年的日本平均生育率为2.24%，而到了2000年，下降到1.35%。[①] 由于出生率的下降，日本少子化现象出现（见图4-4）。

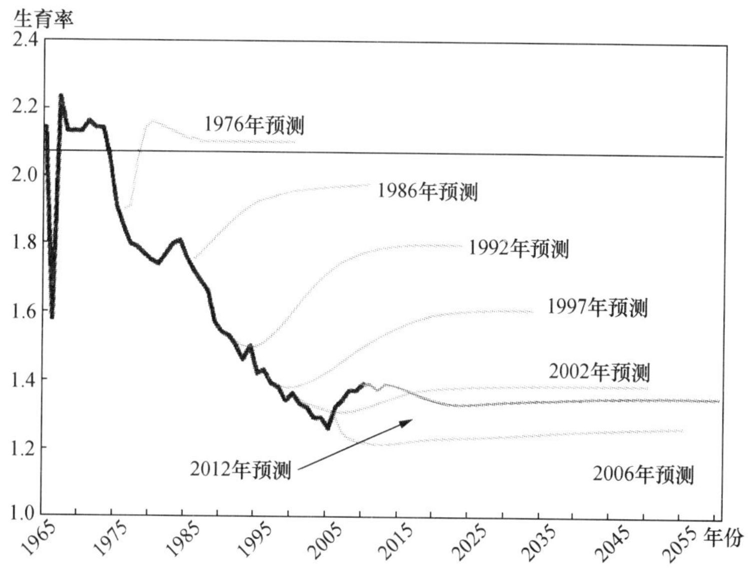

图4-4　日本生育率预测的修正

资料来源：日本厚生劳动省：国家人口和社会保障研究所，2012年。

老龄化少子化问题的出现对经济的影响一方面表现在生产年龄人口数量的下降，据东洋经济周刊2006年估算，2000—2025年生产年龄人口将减少1400多万人[②]，使创造社会财富的劳动力人口减少；而另一方面的影响则表现在增加社会保障的负担，不仅加重在业人员的社会保障支付费用，而且对于本来就很拮据的国家财政无疑更是雪上加霜。

（三）财政危机加重

20世纪90年代泡沫经济破灭后，为了刺激经济复苏，避免“螺旋形

① 日本统计局网站，http：//www. stat. go. jp/。

② 张季风：《挣脱萧条：1990—2006年的日本经济》，社会科学文献出版社2006年版，第338页。

的通货紧缩”，日本政府采取了拖延调整银行资产负债表的方针，并实施扩张性的财政政策。在10年内实施了追加130亿日元的扩大公共事业投入的经济政策，这个数字相当于重建东京23区和大阪市内所有建筑的费用。日本政府推行的巨额财政刺激政策的结果，使日本在发达国家中的财政状况由最好沦为最糟。事实证明，扩张性财政政策最终也没能刺激民间经济的强劲发展，却造成了越滚越大的雪球般的政府债务，平均每年也只拉动1%的经济增长。小泉时期的财政大臣竹中平藏称为“不取出癌细胞，光给营养剂的日本政府”。

表4－3　一般政府净债务余额占GDP比重之国际比较　单位:%

年份	1991	1995	2000	2005	2006	2007	2008	2009	2010	2011	2012	2013
加拿大	50.5	70.7	46.2	31.0	26.3	22.9	22.6	28.3	30.4	33.3	35.4	36.9
法国	28.8	48.2	51.4	60.8	59.6	59.5	62.3	72.0	76.6	80.4	83.2	84.9
德国	19.2	38.0	41.1	53.5	53.0	50.4	50.0	56.6	56.8	56.1	54.1	53.4
意大利	91.9	107.1	93.1	88.9	89.3	86.9	88.8	97.1	99.0	99.6	102.3	102.6
日本	11.5	23.5	59.6	82.2	81.0	80.5	95.3	106.2	112.8	126.6	135.2	142.7
英国	25.8	40.6	33.6	37.3	38.0	38.1	46.0	60.9	71.1	78.3	84.2	87.2
美国	49.4	54.2	35.6	49.2	48.5	48.2	53.7	65.9	73.1	80.3	83.7	86.7

注：1. 一般政府包括中央政府和地方政府；2. 2012年和2013年的数据为估计值。

资料来源：International Monetary Fund，World Economic Outlook Database，April 2012。

表4－4　一般政府债务余额占GDP比重之国际比较　单位:%

年份	1991	1995	2000	2005	2006	2007	2008	2009	2010	2011	2012	2013
加拿大	82.3	101.6	82.1	71.6	70.3	66.5	71.1	83.6	85.1	85.0	84.7	82.0
法国	36.0	55.5	57.3	66.7	63.9	64.2	68.3	79.0	82.4	86.3	89.0	90.8
德国	39.5	55.6	60.2	68.5	67.9	65.2	66.7	74.4	83.2	81.5	78.9	77.4
意大利	97.4	120.8	108.5	105.4	106.1	103.1	105.8	116.1	118.7	120.1	123.4	123.8
日本	66.5	91.2	140.1	186.4	186.0	183.0	191.8	210.2	215.3	229.8	235.8	241.1
英国	31.3	46.3	40.9	42.1	43.1	43.9	52.5	68.4	75.1	82.5	88.4	91.4
美国	68.4	71.1	54.8	67.9	66.6	67.2	76.1	89.9	98.5	102.9	106.6	110.2

注：1. 一般政府包括中央政府和地方政府；2. 2012年和2013年的数据为估计值。

资料来源：International Monetary Fund，World Economic Outlook Database，April 2012。

日本财政迅速恶化主要是由于日本经济的长期萧条，政府为了刺激经济景气，不断扩大财政支出。自1992年日本先后出台十几次经济景气对策，投入巨额公共资金，而企业收益下降，政府税收减少。同时，随着适龄工作人口数量的下降及老年人人口继续上升，公共部门对养老金的支出越来越大，预计2002—2012财年社会保障支出总额（包括养老金、医疗保健和福利）将增长1/3（见图4－5），而仅养老金本身将占到GDP的145%。[①] 在老龄化面前，公共养老金系统将不可持续。

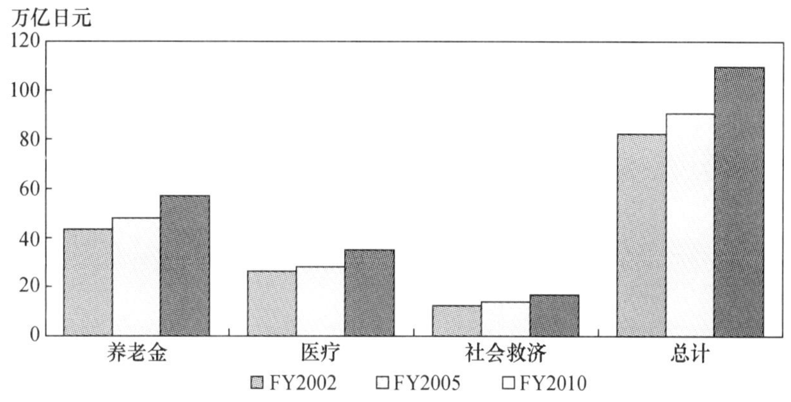

图4－5　日本社会保障支出计划

资料来源：OECD，*OECD Reviews of Regulatory Reform—Japan*：*Progress in Implementing Regulatory Reform*，OECD，2004，p.26。

不可持续的养老金系统及越来越恶化的财政状况使得日本在20世纪末出现了关于临时经济刺激与彻底改革哪个优先的争论，最终要求进行结构改革的呼声越来越高，人们期盼通过进行彻底的结构改革来改变扭转停滞的经济。

（四）内外价格差不断扩大

日本政府严格的规制政策，使得市场的价格体系并不是在自由竞争基础上形成的，国内外物价水平存在明显差距。日本在诸多发达国家中，物价水平较高。表4－5比较了1985年日本、美国、联邦德国的家庭消费支出情况，如果各项支出以日本为100的话，美国的家庭消费总支出是日本

① OECD，*OECD Reviews of Regulatory Reform—Japan*：*Progress in Implementing Regulatory Reform*，OECD，2004.

的72%，联邦法国为81%，都低于日本水平。尤其在食品支出方面，美国仅相当于日本价格水平的一半（见表4－5）。

表4－5　　1985年日本、美国、联邦德国家庭消费支出

	日本（以日元计算）	日本＝100	美国（以日元计算）	相对于日本	联邦德国（以日元计算）	相对于日本
食品	74369	100	35697	48	48340	65
居住	13748	100	10586	77	11686	85
电、热、水	17125	100	8734	51	13871	81
家具、家务用品	12182	100	9989	82	9015	74
服装	20176	100	16948	84	16746	83
保健医疗	6814	100	6814	100	6814	100
交通通信	27950	100	25435	91	29907	107
文化娱乐	25269	100	17436	69	20973	83
教育	12157	100	17628	145	12157	100
其他消费支出	79699	100	58601	74	64855	81
家庭消费总支出	289489	100	207868	72	234486	81

注：1. 经济企划厅综合计划局根据总务厅《家计调查报告》、《消费物价指数年报》(1985)、美国劳动统计局《消费物价指数详细报告》、联邦德国联邦统计局《消费物价和消费物价指数》、经济企划厅调查、日本贸易振兴会调查等推算；

2. 相对价格是每种项目占日本消费物价指数的比率计算（汇率1986年12月—1987年2月平均，1美元＝155日元，1马克＝83.3日元）；

3. 由于美国的保健医疗和联邦德国的保健医疗和教育与日本制度难以比较，对日本的相对价格作为100。

资料来源：日本经济企划厅综合计划局：《走向21世纪的基本战略——日本经济结构调整与经济展望》，李文实等译，中国计划出版社1988年版，第4页。

进入20世纪90年代，日本消费者承受的国内价格不仅远远高于其他主要工业国消费者，而且差距在增大。如表4－6所示，如果以OECD的平均水平为100的话，日本的食品支出水平为205，是OECD平均水平的两倍。而相比于美国，1993年日本食品支出水平将近于美国的3倍。这也就意味着如果仅从食品支出角度看，1993年日本的国内外价格差比1985年是扩大了。日本内阁府2000年公布的日本国内外价格差调查结果显示，与巴黎相比，东京的物价水平已经从1999年的1.35倍扩大至1.6倍。

表 4－6　　1993 年日本、美国、英国部分商品和服务的可比美元价格水平　　（OECD 平均＝100）

	日本	美国	英国
食品	205	78	74
饭店、咖啡店和旅馆	178	68	121
家用设备和操作	171	81	101
服装和鞋类	165	77	73
燃料和能源	156	91	78
建筑	155	84	74
运输和通信	141	81	110
医疗和健康保护	87	136	70

资料来源：［美］迈克尔·波特、竹内广高、榊原菊子：《日本还有竞争力吗?》，陈小悦等译，中信出版社 2002 年版，第 15 页。

日本国民将国内外的价格差主要归因于日本政府严厉的规制政策。国内企业受政府强有力保护，在政府高筑的防护堤下，企业在国内产品的售价高于竞争条件下的均衡价格，获得了超额利润。在这种长期持续的、毫无生机的情况下，给日本经济开出的药方是改变原有经济体制，迎接新体制的登台。

二　日美贸易摩擦加剧与日美对话

20 世纪 80 年代中期以来，随着以信息技术为核心的新技术革命的迅猛发展和以外国直接投资为载体的国际分工的不断深化，商品、资本、技术、知识等生产要素在全球范围流动的速度大大加快，各国之间贸易往来频繁的同时，也增加了贸易摩擦的机会。两次石油危机后，日本经济发展的动力从投资主导型向出口导向主导型转变，商品和服务出口达到前所未有的高度；与此同时，也出现了对外贸易摩擦空前激化的局面，1977 年，日本对出口美国的电视实行自动出口限制；1979 年，第一次日本东盟经济会议美国要求日本开放市场；1981 年，日本对美国的小轿车实行自动出口限制；1984 年，美国根据贸易关税法；在东盟经济会议上要求日本开放市场；1985 年，美国就烟草、皮革等制品发动了 301 调查。贸易摩擦范围产品从纤维、钢铁到半导体、汽车、彩电等各主要领域。

1985 年 3 月底，美国参议院在没有反对意见的情况下，通过了丹福斯提出的一个措辞强硬的决议，谴责不公平的日本贸易惯例，并且声称，如果日本不开放市场以使美国产品能够抵消它预期的汽车销售额，便对其进行报复。[①] 当年，里根总统与中曾根首相会谈后，以市场为主导，开始有关具体产品的谈判。谈判的目的是使日本在电信、制药、微电子、木制品领域做出更大让步。

以半导体产品为例，20 世纪 80 年代以来，美国一直占据着半导体领域的绝对优势。1981 年美国半导体行业的国际市场占有率在 50% 以上，但是这种格局在 1985 年被日本打破，它首次超过美国占据了世界市场占有率第一的宝座。至此，半导体产业的纠纷成为美日之间贸易冲突的主体。[②] 美国《纽约时报》在 1987 年 3 月 9 日的头版新闻中，引用美国政府和经济界人士的消息说："美日正走向战后最严重的贸易争端"，并扬言，如果日本不实现它停止低价销售半导体产品的诺言，美国就要采取报复措施。[③] 美国半导体制造商认为问题出现的原因有两个：一个是日本在向美国和世界市场倾销，另一是日本国内市场的封闭性。80 年代后半期，美国政府以日本闭塞、要更加开放市场必须进行结构改革为由，要求日本尽快实施改革。

进入 90 年代，日本的国际收支顺差和贸易顺差双双突破千亿美元大关，1993 年日本对美国的贸易顺差额从 1992 年的 496 亿美元增加到 593 亿美元，随之而来的贸易摩擦领域日趋增多，冲突程度也日趋激烈。从 20 世纪 90 年代开始，日美间差不多每年都在谈判开放日本国内市场问题。1990 年，日美经过激烈的讨价还价，达成《日本结构协议最终报告》。根据这一协议，日本通产省于 1991 年对《大店法》进行修改，放宽对设立大型店铺的限制。[④]

在电信领域，日本曾试图阻止摩托罗拉公司在利润丰厚的东京有效地争夺市场份额，克林顿则以制裁相威胁。1994 年 3 月初，美国白宫发布了"超级 301 行政命令"，欲把其作为处理对日商品贸易问题的基础，日

---

① ［美］I. 戴斯勒：《美国贸易政治》，王恩冕、于少蔚译，中国市场出版社 2006 年版，第 87 页。

② 姜伟：《美国对日本贸易政策演变的政治经济学研究》，博士学位论文，辽宁大学，2010 年。

③ 孙执中：《荣衰论——战后日本经济史（1945—2004）》，人民出版社 2006 年版，第 175 页。

④ 吴寄南：《新世纪日本的行政改革》，时事出版社 2003 年版，第 103 页。

本主管当局在压力下让步。1994 年 5 月 23 日，两国达成了书面谅解，明确了谈判框架，重新开具了具体产业部门间的谈判。日本接受了关于以下目标的文字表述："处理结构性和部门性问题，以便大大提高相关外国商品和服务的市场准入和销量。"① 4 个月后的 1994 年 10 月 1 日，双方就政府采购医疗技术和电信设备以及政府放开对保险业的规制等问题达成了协议。

不仅在贸易领域，在对内投资领域也是如此。日本来自海外的对日直接投资水平低，这是人所共知的事实，图 4－6 形象地展示了日本对内 FDI 占本国 GDP 的比重在所比较的 29 个国家中是最低的。对于日本直接投资水平较低的缘由分析有许多。诸如平成 2 年即 1990 年的《贸易白皮书》中认为，导致这一结果有以下因素：①与欧美相比，经济发展水平相对落后；②市场规模比欧美狭小；③从地理上讲，处于远离欧美特别是欧洲的偏僻之地；④存在语言的问题。平成 6 年即 1994 年的《贸易白皮书》

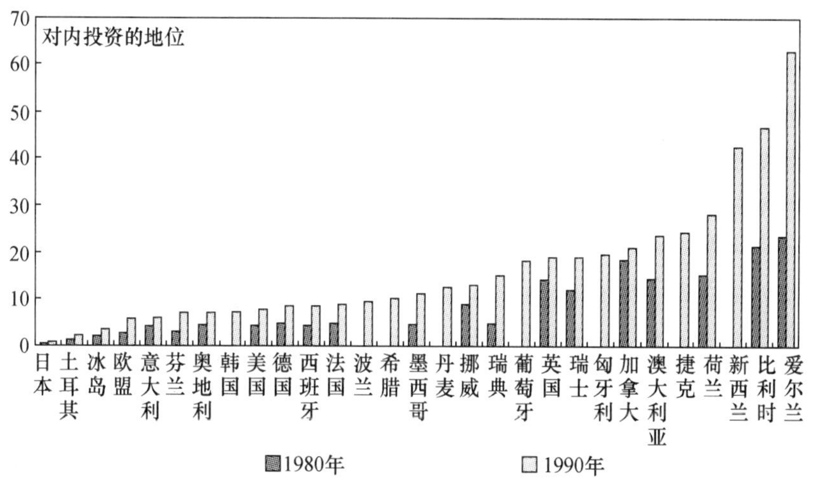

图 4－6　日本对内 FDI 占本国 GDP 比重

注：1. 是两个时期的平均水平；是 FDI 存量占其 GDP 比重。

2. 欧盟的数据不包括欧盟内部的投资。

资料来源：OECD，*OECD Reviews of Regulatory Reform—Japan*：*Progress in Implementing Regulatory Reform*，OECD，2004，p. 30.

① ［美］I. 戴斯勒：《美国贸易政治》，王恩冕、于少蔚译，中国市场出版社 2006 年版，第 215 页。

中对这一问题又进行了分析：①日本的高地价、高人工费；②日本企业作为外资企业的有力竞争对手的存在；③日本市场的收益性较低；④与欧美之间存在较远的地理、文化距离；⑤人才雇佣问题；⑥消费嗜好，特别是对包装、品质、售后服务要求水平高；⑦外国企业对日本国内有关管制知识、业务经验不足。[①]

而在诸多对内 FDI 水平低的原因中，远远没有提到日本市场的封闭性问题。在公正交易委员会事务局于 1990 年对在日本进行事业活动的外资占 50% 以上的日本国内法人，以及外国企业在日本的分公司共 1274 户进行了调查，关于外资企业指出的日本市场存在 23 种困难中，选择“政府规制：存在法律、行政指导等的政府规制”的有 12.4%。[②] 即政府对微观企业的规制是阻碍对日 FDI 的重要因素之一。美国也将日本政府的规制作为不当、不公正的非关税壁垒，并对日施加了压力。在不断地极为强烈地受到美国一连串撤废规制政策的影响下，日本 1993 年出台了《平岩报告》，在这个报告中规制缓和强调经济性规制的“原则自由与例外规制”和社会规制的“自己责任原则”，并主张将二者限定在“必要最小限度”，以缓和贸易与投资障碍。

鉴于日美在贸易与投资领域的摩擦，两国自 90 年代起相继进行了一系列谈判与对话，这些贸易谈判促使了日本进行一系列规制改革，放松规制也成为 1990 年日美之间谈判中的重要组成部分。该谈判把一些部门，例如大规模零售部门的规制缓和作为主要目标。1991 年日本内阁陈述到：降低贸易障碍的一个方法是进行强有力的规制改革。1993 年 7 月建立的日美新经济结构框架中，在与国际贸易和投资有关的 8 个领域进行规制改革。[③]

从 1994 年 11 月开始，美国的放松规制和竞争政策研究小组每年秋季都会向日本政府递交一份详尽具体的报告，对其放松政府规制的改革提出具体措施和建议。1997 年，日本首脑会谈基于“关于强化放松政府规制的倡议”，2000 年 10 月，美国政府发表了《对日希望书》，提出美国在各个领域希望日本规制改革能够实现的目标。进而，日美两国政府又在 2000 年 11 月、2001 年 5 月、2001 年 6 月分别召开了关于日本放松规制的

---

① ［日］植草益：《日本的产业组织——理论与实证前沿》，锁箭译，经济管理出版社 2000 年版，第 270—271 页。

② 同上书，第 287 页。

③ 王林生、张汉林：《发达国家规制改革与绩效》，上海财经大学出版社 2006 年版，第 347 页。

事务性会谈，就日本政府规制改革议题交换意见，明确进展状况和以后发展的方向、目标。[①]

值得一提的是，2001年6月30日，日美两国政府启动了《规制改革与竞争政策计划》，美国政府和日本政府每年秋季根据这个计划交换改革建议，即进入21世纪之后，日美之间关于规制改革问题的对话不再是美国对日本的单边要求，而转化成为日美双边对对方规制改革进展进行监督的双边对话。如2008年的年度对话中，日美就双方的反倾销问题、专利系统、政府采购、竞争政策、金融服务、电信、信息技术、医疗设备和制药等方面，针对对方的问题，提出了相应规制改革建议。在电信方面，美国根据1934年《电信法案》第310条，把外国直接投资的比例应不超过20%作为发放运营牌照的标准。这种限制使得日本电信运营商不可能在美国直接获得进入牌照。因而日本政府要求美国在电信行业减少对外国公司进入的歧视，建议美国修改只适用于外国公司的进入壁垒。

第二节 规制治理结构的建构：小泉时期强化的新自由主义

深受20世纪90年代泡沫经济破灭及1997年亚洲金融危机的打击，日本经济在20世纪末陷入谷底。2001年4月26日，小泉纯一郎组建了日本第87代内阁，同时也刮起了一股强劲的改革旋风。他在第一次施政演说中提出了“三不”方针：不害怕改革带来的阵痛、不屈服于既得利益集团的压力、不拘泥于传统的习惯，并旗帜鲜明地提出了“新世纪维新”、“改革没有禁区”的口号，以例行改革、扫除积弊的姿态，大力推行以民营化为重点的结构性改革，特别是对“日本道路公团”为代表的特殊法人开刀，掀起了新一轮民营化改造高潮。[②] 同时，逐年削减公共事业开支，向民间企业传递出“不要依赖政府”的心声。

1999年4月，主导日本规制缓和进程的“规制缓和委员会”改名为“规制改革委员会”，之后小泉把《规制缓和推进三年计划》更名为《推进规制改革，民间开放三年计划》，虽然只是两个字的差异，却反映出制度设计者的苦心。因为规制缓和只是规制改革的一部分，在探讨规制改革

---

① 孟颖：《论日本管制改革及其影响》，硕士学位论文，对外经济贸易大学，2004年。

② 吴寄南：《新世纪日本的行政改革》，时事出版社2003年版，第32页。

时不能只关注经济性规制而忽略社会性规制问题，同时规制缓和也阻止探讨规制质量与必要的再规制，从某种程度上说，再规制是对规制缓和的一种必要替代或补充。因而在新时期，“规制改革”是对政府对微观企业干预行为转变的一个恰当界定。

规制改革的持续进行，不仅需要在规制政策上有所体现，更体现在完善的规制治理结构上。应该说，日本规制改革到了小泉时期，才真正建立起完整的规制治理框架。规制治理结构的研究框架主要是由蒂罗尔建立起来的，经拉丰和马蒂莫进一步的发展。在合谋语境下，他证明了防止合谋的原理，其基本含义是可以在完全合同的框架内解决治理结构问题，但代价是需要满足防止合谋的约束。因而防止合谋成为规制治理结构设计中需要考虑的基本出发点，而具有合理监管范围的规制机构（包括中央层面的机构和行业层面的机构）和有效的规制政策是规制治理结构的关键。第一，有效的规制治理结构需要设置一套适当的规制机构，以保证规制实施的连贯和规制质量的提高。在保证规制问责制和透明度方面，规制机构也发挥重要作用。第二，有效的规制治理结构需要制定和执行有效且可行的规制政策。一个明确的规制政策可以提供一个竞争与协调使用规制工具和机构平台，另一个明确的规制政策也能促进整合和协调规制政策与其他领域的政策。

OECD 提出了良好规制政策与治理的十二项建议：[①]（1）需要明确的目标和框架来确保政策质量，要综合考虑经济、社会、环境，实现净效益最大；（2）规制政策要坚持政府开放原则，包括透明和参与，需要为公众提供有意义的机会参与规制建议；（3）建立相应的机构和机制去积极追寻、执行规制政策，提高规制质量；（4）整合规制影响分析 RIA，制定新的规制提案，清楚地识别政策目标和确定它是如何实现这些目标的；（5）对明确定义的政策目标进行系统评审，包括考虑成本和收益，以确保规制保持最新、成本合理；（6）定期发布规制计划报告，包括遵守规制质量措施，如 RIA 和审查已存规制；（7）发展一个具有一致性政策的规制机构以为提高大众更大的信心，相信规制能有一个客观的、公正的和一致的基础，避免利益冲突的风险或不当的影响；（8）建立一个重新审视规制合法性和公正性的系统以进行规制制裁，并确保企业和公民有渠道，并在合理的成本下，及时地获得这些系统；（9）应用风险评估、风险管理和风险沟通策略设计，以确保规制是针对性和有效的；（10）通过

① OCED, *Draft OECD Recommendation on Regulatory Policy and Governance*, OECD, 2011.

适当的国家和地方政府之间的协调机制促进规制连贯性，识别各级政府之间的交叉规制问题，包括跨国家之间的，促进规制的一致性，避免重复或冲突；（11）促进在次国家层面的规制管理能力的发展；（12）确保在所有领域的规制措施考虑到在同一领域合作的国际框架。规制应该考虑到他们可能影响政党管辖区之外的地方，磋商应包括任何外部利益，目的是避免不必要的国际摩擦。

小泉领导下的规制改革委员会和规制改革计划与原来发生了很大变化。表现在：第一，规制改革的要比规制缓和的范围更加广泛。以往没有列入规制缓和范围的，随着规制改革的推进纳入了讨论范围内，范围也从经济性规制扩展到了社会性规制领域。第二，这一阶段的规制改革政策更加多样。如最大限度上消除供求调节性规制，2002 年开发了一个综合的政策评估体系，2003 年引入规制改革特区计划，2004 年引入规制影响分析等。第三，强化与竞争政策的联动。2001 年的日本中央省厅改革把原来通产省更名为经济产业省，而经济产业省的主要任务是推动经济结构改革，制定市场交易准则并推动执行，减少对中小企业的保护和对行业的支持，不再搞个别产业的振兴及各产业之间的收入再分配，让市场机制发挥作用；而关于以反垄断政策为主的经济政策，继续由公正交易委员会负责，经济产业省不插手此事。有迹象表明，日本规制改革正让位于一个更全面的方式，到小泉时代，日本建立起相对完善的规制治理体系。

一 规制机构的设置

规制政策的推行要靠机构，不仅包括内阁、政府和行政部门以及议会内部的管理和监督机构，也包括独立规制者和可对规制质量做出重要贡献的其他机构，如专门的法律起草办公室甚至议会等。由于各国的社会、政治、法律、文化背景不同，对于政府规制机构的设立不存在大一统的模式。日本规制机构的设立大致上可分为四类：内阁直属的委员会、中央层面设立的机构、与规制改革相配合地维持竞争政策的机构、行业层面的规制机构。

（一）委员会——CRR/CPRR

规制改革委员会（the Council for Regulatory Reform，CRR），又称为规制改革会议，成立于 1999 年，是规制缓和委员会的继任者，直接归属于内阁，是日本规制改革最重要的驱动力。最初的委员会由 15 个私人部门的专家组成，形成 13 个工作组。这个委员会可以直接与规制改革的各负责部门进行谈判，每年提出规制改革报告，为首相提供规制改革建议。

2004 年 3 月 19 日，CRR 更名为规制改革推进委员会（CPRR），又称为规制改革推进会议。2004 年 5 月，小泉首相亲自任命新委员会的成员，这无疑是在强化这个委员会的地位，以在与各省谈判过程中占据有利位置。[①] 该会议的主要职能除接受总理大臣的咨询外，主要致力于有关公有企业向民间资本开放的规制调整问题，CRR/CPRR 在规制改革进程中发挥着导向作用。

（二）中央监督部门

政府内规制政策协调十分重要，可通过某种形式的中央机制来实现。该部门可确保政策的整体性，为规制工具的使用提供技术支持，并起到宣传有效规制与良政的作用。大多数为促进规制质量的政府机构和委员会设置于日本内阁办公室或与内阁办公室相关的机构中，包括：规制改革国务大臣、规制改革推进总部、构造改革特区推进本部、行政评估局行政管理局、公平贸易委员会。

（1）规制改革国务大臣。规制改革国务大臣置于内阁办公室，负责督促各个部门和机构实施规制改革三年计划。规制改革国务大臣手下有一些内阁办公室的职员以促进规制改革，规制改革国务大臣同时也充当规制改革推进委员会的秘书长。

（2）规制改革推进总部。2004 年 4 月成立了由内阁大臣组成的规制改革推进总部，建立这一部长级委员会可以进一步加强日本规制改革的协调和驱动力。CPRR 的主要成员出席这个部长级会议，以在部门之间保持密切的组织协调。

（3）构造改革特区推进本部。规制改革的另一个驱动力是 2002 年 12 月 18 日成立的构造改革特区推进本部，构造改革特区推进本部的成立是以结构改革特区法为基础的。总部由内阁部长组成，由首相主持总体工作，其工作人员来自于各个部门、私人部门和地方政府。

（4）行政评估局和行政管理局。二者皆设置在总务省（MPHPT）之下。行政评估局监督政府政策法案的评估，包括事前和事后的规制绩效评估。2004 年 4 月之前，还包括向各部门提供如何准备规制影响分析的指导，它是对政策和行政进行评估的一个专门和广泛的机构。行政管理局，主要负责从整体上促进行政改革，监控公共评论程序[②]的执行，其主要人员是从政府其他部门或者是私人部门调入的职员。

---

① OECD, *Reviews of Regulatory Reform* (*Japan*) —*Progress in Implementing Regulatory Reform*, OECD Working Papers, 2004.

② 从 1999 年 4 月开始，所有的政府决策过程都采用了公共评议程序，标准化的评论期是一个月，这些措施有利于日本规制过程中的透明性。

行政评估局和行政管理局负责从整体上促进行政改革监督和评估行政工作，同时对改革过程进行调查，最后以年度白皮书的形式公布调查结果。这种强调监督行动过程的做法在规制改革方案中是不多见的，这形成了日本方案史上的一种潜在力量。[①]

（5）公平贸易委员会。公平贸易委员会（JFTC）主要负责执行反垄断法（AMA），反垄断法已经在促进规制质量提高上发挥越来越积极的作用。由于规制机构之间的合同，如规制改革委员会，只不过是不发达的正式协商或信息协议。而公平贸易委员会与反垄断法则被赋予了最高的法律地位，重组的日本JFTC作为内阁的外部组织，在政策角色上起到了积极作用。鉴于其在抑制政府规制、促进竞争政策形成方面发挥的巨大作用，本书另起标题进行细致探讨。

（三）公平贸易委员会[②]：《反垄断法》的修改与强化

1969年八幡和富士钢铁公司的合并虽然最终被JFTC接受，但对AMA的探讨也日益活跃，八幡和富士的合并成为一个转折，即AMA和JFTC从此开始得到日本工业社会的强烈认可。

20世纪70年代，竞争政策意识逐渐增强。在此期间，国际货币危机和石油危机震惊日本，1973年石油危机后价格飞涨，许多制造商形成非法卡特尔以提高价格抵消成本上升。1972年，田中角荣首相任命高桥俊英出任公平贸易委员会主席。1973年11月27日，公平贸易委员会官员突击搜查日本石油协会和12个石油公司办公室，要求查看其账簿。按照公平贸易委员会的说法："进行这种现场检查是因为接到报告说，这些石油公司在石油协会指使下提高他们自己产品的价格，并且限制石油供应。"[③] 1974年2月19日，基于他的检查人员所搜集到的材料，高桥指控该协会和那些公司形成一个非法的价格卡特尔，并将此案移送东京高等检察机关。1974年5月28日，检察官对石油协会，12个石油公司和他们的17个领导人进行起诉，指控他们触犯了《反垄断法》第3条和第8条——也就是在1972年11月到1973年12月间，这些领导人聚会5次左右，在他们

---

① 王林生、张汉林：《发达国家规制改革与绩效》，上海财经大学出版社2006年版，第339页。

② 公平贸易委员会（JFTC）是日本的行政委员会之一。日本的行政委员会是根据《国家行政组织法》第三条设立的，是独立于内阁的、单独行使行政权限的协议制行政机关，行政委员会保持政治上的中立性，不以内阁的更迭而变化，需要具有专门的技术知识或调整对立的利益关系，公正且中立地处理事务，但内阁可以通过人事及财务对该行政委员会行使一定的监督权。

③ ［美］查默斯·约翰逊：《通产省与日本奇迹——产业政策的成长（1925—1975）》，金毅、许鸿艳、唐吉洪译，吉林出版集团有限责任公司2010年版，第333—336页。

之间达成了提高价格和向市场限量提供产品的非法卡特尔。这是自从《反垄断法》实施以来，第一次因违反该法而进行刑事诉讼的案件。

此外，由于行政指导参与了卡特尔，行政指导与卡特尔关系成为争论焦点。在此案中，通产省行政指导试图要求石油销售商控制石油产品价格，稳定生活。但 JFTC 对此持有一贯的立场——即使是行政指导下的卡特尔，也是违反 AMA 的。

20 世纪 80 年代，放松规制被认为是开放日本市场，促进进口，缓解贸易摩擦的一项重要措施。90 年代，日元升值导致内外部价格差、产业结构空洞化、日本企业向海外转移及就业的不确定性，就更加呼吁日本实施经济结构改革。为了构建一个以自我责任和市场原则为基础的经济社会，加强竞争政策，通过规制缓和和减少豁免扩大竞争法范围，在这个时期竞争政策就被继续发展。

90 年代之后，面对日本不断变化的经济现实，AMA 加强了执法力度。竞争法律和政策的重要性已经得到广泛认同，JFTC 不断审查 AMA 和竞争政策以使其更加有效以保持和促进竞争，AMA 被设计成为具有充分功能并与国际标准接轨。

自 1977 年《反垄断法》修订之后，进行了多次调整。1999 年，废除了《反垄断法》中关于萧条卡特尔、合理化卡特尔适用除外的规定，2002 年又提高了《反垄断法》罚款数额，并把 JFTC 直接划归内阁府直接领导，这一举措意味着政府范围全面改革的强大力量。为了便于 JFTC 与学者专家之间的沟通，2003 年 JFTC 在其秘书处下设了竞争政策研究中心，中心主任是一桥大学著名经济学教授 Kotaro Suzumura，其人员配备了 8 个经济学家和 6 个法律学者。

2005 年又对反垄断法进行修正，提高了反垄断法的执行力度。第一，对大制造企业的违规行为，如操纵价格和产量限制行为的罚款率从其企业销售额的 6% 上升至 10%，对零售行业和批发行业的罚款率也由 2% 上升至 3% 和由 1% 上升至 2%。第二，公平贸易委员会被授予更强的刑事侦查权力——利用逮捕令强制搜查和扣押。第三，引入宽大处理原则，对第一自首的公司实行 100% 的罚款豁免，对第二自首公司实行 50% 的豁免，对第三公司实行 30% 的豁免，最多公司数量为 3 个。这些修订于 2008 年 3 月 11 日举行的内阁会议上批准通过，并在当天提交第 169 次内阁例行会议。① 日本在 1947 年制定反垄断法至今已有六十多年的历史，在经过

① OECD, *Competition Policy, Industrial Policy and National Champions—Contribution from Japan*, OECD, 2009.

数次修改，尤其是2005年修改后，日本的禁止垄断法的执法力度已经大体接近美国、欧盟的反垄断水平。①

2005年对反垄断法进行修改后，员工数量从1983财年的427人增加至小泉执政之前2000年的564人②，之后继续增加，至2010年达到791人（见表4-7），预算开支逐步提高（见表4-8），JFTC的执法活动也日益活跃（见表4-9）。

表4-7　日本公平贸易委员会总秘书处官员数量　单位：人

财年	2002	2003	2004	2005	2006	2007	2008	2009	2010
官员数量	607	643	672	706	737	765	795	779	791
执行反垄断行为	294	318	331	360	383	409	429	442	451
执行兼并审查	28	30	32	32	35	36	36	36	35
宣传工作	25	30	30	37	36	34	35	35	36

注：1. 执行反垄断行为工作的官员总数是指地方政府的调查局和调查部门；2. 执行兼并审查工作的官员数量是指兼并和收购部门；3. 致力于宣传工作的官员是指经济事务局事业部门和协调部门。

资料来源：OECD，*Annual Report on Competition Policy Development in Japan*，OECD，2011，p.13。

表4-8　日本公平贸易委员会预算　单位：亿日元、%

财年	2002	2003	2004	2005	2006	2007	2008	2009	2010
预算金额（亿日元）	6.16	7.85	7.82	8.13	8.34	8.42	8.68	8.45	8.96
前一年变化（%）	+2.0	+2.2	+0.4	+4.0	+2.5	+0.9	+3.2	+27	+6.1
一般预算支出：比前一年	2.3	0.1	0.1	0.7	1.9	1.3	0.7	9.4	3.3

注：1. 一般预算支出是指代表日本政府的总体预算和指一般账户预算支出减去国债服务和地方税补助金；2. 日本公平贸易委员会在2003年的增速是与分级后的预算（7.69亿日元）相比的，为了避免人事费用增加带来的影响，人事费用需要一个独立的计算，JFTC把这部分转交给内阁办公室。

资料来源：OECD，*Annual Report on Competition Policy Development in Japan*，OECD，2011，p.13.

---

① ［日］树上政博：《日本禁止垄断法》，姜姗译，法律出版社2008年版，第1页。

② ［日］深津健二：《競争法と規制改革》，信山社2003年版，第45页。

表 4－9　　日本公平贸易委员会执法活动

财年	2000	2001	2002	2003	2004	2005	2006
A. 已经解决的案件	71	79	103	114	104	75	98
法律措施（给出建议或停止终止）	18	38	37	25	35	19	13
其他措施（警告、注意）	53	41	66	88	69	54	83
刑事指控	0	0	0	1	0	2	2
B. 已经采取措施的案件	18	38	37	25	35	19	13
私人垄断	0	0	0	1	2	0	0
卡特尔（价格卡特尔、谈合、其他类型卡特尔）	12	36	33	17	24	17	9
不公平的交易行为	6	2	3	7	8	2	4
其他	0	0	1	0	1	0	0
C. 罚款案件	16	15	37	24	26	20	13
罚款数额（10 亿日元）	8.5	2.2	4.3	3.9	11.2	18.9	9.3
D. 新起诉的案件	69	90	111	121	101	88	141
E. 进行听证会	8	44	30	77	27	19	16

资料来源：Japan Fair Trade Commission. 转引自 OECD，*OECD Economic Surveys*：*Japan—Enhancing the productivity of the service sector in Japan*，OECD，2008，p. 141。

日本 AMA 作为经济宪法的作用是随着国家对经济规制的弱化逐渐增强的，或者说是禁止垄断法的规范化与政府规制缓和、强化市场竞争是同方向的。通过结构性规制改革，创建一个由私人部门需求所主导的经济的持续增长，努力建立一个开放的、发挥私人部门活力的、自我责任的市场是规制改革的紧迫任务。JFTC 积极参与制定规划以促进规制改革，自 2000 年以来，为改善个别的政府规制和更清晰地使用竞争法律，JFTC 提出和形成了关于规制改革指导意见共 35 项。① JFTC 与规制改革委员会的关系也非常密切，CRR 曾提到要强化 JFTC 在改革中的作用，并且 JFTC 的主席也作为政府总部中的一员来支持 CRR/CPRR 的工作。

① OECD，*Competition Policy*，*Industrial Policy and National Champions—Contribution from Japan*，OECD，2009.

（四）相对独立的行业规制机构

规制机构一般是指在特定产业和特定领域具有专业性优势，其组成人员为该行业专家，并长期持续关注特定问题，熟知这些产业特征，拥有专业信息优势，管辖事务具有专门性，能够不受政治影响做出决策的机构。对于行业的规制机构界定问题，美国学者马弗·H. 伯恩斯坦（Marver H. Bernstein）给出的定义为：规制机构是指针对私人经济活动加以限制或给予利益，并通过准司法的行政程序以制定与执行标准的机关。[①] 规制机构的“独立性”问题则备受关注。“独立的规制机构”的说法就提出了一个问题：规制机构到底独立于谁?

1997 年，OECD 发布了一份关于规制改革的报告，报告中明确提出，规制机构的独立性应包括 6 个基本要素，分别是：①法律对规制机构的授权；②规制机构设置应独立于行政部门，实行自治管理；③规制者由多方任命，如政府与议会共同任命；④规制者实行固定任期；⑤建立规制者的职业标准和有吸引力的薪酬标准；⑥明确稳定的经费来源，如通过行业收费，而不是政府预算拨款。这已经成为发达国家设立独立规制机构的政策导向。这样的独立规制机构是依据法律建立的，独立于传统行政官僚体系之外，免予不当的政治干预和行政影响，依法独立自主运作，所拥有的规制权力（执法、批准许可等）应该与行政和执行机构保持距离，独立于各个部委，在政策领域实现自由的直接部长级监督的，机构成员不得任意任免，成员受到保障的机构。

但是日本在主要发达国家中是不寻常的，因为对于规制机构的“独立”问题仍存在很多不同声音。日本政府指出，独立规制机构的概念还不清楚，日本赞同独立规制机构的概念为“独立于经营者”和承认“规制职能从部门（通信邮政服务）所有权职能分离”的必要性。但是它拒绝接受“独立于政治”和“独立于规制决策”，前者是因为它被视为“规制当局完全独立于内阁是不可能的和不适当的，这样所做出的决策没有任何的控制”。[②] 后者（独立于规制决策）被拒绝是因为它被视为一个适当国家战略制定组织，这个组织既有决策制定，又有规制职能。

上述争议使我们了解到，规制机构的独立性是一个相对概念，而不是

① Marver H. Bernstein, *Regulatory Business by Independent Commission*, Princeton University Press, 1995, p. 2.

② MPHPT, *Communication with the OECD Secretariat*, MPHPT, 2004.

一个绝对概念。对规制机构独立性问题的理解主要包括两个层次：一是规制机构相对于被规制企业的独立（这是日本所认为的独立）；二是规制机构在实施规制政策时与其他政府机构保持独立（这是美国所认为的独立）。

如果从规制机构与其他政府机构之间的关系层面考察独立问题，又可以细化为三个小层面：第一层面是政府部门与规制部门合一的模式，这种模式又称作“政监合一模式”，中国电信产业规制就是在电信产业部领导下，航空运输产业的规制是在中国民用航空总局领导下；第二层面是政府部门下设立规制机构，它们存在于行政体系内，虽然不能被行政长官严格控制，但也不能摆脱对其决策的影响，如英国的电信规制办公室设置在贸易工业部下，因而贸易工业部制定的政策对电信规制办公室的规制有一定影响；第三个层面是最彻底的“独立”，既独立于被规制企业，又独立于政府行政部门，单独设立的规制机构具有法律授权独立、职权独立、人事独立、经费来源独立等特征，美国的规制机构就属于第三个层面。美国的规制机构是独立委员会，是由各机关独立出来的行政委员会，一般由5—7名中立委员组成，委员会下设担当行政事务的秘书处和反映消费者意见的听证会等组织。规制委员会中有对跨州（州际）服务事业进行管理的联邦规制委员会和只对州内服务事业进行管理的州规制委员会。① 美国的联邦规制机构和州际公用事业规制委员会是其代表。

20世纪80年代日本公企民营化前，电信业、铁路运输业、航空运输业属于政监合一模式，政府行政部门不仅与规制机构不分离，而且也与企业没有明确分离。公企民营化之后，才开始建立规制机构。总务省规制邮政服务和电信、国土交通省规制运输业、经济产业省规制天然气和电力。日本对规制机构的理解是“独立于被规制企业”，而不是“独立于政治”。例如，日本政府电力规制主要由原通产省负责，具体工作由通产省内的资源能源厅处理，行政机构改革后，为经济产业省下的资源能源厅电力市场科负责。也就是说，尽管规制者与政府政策保持一定距离，但是并不是完全独立于他们，电力规制政策的制定要受到原通产省，现经济产业省的影响。可见，日本对于“独立规制机构”的理解和实践有异于美国。表4-10列举了美国、日本、英国和中国的主要行业规制主体。

---

① ［日］植草益：《微观规制经济学》，朱绍文、胡欣欣等译，中国发展出版社1992年版，第169页。

表 4－10　　美国、英国、日本和中国的主要行业规制主体

行业	美国	英国	日本	中国
电信	州际通商委员会 美国联邦通信委员会	电信办公室	原邮政省 现总务省	国家工业和信息化部
电力	州规制委员会 联邦电力委员会 联邦能源规制委员会	电力规制办公室 煤气与电力市场办公室	经济产业省的资源能源厅电力市场科 日本电力系统利用协会	国家发展与改革委员会国家能源局
铁路	州际通商委员会	铁路规制办公室 国际铁路管理办公室	国土交通省	交通运输部国家铁路局
民用航空	民用航空委员会	民用航空管理局	国土交通省	交通运输部民航局
供水服务	州际通商委员会	自来水服务规制办公室	日本经济产业省	国家水利部 国家环境保护部
邮政	邮政费率委员会	邮政服务委员会	原邮政省 现总务省	国家邮政局
天然气	州规制委员会 联邦能源规制委员会	燃气办公室	日本经济产业省	国家发展和改革委员会 国家住房和城乡建设部 国家安全监管总局
金融	通货监督官局 联邦储备委员会 联邦存款保险公司 美国联邦储备系统 纽约州银行厅 美国储蓄管理局	英格兰银行 英国金融服务管理局	日本银行 日本金融厅	中国人民银行和中国银行业监督管理委员会 中国证券业监督管理委员会 中国保险业监督管理委员会

资料来源：根据相关资料整理制作。

二　规制政策的制定

（一）制定结构改革基本方针与规制改革三年计划

根据规制改革委员会行动计划建议，在森喜朗执政倒数第二个月的2001年3月提出了《规制缓和推进三年计划》，该计划包括15个领域554项规制，把激发经济活力实现经济增长作为首要目标。2001年4月小泉上台后，于2002年和2003年两次修改了该计划。在深化经济结构改革、

提高国际竞争力的同时，将规制改革的重点从经济规制扩展到社会规制方面，推行竞争政策，特别是增强医疗、福利、劳动就业、教育、环境等社会领域的活力，以实现经济、环境、社会的协调发展。这一计划反映了减少经济性规制的进展并且扩展规制改革委员会的职能，侧重于跨部门的协调与社会规制。

2004 年 3 月 19 日，小泉内阁通过一个新的规制改革三年计划，关注于 17 个优先改革领域以促进私人部门参与竞争，如医疗保健、社会服务、教育、农业、政府财产和服务的管理、汽车检验、住宅出租等，制定了 762 个行动计划，整体指导思想是“创造一个有活力的日本”。2007 年，安倍内阁继承了小泉时期的指导思想，制定了新的《规制改革推进三年计划》（2007—2010 年），强化在社会性规制领域，如医疗、福利、生活环境、劳动就业等方面的规制改革，如表 4 – 12 所示。

表 4 – 11　　　　日本规制改革三年计划主要内容

内阁	时间	机构	计划	内　容
森喜朗内阁	2000 年 4 月 5 日至 2001 年 4 月 26 日	规制改革委员会	《规制缓和推进三年计划》（2001—2003 年）	2001 年 3 月，森喜朗内阁通过了《规制缓和推进三年计划》，改革对象包括 15 个领域的 554 项规制。2001 年 4 月，小泉上台，并于 2002 年和 2003 年两次修改《规制缓和推进三年计划》，使规制改革扩大到 IT、环境、竞争政策、法务、金融、教育、医疗、福利、就业、农林水产业、流通能源、住宅土地、运输、危险品安全等 16 个领域的 1153 项内容
小泉内阁	2001 年 4 月 26 日至 2006 年 9 月 26 日	规制改革推进委员会	《推进规制改革 · 民间开放三年计划》（2004—2006 年）	2004 年 3 月，小泉内阁通过了《推进规制改革 · 民间开放三年计划》。该计划为规制改革建立一个部长级委员会；把置于内阁府的私人咨询机构作为规制改革的基础，改名为规制改革推进委员会；关注于 17 个优先改革领域以促进私人部门参与竞争，如医疗保健、社会服务、教育、农业、政府财产和服务的管理、汽车检验、住宅出租等；并计划从 2004 年起，逐步引入规制影响分析 RIA；继续利用结构改革特区方式促进改革；致力于通过规制改革来提高日本的国际吸引力和吸收外国直接投资；致力于提高规制机制的透明度

续表

内阁	时间	机构	计划	内　容
安倍内阁	2006 年 9 月 26 日至 2007 年 9 月 26 日	规制改革会议	《规制改革推进三年计划》（2007—2010 年）	2007 年 6 月，安倍晋三内阁通过了《规制改革推进三年计划》（2007—2010 年），该计划指出，在过去的 4 次政府规制改革推进过程中，对 7000 个项目实施了规制改革，改革涉及与国计民生有密切关系的 15 个领域。该计划强调了“确保以具有活力的竞争社会为前提条件的社会安定技能；从保持和提高经济活力的角度，促进官营企业的合理化、效率化及向民间开放；为了打消国民对产品质量的担心，从确保国民安全观点出发，确立产品制造商责任体制，并增加信息透明度；伴随着从事前规制向事后规制转变，要对已有法律制度进行评估，并制定新的规则”等原则

表 4 – 12　　　　2007 年制订的规制改革推进三年计划

优先考虑的领域	主要事项
1. 提高规制框架	促进公共管理，包括大臣命令和行政指导 鼓励使用规制影响分析
2. 改进公共服务	促进公共企业操作的独立性
3. 教育和研究	择校范围的扩大，为学校和教师建立绩效评价指标体系
4. 信息技术、能源和运输	日本广播协会（NHK）治理结构改革，对媒体集中度禁止的缓和 在电力行业，追求会计上的分离，并且鼓励通过电力批发市场进行交易 放开国际航空，通过允许在羽田机场的国际航班来扩大东京都市圈的影响力
5. 住宅与土地	创造高效的城市 创造安全、安心的生活环境
6. 福利、儿童保育和长期护理	创建一个儿童保育环境以满足家庭的需要 积极实施法律“促进培养下一代的支持措施”
7. 医药	允许在线申请医疗服务 促进非专利药品的使用 鼓励医生和医疗助理，如护士和医疗技术人员的广泛合作
8. 生活环境	促进废物规制以提高回收
9. 国际合作	通过改善进出港口程序以促进进出口 强化对入境的外国人的监督

续表

优先考虑的领域	主要事项
10. 标准化、法律和证书	改革商业和民事法律规定的利率 加强信息披露来提高专业服务提供商的质量
11. 竞争政策与金融	审查银行和证券之间的防火墙规制 改革金融机构的合作框架
12. 农业、渔业和林业	回顾农业土地制度 提供渔业产品营养信息的支持系统 改进说明稻米品种的体系
13. 振兴地区经济	通过非营利组织促进自愿运输服务 支持地方公司 允许户外广告来支持区域公司
14. 劳动力	对劳务派遣的规制改革
15. 就业和招聘	放松对理发师学术背景的资格要求 提高通过考试成为中央政府官员的年龄上限

资料来源：Council for the Promotion of Regulatory Reform。转引自 Randall S. Jones; Taesik Yoon, *Enhancing the Productivity of the Service Sector in Japan*, OECD Economics Department Working Papers, No. 6511, 2008, p. 18。

（二）消除供求调节型规制

市场供求调节型规制是指政府通过对微观生产与消费行为干预调控供给和需求水平，被认为是日本规制体系中最违反竞争原则的规制。消除供求调节型规制是自21世纪以来日本改革方案的重要目标。审查供求调节型规制遵循以下三大原则：一是在最大可能的范围内消除经济性规制（市场进入障碍）；二是在最低程度上维持社会性规制；三是从强规制（事前许可、审查）过渡到弱规制（事后控制）。[①] 日本政府供求调节型规制已经在大多数部门被淘汰，而没有供求调节型规制被淘汰的具体数据。虽然没有直接反映其效果的数据，2004年内阁办公室估计了近些年减少进入规制和一些经济部门规制缓和（如移动电话、卡车、国内航空、汽车检查、电力、石油、证券、保险、食品和饮料、化妆品和药品）。总体来说，这些改革增加消费者剩余约13.4万亿日元/年，人均112000日

① OECD, *Reviews of Regulatory Reform* (*Japan*) —*Progress in Implementing Regulatory Reform*, OECD Working Papers, 2004.

元，占 GDP 的 4%。

（三）引入结构改革特区计划：只给政策支持，不予财政补贴

“结构改革特区”这一提法始于 2001 年，时任自民党政调会长的麻生太郎倡议建立“结构改革特区”，允许各地方自治体根据地方特点，建立某些特区，促进企业布局的合理化和不同行业之间的相互渗透以繁荣区域经济，麻生太郎的倡议受到各地方自治体的欢迎。[①] 2002 年 6 月，小泉内阁“经济财政咨询会议”和“综合规制改革会议”正式提出“结构改革特区”构想。一个月后，由小泉亲任本部长的“结构改革特区推进本部”宣告成立，并向国会提交了“结构改革特别区域法案”。

结构改革特区是日本规制改革政策的一个重要组成部分，是地方公共团体为发挥地方活力而自发设定的区域。它是在一定的地理区域，某些规制可被缓和或者撤废，吸引国内和国外企业，以促进当地经济，成为改革在全国范围内实行的试验场。改革特区制度也可以引发“规制竞争”的创新，它激励地方政府克服障碍促进增长。

建立结构改革特区包括几个步骤：首先，设在内阁办公室的特区促进办公室每年几次向感兴趣的各方征求规制建议，感兴趣的各方可能包括：地方政府、私营企业、公民与外国公司等，周期为 4—6 周；其次，在两个星期内，特区促进办公室接受地方政府特区设立申请，申请需要得到首相批准及相关负责部委批准；正式申请得到批准之后，接下来就是筛选和非正式磋商，这涉及地方政府、中央部委和特区促进办公室，改革的建议及各部委和机构的反馈将在网上公开。特区促进办公室根据每次从地方反馈上来的规制改革措施中进行挑选，并定期地出版可以建立特区的规制的种类，这个列表会不断地扩展和修改。

针对“结构改革特区”，2003 年 4 月 9 日，颁布《结构改革特别区域法》，在第一条中规定：制定法律的目的是通过设立结构改革特别区域“推进教育、物流、研究开发、农业、社会福利等领域的经济社会结构改革，增强地方活力，提高国民生活，促进国民经济发展”。[②] 2003 年 7 月成立了一个评估委员会，组成人员包括学者、私人企业代表等。这个评估委员会成立的目的在于对结构改革特区进行评估[③]，评估特区实行的规制

① 吴寄南：《新世纪日本的行政改革》，时事出版社 2003 年版，第 129 页。

② 杨栋梁：《日本近现代经济史》，世界知识出版社 2010 年版，第 441 页。

③ 截至 2007 年 11 月 22 日，日本政府已经对全国的结构改革特区进行了 15 次审查。

豁免是否在全国实施，还是继续在特区内实施，或者停止实施。特区措施在通过评估委员会评估之前没有固定试用期，特区也没有关于规制缓和可以还是不可以在特区实行的明确标准。特区促进办公室的政策是"尊重特区特色的规制豁免"。

截至小泉下台前的2006年年底，581项的特区改革措施被接受，其中有211项改革措施在963个特区得以执行，370项措施扩展到全国范围。至2009年年底，提案总数达到4858个，451项措施在全国范围推广（见表4－13）。

表4－13　　特区计划中提出并得以执行的改革措施

年份	提案数	被执行的改革数	在特区被执行的数量	在全国范围内执行的数量
2002	426	204	93	111
2003	1269	222	83	139
2004	642	80	18	62
2005	539	41	12	29
2006	643	34	5	29
小计	3519	581	211	370
2007	606	42	3	39
2008	285	18	1	17
2009	448	31	6	25
总计	4858	672	221	451

资料来源：2002—2006年资料源于Randall S. Jones，Taesik Yoon，*Enhancing the Productivity of the Service Sector in Japan*，OECD Economics Department Working Papers，No. 6511；2008，p. 19；2007—2009年资料源于Randall S. Jones and Byungseo Yoo，*Japan's New Growth Strategy to Create Demand and Jobs*，Economics Department Working Papers No. 890，2011，p. 26。

表4－14　　2002—2006年按照部门划分的特区数量

部门或机构	在特区范围内被接受的数量	在全国范围内被接受的数量	总计
国家公共安全委员会	4	4	8
人事院	3	0	3
金融厅	2	11	13
总务省	13	44	57
法务省	15	20	35

续表

部门或机构	在特区范围内被接受的数量	在全国范围内被接受的数量	总计
外务省	2	10	12
财务省	7	19	26
文部科学省	36	36	72
厚生劳动省	35	92	127
农林水产省	10	20	30
经济产业省	54	48	102
交通省	20	56	76
环境省	9	8	17
内阁办公室	1	1	2
国防部	0	1	1
总计	211	370	581

资料来源：Office for the Promotion of Special Zones for Structural Reform. 转引自 OECD，*OECD Economic Surveys*：*Japan—Enhancing the productivity of the service sector in Japan*，OECD，2008，p. 139。

特区计划的实施有赖于地方与私人部门共同努力来克服阻碍经济增长创造力的因素，而在全国范围内的实施需要绕过既定利益者的阻碍。尽管政府在试图鼓励发展特区，但这种势头在减缓。特区提议计划从2003年的1269个减少至2006年的643个再减少至2008年的285个，被采纳的改革计划从222个减少至34个再减少至18个。从某种程度上看，数量的减少也是不可避免的，这不仅因为第一项改革相对容易实施，而且也是因为地方政府和私人利益的下降，改革可能在很大程度上还是不够，以至于不能吸引他们的注意力。例如，虽然2004年的特区计划中，有以营利为目的的公司管理医院的计划，但是，到2006年为止，只有一个营利性医院成立了；另外原因是还存在很多规制，如限制对无担保治疗提供服务。[①] 也许特区计划从地方政府角度看更重要的缺陷是特区改革在全国范围内的扩展。当地政府只希望长期在特区进行，而在全国范围内的扩展将会降低对当地经济的影响。最近的一项决议允许地方政府在长时间内享受

① Randall S. Jones，Taesik Yoon，*Enhancing the Productivity of the Service Sector in Japan*，OECD Economics Department Working Papers，No. 6511，2008.

特区计划措施其实就是在鼓励他们多多提交特区建议。然而，如果基本的目标是为了向全国范围内扩展的规制改革，那么被采纳的措施就应该尽快在全国范围付诸实施。为了达到这样的目的，应该设定特区改革最大的时间限度以限制因为在全国各地政策不均衡而产生的扭曲。总之，特区计划应该更强调改善全国范围的规制框架，而不是促进地方发展，并且以透明的方式去建立和评估特区。

另外，对于结构改革特区，政府只提供政策优惠，原则上不提供财政支援和补助。2002 年 5 月 15 日，综合规制改革会议就建立“规制改革特区”提出了基本方针：①自治体自发地提出方案；②国家不为此提供财力支持；③自治体对改革结果负责。[①] 因而，针对某些地方政府可能会提出的希望提供财政支援、补助或减免税收的要求，日本内阁表示，第一，特区改革是希望通过放宽规制来搞活地方经济，而不是通过财政支援等手段。第二，特区改革是以今后能在全国范围推行为前提，如果不提供支援就不能展开的改革，也无法向全国推广。这与前日本政府为发展地方经济而常采取的诸如给地方减税、增加财政补贴等做法大相径庭。[②]

（四）引入规制影响分析

对于治理复杂的社会和经济来说，规制是非常重要的，规制能使政策制定者平衡各种利益冲突。20 世纪 70 年代出现的规制缓和是对规制性质的初次尝试，到了 90 年代，人们对规制的性质有了更多的理解，规制缓和让位于规制改革，而到了 21 世纪初规制改革又上升为规制治理。规制改革对于经济政策议程越来越重要，改善规制已经成为一个关键性目标。在规制质量的提高方面，重点已经不再是确认问题领域、推行具体改革和消除负担过重的规制，而是一个广泛的改革议程，包括采取一系列明确且多样的政策、纪律和工具。对于规制改革的议程、目标和评估机制的明确是至关重要的。[③] 规制影响分析（RIA）就是一个非常有用的政策工具。

① 韩铁英：《小泉结构改革的突破口——日本的“特区”改革评析》，《日本学刊》2003 年第 1 期。

② 高建强：《当代日本规制改革浅论》，硕士学位论文，中国社会科学院研究生院，2011 年。

③ Delia Rodrigo, *Regulatory Impact Analisis in OECD Countries Challenges for Developing Countries*, OECD, 2006.

OECD 把规制影响分析定义为："是一个系统性政策工具，用于检查和衡量新的或既有的规制可能的成本与收益。"[①] 具体而言，规制影响分析是检查和衡量新的或者修改的规制法规可能带来的收益、成本与效果，这一工具为决策者提供了宝贵的实用数据和全面的框架，用于评估各项备选方案以及决策可能产生的后果。[②] 它旨在通过系统、一贯的框架来评估政府行为的可能影响，用于确定问题所在，并确保政府行为是正当和适宜的。

RIA 需要对规制进行个案评估来确定它们对于战略性政策目标的作用，它能够帮助检查政策制定者是否获得了足够的信息。RIA 的作用是提供必要信息，以帮助做出最佳的规制决定。它并不是要取代政治问责，而是为有权决策、落实法规的人提供决策帮助。RIA 没有单一的理想模式[③]，在设计某一"规制影响分析"程式时，要把该国的体制、社会、文化和法律背景考虑在内。

规制影响分析一般包括 11 项内容[④]，分别是（1）RIA 的分析类型和法律依据：是否有这类分析？这类分析什么时候开始？这个分析是建立在法律、总统法令还是内阁指令或指导基础上？（2）覆盖范围：是否覆盖所有的基本法律？还是在所有的二级条例？还是只在主要的规制中？如何定义主要规制？RIA 审查现有规制吗？（3）公开披露：RIA 在咨询会上公开披露了吗？如果没有，它是什么时候被公开披露的？（4）质量控制：质量控制机构执行各种职能，如起草 RIA 的协商、技术援助、RIA 质量审查、向部长形成分析报告。RIA 的质量是否被质量控制组织控制？质量控制主体的主要作用是什么？质量控制主体和各部门关系如何？控制机构进行行政指导吗？（5）成本收益分析：量化的成本收益分析运用于所有规制中，还是主要规制中？成本收益分析涵盖了所有的成本收益还是部分的？除了净收益，还有什么可选择的？什么时候进行敏感性分析？（6）社会贴现率：社会贴现率的一个关键因素是计算成本和收益，因为它是未来成本和

---

① OECD, *Regulatory Impact Analysis (RIA) Inventory*, OECD, 2004.

② Delia Rodrigo, *Regulatory Impact Analisis in OECD Countories Challenges for Developing Countries*, OECD, 2006.

③ 规制影响分析常使用方法包括：成本收益分析、成本有效性分析、成本产出分析、财政预算分析、社会经济影响分析、结果分析、合规成本分析、企业影响测试等。

④ OECD, *Regulatory Impact Analysis (RIA) Inventory*, OECD, 2004.

收益的贴现因子。如何确定社会贴现率？相同的社会贴现率是否适用于所有规制？（7）风险评估：这使规制者更清楚地了解人类和环境的风险，越来越多的社会和环境规制被RIA。定量的风险评估是在所有的案例还是选择性案例？什么是选定性案例？是否有一个风险分析的准则？（8）竞争和市场开放效果：竞争和市场开放效果分析是在所有案例还是选定的案例？（9）事后的监督：事前对规制进行分析是困难的，有太多的考虑因素，许多项目也是难以量化的。这增加了事后监督的重要性，并可以反馈到事前分析。事后监督也是一个阻止规制失败的好方法。（10）联系方式：谁负责RIA？他的电子邮件地址？（11）有助于RIA的其他信息（见表4－15）。

表4－15　　日本规制影响分析的引入

主要因素	日本的情况
1. 分析的类型、开始时间	最初的尝试始于1987年
2. 覆盖范围	主要法律和附属的规制
3. 公共披露	RIA的公共披露只是在主要规制中才进行
4. 质量控制	没有 指导没有发布
5. 成本收益分析	在选定的案例中进行成本分析 在选定的案例中进行收益分析 成本是指有选择的成本 收益也是有选择的收益 在选定的案例中进行新规制的成本收益衡量
6. 社会贴现率	—
7. 风险评估	在健康、安全规制中选定的案例中的风险评估 在环境规制的所有案例中都进行风险评估
8. 竞争和市场开放的效果	竞争和市场开放的可能的影响在选定的案例中被考虑
9. 事后规制	—
10. 联系方式	—
11. 其他	—

资料来源：OECD，*Regulatory Impact Analysis（RIA）Inventory*，OECD，2004，p. 34。

日本对RIA的最初尝试始于1987年，并于2004年引入RIA以对规制措施影响进行客观评估。从引入情况看，RIA的引入虽然还不是很完全，但这是对以往政策的一种突破，2007 年规制影响分析被纳入法律和内阁命令，从而强化了这一手段的运用。

第三节　规制改革绩效的实证分析

一　产品价格、需求量与消费者剩余视角

规制改革引入了新的竞争者，促进了企业技术革新、新产品开发与改良，创造出新的市场；规制改革也促进了企业间的竞争，使得商品价格弹性降低；同时由于营业时间延长、商品品质提高、商品数量增加而提高了供给的多样性，而且用户需求的增加也能提高企业的规模经济效应；网络外部性效率得到改善，如电力电信行业由于规制改革而使得网络开放，方便了消费者；认可许可等的行政程序的简化，节约了大量时间、金钱成本，用户负担也下降；降低信息成本，公共部门对于企业主动提供商品和服务的信息公开进行奖励，有利于消费者信息费用的降低。总之，规制改革对消费者而言带来了产品成本降低、价格下降及消费者剩余的增加。

2007 年，日本内阁府测算了 20 世纪 90 年代到 2004 年或 2005 年大概十年左右的时间由规制改革所带来的一些行业产品总体价格的变动及需求量变动情况（如表 4－16 所示）。如移动通信业 1993—2005 年，总体价格水平下降了 60.6%，需求量提高了 1902.5%；股票手续的交易费用在 1993—2005 年，价格下降了 72.6%，交易数量提高了 127.5%。总体而言，规制改革对于行业商品价格的影响是反方向的，对于需求量的影响是同方向的，即随着规制改革的深化，带来的是价格下降和需求数量提升。

表 4－16　　规制改革带来的商品价格和需求变化推算　　单位:%

		价格变动	需求量变动
电信	移动通信（1993—2005 年）	－60.6%	1902.5%
运输	国内航空（1992—2005 年）	－8.8	7.5
	铁路（JR）（1996—2005 年）	－6.0	1.0
	铁路（大手民铁）（1996—2005 年）	－30.1	8.8
	出租车（汽车旅客运输）（1996—2004 年）	－3.0	0.4
	卡车（公路运输）（1990—2004 年）	－27.5	4.2

续表

		价格变动	需求量变动
能源	电力（1994—2005 年）	-39.1	18.6
	城市燃气（1994—2005 年）	-35.5	25.1
	石油制品（汽油）（1993—2005 年）	-21.5	5.1
	石油制品（柴油）（1993—2005 年）	-17.7	2.5
	石油制品（煤油）（1993—2005 年）	-30.6	6.0
金融	股票交易手续费（1993—2005 年）	-72.6%	127.5%
食品饮料	米（1994—2005 年）	-18.3	1.7
	酒类（啤酒、发泡酒）（1991—2004 年）	-11.8	12.4
	酒类（清酒）（1991—2004 年）	-9.4	-1.9
	酒类（果酒）（1991—2004 年）	-14.0	22.0
再贩商品	化妆品（1996—2005 年）	-10.2	4.8
	医药品（1996—2005 年）	-11.5	11.9

资料来源：内閣府政策統括官，規制改革の経済効果——利用者メリットの分析（改訂試算）2007 年版，内閣府政策統括官（経済財政分析担当），2007 年 3 月，第 6 页。

与此同时，内阁府政策研究室推算了由于规制改革带来的价格下降、成本节约引起的消费者剩余的增加（如表 4 - 17 所示）。1995—2005 年，总消费者剩余增加了 17.6 万亿日元，占 1995—2005 年日本 GDP 的 3.5%。从行业考察，最明显的是电力、卡车和电信，获得了价格下降和消费增加的好处。如电力价格下降了 39%，消费量提高了 19%，并且电力行业获得了最多的消费者剩余，其原因在于移动电话的使用使得电信平均价格下降了 61%。①

表 4 - 17　　　　规制改革的收益（消费者剩余的获取）　　　单位：万亿日元

年份	1995	1996	1997	1998	1999	2000	2001	2002	2003	2004	2005	总计
电力	0.2	0.7	0.1	0.6	0.0	0.3	0.1	0.6	0.2	1.0	1.8	5.7
卡车	0.6	0.7	-0.1	0.3	0.8	0.4	0.4	-0.2	-0.1	0.2	0.2	3.1
电信	0.3	0.4	0.6	0.4	0.3	0.2	0.3	0.2	0.1	0.0	0.0	2.7

① OECD, *OECD Economic Surveys: Japan—Enhancing the Productivity of the Service Sector in Japan*, OECD, 2008.

续表

年份	1995	1996	1997	1998	1999	2000	2001	2002	2003	2004	2005	总计
石油	0.6	0.6	0.3	0.3	0.3	-0.2	0.0	0.4	-0.1	-0.2	0.2	2.1
卡车登记和检查系统	0.2	0.2	0.1	0.1	0.0	0.1	0.1	0.0	0.0	0.0	0.0	0.9
大米	0.0	0.1	0.1	0.1	0.0	0.1	0.1	0.0	-0.3	0.1	0.3	0.6
酒类销售	0.1	0.1	-0.1	0.1	0.1	0.1	0.0	0.2	-0.1	0.0	0.0	0.6
铁路	0.0	0.0	0.0	0.1	0.1	0.1	0.0	0.1	0.1	0.2	0.0	0.5
股票交易委托费	0.0	0.0	0.1	0.0	0.1	0.2	0.0	0.0	0.0	0.0	0.0	0.5
城市燃气	0.0	0.0	0.0	0.0	0.0	0.1	0.0	0.1	0.0	0.1	0.1	0.5
损害保险	0.0	0.0	0.0	0.0	0.0	0.1	0.1	0.0	0.0	0.0	0.1	0.3
化妆品和药品	0.0	0.0	0.0	0.0	0.0	0.0	0.0	0.0	0.0	0.0	0.0	0.1
国内航空	0.0	0.0	0.0	0.0	0.0	0.0	0.0	0.0	-0.1	-0.1	0.0	0.1
出租车	0.0	0.0	0.0	0.0	0.0	0.0	0.0	0.0	0.0	0.0	0.0	0.0
总计	2.0	2.9	1.2	2.0	1.6	1.4	1.1	1.5	-0.2	1.3	2.7	17.6

资料来源：日本内阁府，2006。转引自 OECD，*OECD Economic Surveys*：*Japan—Enhancing the Productivity of the Service Sector in Japan*，OECD，2008，p. 136。

2010 年，日本内阁府又对 15 个领域的 2005 年和 2008 年的消费者剩余状况进行了比较。在分析的 15 个领域中，2008 年度比 2005 年度的消费者剩余总计增加了 54420 亿日元，消费者剩余增加较多的为通信、石油制品和电力领域（见表 4－18）。

表 4－18　　规制改革带来的消费者剩余的增加　　单位：亿日元

领域		主要措施	2005 年消费者剩余的增加	2008 年消费者剩余的增加	2008 年比 2005 年增加的数额
通信	移动通信（1994—2008）	进入规制的缓和、成本规制原则上废止；移动电话售罄制的引入	34059	47756	13697

续表

领域		主要措施	2005年消费者剩余的增加	2008年消费者剩余的增加	2008年比2005年增加的数额
运输业	国内航空（1993—2008）	进入规制的缓和、供需调节性规制的撤销；对运费事前申报的规制的缓和	3504	3661	156
	铁路（1997—2008）	进入规制的缓和、供需调节性规制的撤销；对运费上限规制的认可制的缓和	3701	4017	315
	出租车（1997—2008）	实行地区运费制	125	229	105
	卡车（1991—2008）	进入规制的缓和、供需调节性规制的撤销；对运费的事后申报制的规制缓和	27100	31926	4826
	汽车检查登记制度（1995—2008）	定期检查和车辆整顿等项目的简化	9385	9426	41
能源	电力（1995—2008）	电力零售自由化；对经营成本规制的缓和	52619	62468	10030
	城市燃气（1995—2008）	城市燃气零售自由化 对经营成本规制的缓和	4453	7806	3353
	石油制品（1994—2008）	《石油业法》的废除（供需调节性规制的撤销）	27828	39800	11972
金融	股票买卖委托手续费（1994—2008）	手续费自由化	3864	4904	1040
饮料食品	大米（1995—2008）	由供需反映价格体系的构筑；计划流通制度的废除和流通原则自由化	10089	11555	1465
	酒类贩卖清酒（1998—2008） 啤酒、发泡酒（1992—2008）	以人口为基准调整供给的条件放宽 《流通、交易习惯的反垄断法方针》公布	14921	21081	6160
指定商品	化妆品、医药品（1997—2008）	指定的买卖商品公告的废除	653	1295	642

续表

领　域		主要措施	2005年消费者剩余的增加	2008年消费者剩余的增加	2008年比2005年增加的数额
福利、保育	保育（1994—2008）	天使计划的确定	4712	5199	487
准药物、营养品	营养品（1999—2008）	将一部分药品纳入准药物的规定；将准药物范围扩大	186	317	131
合计			197200	251620	54420

注："2005年消费者剩余的增加"指的是与其基年相比较的增加额，如移动通信领域从1994年开始到2005年的消费者剩余的增加为34059亿日元；同理"2008年消费者剩余的增加"。

资料来源：内閣府政策統括官，規制・制度改革の経済効果——規制・制度改革の利用者メリットはどの程度あったか，内閣府政策統括官（経済財政分析担当），2010年10月，第3—4页。

二　规制改革行业绩效评价：以电力行业为例

（一）选择电力行业作为考量经济性规制绩效的原因

本节之所以选择电力行业来考察经济性规制改革的绩效，首先，因为日本的电力企业一直是私人所有，不存在产权制度变更所带来的经济绩效提高问题，有助于区分公企民营化的绩效与规制改革的绩效；其次，日本电力工业占公用事业部门总产值的54.4%，是日本最大的公用事业部门[①]，对电力行业规制改革绩效的考察具有代表性意义；最后，反映电力行业规制的绩效可以从总量上、效率上及环境污染等多维度进行考察。

日本电力规制的实际效果究竟如何？能否在统计意义上将规制制度的作用与其他措施有效分离开来？近年来，国内外学者开展了有关规制效果实证检验的研究。约翰·卡宾和乔恩·斯特恩（John Cubbin and Jon Stern）做了以《规制绩效：发展中国家规制治理对电力工业生产能力及效率的影响》为题的研究报告。在该报告中，笔者对28个发展中国家在1980—2001年的电力行业规制质量进行评价，发现独立的规制法律和更高的规制质量对人均发电量和电力利用率的作用是积极的。肖志兴、孙阳

① Datemonitor，*Utilities in Japan*，Datemonitor，2011.

(2006) 在 2006 年 9 月的《中国工业经济》上发表了题为《中国电力产业规制效果的实证研究》，文章全面衡量了中国电力产业规制效果，认为明确的规制框架、独立的规制机构和不断成熟的规制对象显著提高了电力产业的产出总量和效率，降低了价格水平和垄断利润，但在服务质量改善方面尚未发挥有效作用。在借鉴吸收以往研究经验基础上，本书对日本电力行业的规制绩效进行评价。

（二）日本电力行业规制改革的一般性与特殊性

在原有的经济观念看来，电力产业具有自然垄断的特性，各国长期都对电力企业实施公共管制，普遍采用垄断经营和国有产权形式，并实行发电、输电、配电和售电垂直一体化的市场结构。然而，对电力产业的这一认识在 20 世纪 80 年代发生了突破：电力生产可细分为四个环节，可根据这四个环节的不同特征实施不同的政策，在发电和售电环节引入竞争机制打破垄断，而在输电和配电环节实施有效规制。具体而言，如表 4－19 所示。

表 4－19　　电力产业主要业务及其性质

<table>
<tr><th>主要电力业务</th><th>业务性质</th><th>改革方向</th></tr>
<tr><td>发电</td><td>可竞争性：发电领域存在规模经济，但从供电的安全性和可靠性角度考虑，应对电源结构和布局做多样化安排</td><td>建立竞争性的电力生产市场</td></tr>
<tr><td>输电</td><td>强自然垄断性：输电是通过物理电网进行的，输电网是电力系统的主要网络，具有强自然垄断性特征</td><td rowspan="2">在输电和配电领域垄断经营，政府实施有效规制</td></tr>
<tr><td>配电</td><td>弱自然垄断性：配电网使用的是区域性的网络，它从高压电网中获得电力并降到适合企业和居民使用的水平，具有弱自然垄断性</td></tr>
<tr><td>售电</td><td>潜在竞争性：采购电力、电力零售、账单服务等业务可以由该地区配电企业以外的企业提供，不具有垄断性</td><td>应把配电业务和售电业务分离，建立电力零售市场和电力批发市场，分阶段实施价格自由化</td></tr>
</table>

电力规制改革前，日本电力产业被统称为“十大电力体制”（General Electricity Utilities，GEUs）。该体制发端于 1951 年，第二次世界大战后，

日本形成东京、关西、中部、九州、东北、中国、四国、北陆、北海道九大区域电力公司，这九个地区各自建立了一个集发电、输电、配电、售电于一身的三部门垂直一体化的企业，实际上形成了地区垄断格局。

1964 年，日本政府颁布了《电气事业法》，对电力经营者的经营行为做了严格规定。其中，价格规制方面，采取的是其电力收费必须取得通产省大臣的许可制度，采用成本加公正报酬的方法定价；对产品质量规制方面，出于稳定供给，防止电力产业供给秩序混乱的目的，电力事业法中规定，批发电力经营及私人发电企业等在向特定对象提供“特定供给”时，需要与一般经营者的供给义务达成平衡，不得损害一般需求者的利益。① 进入规制方面、《电气事业法》规定，从事电力经营必须得到通产省大臣的许可，所采取的是许可制度。虽然在该法律中没有明确要求一个地区只设立一家公司，但实际上除了冲绳电力外，并没有批准成立任何一家新的综合性电力企业，实际上的电力事业法为地区垄断格局的延续提供了法律基础。

1972 年，冲绳县结束了美军军事占领回归日本后，日本增加了冲绳电力，成为第十大区域电力公司，形成了名副其实地域性独占的“十大电力体制”，这十大电力企业均为私人所拥有，都有固定的经营区域，是获许经营当地业务的民营企业。十家私营区域电力公司属于“一般电力事业”，实行发电、输电、配电与售电垄断经营管理，其总装机容量占全国总装机容量的大约 3/4。除此之外，日本还有成立于 1952 年的电源开发株式会社（EPDC）和成立于 1957 年的日本原子能发电公司（JAPC），还有若干个电能批发商（除了电源开发株式会社和日本原子能发电公司外，还包括 34 家从事公共事业的企业和 20 家联合投资发电公司）、特许电力营销商、非特许电力供应商。②

日本的十大电力公司为战后日本经济建设源源不断输送高品质的电力，为经济增长做出了巨大贡献。20 世纪 90 年代以来，由于日本的电价水平普遍高于欧美国家，因此日本开始讨论如何在电力产业引入市场竞争问题。一般而言，规制改革的进程往往与产权结构改制相伴而行。但日本电力规制改革并没有如中俄等转轨国家一样进行产权制度改革，也没有如

① 崔岩：《日本自然垄断行业的规制改革——电力产业的案例分析》，《日本学刊》2002 年第 5 期。

② 朴光姬：《日本的能源》，经济科学出版社 2008 年版，第 147 页。

英美国家对原有企业进行纵向一体化的拆分，而是在原有民营企业基础上，在不具备自然垄断特征的发电领域和售电领域引入了竞争机制，放宽对两端的限制，以此促进生产效率的提高和价格的降低。

（三）日本电力行业规制效果的检验说明

考察规制绩效问题，首先要解决电力行业的规制目标。政府规制的基本目标，首先，应当能够使得行业生产能力满足经济发展的需要；其次，合理的价格规制应该能够限制产品价格，并且使得被规制企业得到合理的利润；再次，有效的规制能够为行业的经济效率提供一定激励；最后，合理的激励措施应当避免企业生产对环境产生伤害，当然这部分内容是对社会性规制效果的检验。对于电力行业而言，表现如下：

（1）总量指标。总量指标是衡量规制效果的最重要的方面，尤其对于具有部分垄断特征的电力行业而言，保证电力的生产能力，满足经济发展的需要是规制的首要目标。

（2）效率指标。能够提高电力行业的生产效率是规制成果的重要表现。一般而言，劳动生产率是衡量生产效率的主要指标，但是由于电力行业是显著的资本密集型行业，劳动生产率指标不能很好反映电力行业的生产效率，因而使用全要素生产率去衡量电力行业效率。

（3）环境污染指标。环境污染指标属于社会性规制范畴。环境污染程度可以从多维度衡量，其中最重要的衡量标准是污染物的排放量。污染物排放量包括液体污染物排放量、气体污染物排放量和固体污染物排放量。对于电力行业而言，温室气体二氧化碳的排放占据污染排放相当大比重，因而使用二氧化碳排放衡量电力产业社会性规制效果。

（四）日本电力行业规制指标的说明

对规制指标的全面描述是衡量规制绩效的关键。在以往研究的基础上，本书使用两种方法来获得日本电力产业规制指标。第一种方法是运用肖志兴（2006）的方法，从独立的规制机构、明确的法律框架和规制对象的发育程度三个维度来设计日本电力行业规制指标；第二种方法是直接选取 OECD 规制改革数据库 ETCR 指数中的日本电力行业规制指标，并进行相应处理。因而文中的规制变量有两个，每个指标检验下对应的模型也有两个。

1. 规制变量一

对规制的全面描述即包括规制的具体内容，也应该考虑规制的整体安排和性质（规制治理）。关于规制质量指标的标准，约翰卡宾和乔恩·斯特恩认为，首先应具备一个独立的规制机构，一个独立的规制机构能够提供合理的激励措施来提高效率；其次应具备良好定义的法律流程及强大的法律框架；再次在正式的法律框架下，规制者的角色和目标应该是明确的、规制机构也应具有自主性；最后，规制机构在操作层面上应具有透明度、可参与度和可预测性等非正式属性。[①] 此外，规制是在规制主体与规制对象互动中实现的，规制对象的发育程度也是影响规制效果的重要因素。由于规制治理的非正式属性不容易观测，另外规制机构的自主性也难以观察，因此，本书从独立的规制机构、明确的法律框架和规制对象发育程度三个维度设计日本电力行业规制指标。

（1）明确法律框架的确立。1995 年日本《电气事业法》的修改，拉开了电力改革的大幕。修改的《电气事业法》于 1996 年 1 月 1 日颁布实施。修改后的《电气事业法》在保留九大电力公司分区垄断发、输、配电体制的基础上，将竞争机制引入电力事业。具体措施包括：在发电部门引入竞争原理，电力公司在今后 5—8 年内新建的发电设备，必须在社会上公开向独立发电商或称为独立电力事业者[②]（IPP）招标；允许 IPP 和自发电企业通过电力公司电网向有关单位供应电力；对批发电力供应商的进入实行许可制度；对电价规制采用以收益率为基础的标尺价格规制方式；[③] 为了扩大消费者的选择余地，引入了选择条款制，据此消费者可以选择符合自身生活方式的费用区段，这使电力负荷水平化成为可能。另外在 1997 年的政府决议中，对 67% 的股份归属于日本政府的公私合营的电源开发株式会社（EPDC），2003 年将其私有化。第一次修改的《电力事业法》以在发电领域引入竞争机制为主，使 IPP 参与进了电力生产市场中来，但还未涉及售电领域。

---

① John Cubbin, Jon Stern, *Regulatory Effectiveness: The Impact of Good Regulatory Governance on Electricity Industry Capacity and Efficiency in Developing Countries*, Department of Economics Discussion Paper Series, 2004, pp. 1 – 53.

② 独立发电商是有别于综合电业公司的一种发电厂。在电力产业中，分为发电、输电、配电、售电四个部分。若一家电力公司经营业务包含这四部分则称为综合电业公司。若只有经营发电业务，则称为独立发电商，简称为 IPP。独立发电商的引入是 1995 年改革的重点内容，确定了 IPP 的法律地位，初步放开了发电侧的准入。

③ OECD, *Regulatory Reform in Japan—Regulatory Reform in the Electricity Industry*, OECD, 1999.

1999 年，对《电气事业法》进行第二次修改，此次修改主要指向售电领域的自由化，引入特定规模电力企业[①]（Power Producer and Supplier，PPS）。规定从 2000 年 3 月起，允许符合条件的约 8000 家大型工厂、百货商店等特高压用户（用电 2000kW）以上，实行零售电自由化，即自由选择向价格最低的供电商购买电力，这部分大宗用户的用电量占总电量比例约为 30%；IPP 向大宗用户零售电时，可有偿使用电力公司的电网和线路，但需按政府批准的电力公司拟定的托送费标准交付托送费；为高压用户供电的企业，除负责该地区供电的十大“一般电力事业”外，其余被称为“特定规模电力企业”，特定规模电力企业只要向政府备案便可对这部分大宗用户零售电力，且售电区域、售电方式、售电价格不受限制；而当无企业承担供电任务时，仍由当地一般电力事业企业按常规电价对其保证。对电价规制进行修改，由原来的降价审批制改为申报制，使一般电力事业者下调电价手续简化。

2003 年 4 月，第三次修改《电气事业法》。第三次修改后，零售部门中对于大宗用户的范围由 2000kW 以上，下调到 2004 年 4 月的 500kW 以上，再下调到 2005 年 4 月 50kW 以上。至此，发电总量的 62% 以上纳入了电力市场自由化的范畴[②]，电力价格可以通过供应商和消费者之间的谈判来确定；规定一般电力事业企业（十大电力公司）仍保持输电领域的垄断经营，但不得在输送电领域进行信息垄断、歧视性管理；创办电力批发交易所（JEPX）；成立输配电中立规制机构日本电力系统利用协会。

2007 年 4 月，日本电力行业委员会审查电力市场的完全自由化，审查最终决定将这一问题过段时间再讨论，其理由是进一步自由化不大可能使用户受益。于是 2008 年 7 月日本出台的第四次电力体制改革方案中并没有修改《电气事业法》。其主要措施包括推迟电力零售侧准入的全面放开，零售领域的自由化范围暂不扩大；在维持现行体制的前提下，稳定电力供应的安全标准，提高供电可靠性；采取措施进一步激发批发电力市场

① 特定规模电力企业（PPS）没有自己的电网，必须使用电力公司的电网向大宗用户供电。根据日本经济产业省的资源能源厅统计，截至 2012 年 7 月，日本的特定规模电气服务商数量为 63 个。

② 森本智史、児玉文雄、鈴木潤：《規制緩和によるエネルギー産業の研究開発構造の変化—マルコフ過程を用いた動学的解析による可視化》，*The Japan Society for Science Policy and Research Management - NO4*，2008。

交易的活力，改善输电网利用竞争条件等。

日本的电力市场以稳定电力供应为基础，已存的十家一般电力事业企业通过逐步放开发电、售电市场以保证竞争。到 2011 年，自由化范围涵盖了大约 60% 的总电力需求。而电力企业为了应对这一自由化趋势，通过增加业务，同时降低电力价格，提供各种各样的定价计划。对于已经实现市场开放的零售客户，电力公司制定不同的电价计划供客户选择或者与客户谈判确定电价；对于没有实现市场开放的客户，电力公司制定了相应的差别电价方案，如分段电价制、分季节电价制、分时电价制、蓄热用电电价制等。

因此，在法律框架维度上，把 1995 年之前的规制指标设为 0，1995—1998 年设为 0.3，1999—2002 年设为 0.7，2003—2007 年为 0.9，2008 年及以后为 1。

（2）独立规制机构的建立。由于日本电力工业实行地区垄断经营，从而决定了日本的电力规制采取多部门、分散方式。日本政府电力规制主要由原通产省负责，具体工作由通产省资源能源厅处理，行政机构改革后，为经济产业省下的资源能源厅电力市场科负责；通产省的电力审议会负责审查各电力公司的新建工程；1958 年成立的中央电力协议会负责协调 9 大电力公司和电源开发公司（EPDC）之间的关系；中央调度联络执委会管理电力公司之间的联网调度；日本电气事业联合会（FEPC）进行电力行业管理；2004 年 2 月成立的日本电力系统利用协会（ESCJ）制定电力系统各种规则和有效监管。此外，还有日本电力调查委员会海外电力调查会、日本电气计量检定所、日本电气用电试验所、日本核能产业会议，也分别行使一定的电力管理职能。

按照约翰·卡宾和乔恩·斯特恩（2004）对独立规制机构的理解，所谓独立的行业规制机构不隶属于政府行政部门，其机构资金来源是非政府预算的企业资助，其机构员工按照劳动力市场的机能支付工资而非按政府公务员等级制定工资。按照这样的理解，符合这些特征的日本电力行业的独立规制机构应该是 2004 年 2 月成立的日本电力系统利用协会（Electric Power System Council of Japan，ESCJ）。

为使电力传输和分配系统更公平和透明，日本电力系统利用协会于 2004 年 6 月被经济产业大臣指定为日本唯一的“输配电等业务支援机关”（即输配电中立监管机构）。ESCJ 由学术界人士（如大学资深教授等）、各大电力公司、电力批发公司、PPS、自发电企业代表组成，经费来源为按照电力企业营业规模征收会费。[①] 日本电力系统利用协会也成为唯一地从中立的立场上制定规则并制定法规监督其执行的机构，2005 年 4 月 1 日全面开始运行。

所以，在独立规制机构维度上，2005 年之前规制指标值为 0，2005 年及之后设为 1。

（3）被规制对象的成熟。

①发电环节的引入竞争。1996 年 1 月 1 日颁布实施的《电气事业法》在发电领域引入独立的电力事业者（IPP），在发电领域引入了竞争，促进电力生产效率的提高及价格的下降。

②零售环节的部分价格自由化。在日本电力零售实现部分自由化之前，每个地区的电力销售都由当地的十大“一般电力事业”企业所提供电力，“一般电力事业”企业受到政府的价格规制、进入规制等，但是电力的消费者并没有自由选择电力供应商的权利。而在第二次修改《电力事业法》之后，引入了特定规模电力事业者（PPS），PPS 可以向大中型工厂企业等大规模用电客户售电，而“一般电力事业”企业也可以向他们售电。这样，在大规模用户中，二者就产生了竞争，进而促进了超高压用户电力零售价格的下降。而对于一般家庭等小规模用户，“一般电力事业”企业仍然会尽供电义务。这个零售价格自由化的过程经历了三个阶段：第一阶段是 2000 年 3 月，年需求超过 2000 千瓦的超高压用户电力零售供应价格自由化；第二阶段是 2004 年 4 月，超过 500 千瓦用户电力零售价格自由化；第三阶段是 2005 年 4 月，超过 50 千瓦用户电力零售价格自由化。

③电力批发市场的建立。2003 年 11 月，日本电力批发交易所 JEPX 成立，其主要业务是开展现货交易与长期合同交易。成立的主要目的是形成并公布电力批发交易价格信号，为各电力企业调剂余缺提供交易平台，JEPX 于 2005 年 4 月开始运行。

所以，在这一规制测量维度上，1996 年之前的规制指标为 0，1996—1999 年指标设为 0.2，2000—2003 年为 0.4，2004 年为 0.6，2005 年及以

---

① 井志忠：《规制缓和、结构调整与竞争效率——中日韩电力体制改革比较》，《日本学论坛》2007 年第 2 期。

后为1。日本电力产业规制治理指标设定详见表4－20。

表4－20　　日本电力产业规制治理指标设定——规制变量一

年份	明确法律框架	独立规制机构	规制对象成熟	规制变量一	年份	明确法律框架	独立规制机构	规制对象成熟	规制变量一
1980	0	0	0	0	1996	0.3	0	0.2	0.5
1981	0	0	0	0	1997	0.3	0	0.2	0.5
1982	0	0	0	0	1998	0.3	0	0.2	0.5
1983	0	0	0	0	1999	0.7	0	0.2	0.9
1984	0	0	0	0	2000	0.7	0	0.4	1.1
1985	0	0	0	0	2001	0.7	0	0.4	1.1
1986	0	0	0	0	2002	0.7	0	0.4	1.1
1987	0	0	0	0	2003	0.9	0	0.4	1.3
1988	0	0	0	0	2004	0.9	0	0.6	1.5
1989	0	0	0	0	2005	0.9	1	1	2.9
1990	0	0	0	0	2006	0.9	1	1	2.9
1991	0	0	0	0	2007	0.9	1	1	2.9
1992	0	0	0	0	2008	1	1	1	3
1993	0	0	0	0	2009	1	1	1	3
1994	0	0	0	0	2010	1	1	1	3
1995	0.3	0	0	0.3					

2. 规制变量二

规制变量二来自OECD的规制改革数据库ETCR指数下的日本电力产业规制指数。ETCR（Regulation in Energy，Transport and Communications）是能源、运输和通信领域规制的简写形式。ETCR指标评分介于0—6之间，越接近于0，规制越缓和，表明该行业的自由化水平越高，越接近于6，则显示规制越严格，表明该行业的规制改革进展越慢。

对电力产业规制指数的获得只到2007年，根据上述分析，我们认为，2008年7月日本出台的第四次电力体制改革方案中并没有修改《电气事业法》，其自由化措施步伐不大，因而把2008年、2009年、2010年三年的指数补充为1.6。另外，规制变量一的特征是随着自由化程度的提高，指数显示越大，因而为了和规制变量一的意义相一致，再对此指数进行转换，得到规制变量二（见表4－21）。

表4－21　　　日本电力产业规制治理指标设定——规制变量二

年份	ETCR电力规制指数	调整后的规制变量二	年份	ETCR电力规制指数	调整后的规制变量二	年份	ETCR电力规制指数	调整后的规制变量二
1980	4.00	2.00	1991	4.00	2.00	2002	2.11	3.89
1981	4.00	2.00	1992	4.00	2.00	2003	2.11	3.89
1982	4.00	2.00	1993	4.00	2.00	2004	1.61	4.39
1983	4.00	2.00	1994	4.00	2.00	2005	1.61	4.39
1984	4.00	2.00	1995	4.00	2.00	2006	1.61	4.39
1985	4.00	2.00	1996	4.00	2.00	2007	1.61	4.39
1986	4.00	2.00	1997	4.00	2.00	2008	1.6	4.40
1987	4.00	2.00	1998	3.44	2.56	2009	1.6	4.40
1988	4.00	2.00	1999	3.44	2.56	2010	1.6	4.40
1989	4.00	2.00	2000	2.78	3.22			
1990	4.00	2.00	2001	2.11	3.89			

（五）主要指标来源说明

文中所使用数据的时间跨度为1980—2010年，各项指标来源参见表4－22。

表4－22　　　日本电力产业规制绩效检验指标数据来源

变量	计算	数据来源
发电量	—	美国能源信息局
人均发电量	发电量/人口总量	发电量来自美国能源信息局；人口总量来自日本统计年鉴
工业化指数	—	OECD，2005年＝100
人均装机容量	电力总装机容量/人口总量	电力总装机容量来自美国能源信息局；人口总量来自日本统计年鉴长期统计系列
人均电力消费	电力总消费/人口总量	电力消费来自美国能源信息局；人口总量来自日本统计年鉴长期统计系列
人均GDP（以不变价格计算）	—	IMF，世界经济展望数据库，2012年

续表

变量	计算	数据来源
全要素生产率	—	经计算获得
电力和发热产业二氧化碳排放	—	世界银行，世界发展指标
规制变量一	—	经计算获得
规制变量二	—	OECD 规制改革数据库

（六）实证检验与分析

本书对日本电力产业规制绩效的检验采取如下形式：

$Y_t = \alpha + \beta R_t + \gamma X_t + \mu_t$

其中，Y_t 为 t 时刻的效果指标（总量、效率、环境污染）；R_t 为 t 时刻的规制变量（采用两种规制变量形式，对应两个模型）；X_t 为 t 时刻规制变量以外影响规制效果的因素；α 为常数项，μ_t 为误差项。具体而言，包括三类模型，分别是总量检验模型、效率检验模型和环境污染检验模型。

1. 总量检验

总量检验模型：

模型一：$FDL_t = \alpha + \beta_1 RJGDP_t + \beta_2 RJDLXF_t + \beta_3 GZ1_t + \mu_t$

模型二：$FDL_t = \alpha + \beta_1 RJGDP_t + \beta_2 RJDLXF_t + \beta_3 GZ2_t + \mu_t$

FDL 为发电量（千瓦时），*RJGDP* 为以不变价格计算的人均 GDP/GNP（万亿日元），*RJDLXF* 为人均电力消费（千瓦时），*GZ*1 为经计算的规制变量一，*GZ*2 为 OECD 提供的电力行业规制指标，规制变量二。人均 *GDP/GNP* 水平决定了私人部门对电力的投资水平，因而预期电力供给量与人均 GDP/GNP 呈正相关；鉴于电力产品无法储存的特殊性，因而对电力的有效需求当然也时时影响着电力供给量，因而预期人均电力消费与电力供给量也呈正相关关系。

首先对各变量进行平稳性检验，因为非平稳时间序列可能会存在伪回归问题。使用 ADF 方法对 FDL、RJDLXF、RJGDP、GZ1、GZ2 各序列进行单位根检验，根据 AIC 或 SC 准则确定滞后阶数（见表 4－23）。

虽然经济变量本身是非平稳时间序列，但是协整理论却为非平稳时间序列的建模提供了另一种途径。由于各变量都是一阶单整的 I（1），他们的线性组合可能是平稳序列，因此可能存在协整关系，即解释变量与被解

表 4 - 23　各变量单位根检验结果

变量	检验类型（c，t，n）	ADF 值	临界值 $\alpha=0.05$	结论
FDL	（c，0，0）	-2.216	-2.964	非平稳
d（FDL）	（c，0，0）	-3.920	-2.968	平稳
RJGDP	（c，0，0）	-2.534	-2.964	非平稳
d（RJGDP）	（c，0，0）	-3.842	-2.968	平稳
RJDLXF	（c，0，0）	-1.983	-2.998	非平稳
d（RJDLXF）	（c，0，0）	-4.340	-3.574	平稳
GZ1	（c，0，0）	0.607	-3.622	非平稳
d（GZ1）	（c，0，0）	-4.833	-2.968	平稳
GZ2	（c，t，3）	-2.461	-3.588	非平稳
d（GZ2）	（c，t，0）	-4.349	-3.574	平稳

注：（c，t，n）分别表示在 ADF 检验中是否有常数项、时间趋势、滞后阶数。

释变量之间存在长期稳定的均衡关系，可以进行协整检验。协整回归方程如下：

模型一：$FDL_t = -111.719 + 0.0000406RJGDP_t + 126.402RJDLXF_t + 5.846GZ1_t + \mu_t$

$(-8.072)\qquad(2.600)\qquad(17.446)\qquad(2.910)$

$R_2 = 0.998,\ \overline{R_2} = 0.997$

模型二：$FDL_t = -125.083 + 0.0000433RJGDP_t + 124.959RJDLXF_t + 6.587GZ2_t + \mu_t$

$(-11.01)\qquad(2.866)\qquad(17.594)\qquad(3.129)$

$R_2 = 0.998,\ \overline{R_2} = 0.997$

Engle 和 Granger 提出的协整检验方法是对方程残差进行单位根检验，若得到的残差序列是平稳的，则协整模型成立，否则所得到的 OLS 回归结果则是伪回归。表 4 - 24 列出了两个模型的残差检验结果。

使用 ADF 法对模型一和模型二的残差进行检验，得到 μ_t 是 I（0），即残差为平稳序列。因而四个非平稳变量之间存在协整关系，即存在长期

表 4 - 24　残差 μ_t 单位根检验结果

方程	检验类型（c，t，n）	ADF 值	临界值 $\alpha=0.05$	结论
方程一	（0，0，1）	-3.648	-1.953	平稳
方程二	（0，0，1）	-3.082	-1.953	平稳

稳定的均衡关系。在总量检验中，我们使用协整分析方法，解释变量与被解释变量之间存在着长期均衡关系。回归结果表明：国民收入、人均电力消费和规制三个因素联合起来能够有力解释日本发电总量的变化。模型的拟合优度高，F统计量显著；在提高总发电量方面，日本电力规制效果比较显著，规制变量符号为正，即电力产业规制政策显著提高了发电量水平。

2. 效率检验

效率检验模型：

模型一：$TFP_t = \alpha + \beta_1 RJFDL_t + \beta_2 GYHZS_t + \beta_3 GZ1_t + \mu_t$

模型二：$TFP_t = \alpha + \beta_1 RJFDL_t + \beta_2 GYHZS_t + \beta_3 GZ2_t + \mu_t$

TFP 为全要素生产率，反映电力行业的动态经济效率；*RJDLXF* 为人均发电量（千瓦时），*GYHZS* 为日本工业化指数，*GZ*1 和 *GZ*2 为规制变量。全要素生产率是产出增长率超过投入增长率的部分，全要素生产率的提高是一个经济系统技术进步的表现，包括技术进步、组织创新、产业结构优化等。一般而言，电力行业在生产上具有规模经济特征，生产规模越大，发电量越多，对生产效率的提高越显著，因而预期发电量与生产效率之间呈正方向变动；工业化指数代表着一个国家的工业化水平，工业化水平的提高可以从需求上推动技术进步，也可以从供给上拉动技术进步，因而预期与全要素生产率呈正相关关系。

为进行效率检验，首先应该获得电力行业的全要素生产率。文中采用两要素（劳动和资本）的柯布—道格拉斯生产函数方法对日本电力产业的全要素生产率进行估算，即 $Y_t = AK_t^{\alpha} L_t^{\beta}$，其中，$Y_t$ 为实际产出，L_t 为劳动投入，K_t 为实际资本存量。目前，日本十大电力公司拥有输电线、供电指令及大部分发电装置，占日本零售电力市场95%的份额，而PPS在整个电力交易市场中所占份额仅为5%。[①] 因而选取日本十大电力公司历年的产出、总职工人数、资本净值来表示产出、劳动和资本存量，并使用日本国内企业商品价格指数（电力、煤气、水）对产出和资本存量进行平滑。产出、总职工人数、资本净值源于日本电气事业联合会；国内企业商品价格指数（电力、煤气、水）源于《日本统计年鉴》长期统计系列，以2000年为100。

对柯布—道格拉斯生产函数等式两边取自然对数有：

① ［日］竹中平藏、船桥洋一：《日本“3·11”大地震的启示——复合型灾害与危机管理》，林光江等译，新华出版社2012年版，第138页。

$$\ln(Y_t) = \ln(A) + \alpha\ln(K_t) + \beta\ln(L_t) + \varepsilon_t$$

ε_t 为误差项。对模型进行估算，得到 $\alpha = 0.518$，$\beta = 1.662$，都在10% 水平下显著，且 $R^2 = 0.923$ 模型拟合度较高。从系数来看，$\alpha + \beta = 0.518 + 1.622 = 2.18 > 1$，生产处于规模递增阶段。但是否具有统计上的显著性还需进一步检验。通过 Wald 检验，检验统计量（E = 3.54）在5%的显著性水平下远大于临界值，表明日本的电力企业存在显著的规模报酬递增特征，资本与人力同时增长 1%，则产出将增长 2.18%。

表 4-25　　　　日本电力产业全要素生产率估算

年份	TFP	年份	TFP	年份	TFP
1980	0.583399	1990	1.100537	2000	1.325126
1981	0.78456	1991	1.149927	2001	1.32468
1982	0.80303	1992	1.166501	2002	1.326316
1983	0.802984	1993	1.160296	2003	1.326498
1984	0.863509	1994	1.215928	2004	1.372553
1985	0.896202	1995	1.231563	2005	1.410265
1986	0.965986	1996	1.251604	2006	1.418848
1987	0.928356	1997	1.265088	2007	1.459795
1988	0.951351	1998	1.258261	2008	1.489049
1989	0.977485	1999	1.286875	2009	1.323262
				2010	1.377523

表 4-26　　　　日本电力产业规制绩效的计量检验结果二

效率检验			
模型一		模型二	
常数项	0.014（0.801）	常数项	-0.056（0.243）
规制一	0.027（0.003）**	规制二	0.034（0.001）***
人均发电量	0.091（0.001）***	人均发电量	0.089（0.001）***
工业化指数	0.002（0.049）**	工业化指数	0.003（0.017）**
时间趋势	0.253（0.031）**	时间趋势	0.233（0.033）**
拟合优度	0.982	拟合优度	0.984
调整的拟合优度	0.979	调整的拟合优度	0.982
D-W 值	1.682	D-W 值	1.757
F 统计量 P 值	0.000	F 统计量 P 值	0.000

注：*** 表示在 1% 的水平下显著，** 表示在 5% 的水平下显著，* 表示在 10% 的水平下显著。

在效率检验中，模型拟合优度高，F统计量显著，人均发电量、工业化指数和规制指标能够很好解释电力企业生产效率的提高；在促进生产效率提高方面，政府对电力行业规制的作用为正，显示了规制的有效性。

3. 环境污染检验

环境污染检验模型：

模型一：$CO_{2t} = \alpha + \beta_1 RJZJRL_t + \beta_2 RJGDP_t + \beta_3 GZ1_t + \mu_t$

模型二：$CO_{2t} = \alpha + \beta_1 RJZJRL_t + \beta_2 RJGDP_t + \beta_3 GZ2_t + \mu_t$

其中，CO_{2t}是电力和热行业的二氧化碳排放量，代表着电力生产对环境的污染问题，*RJZJRL*为人均装机容量，近似地表示发电能力，*RJGDP*代表国民收入水平，*GZ*1和*GZ*2代表规制变量。一般而言，电力行业装机容量越大、国民收入水平越高，越容易对环境造成损害，因此预期人均装机容量的符号为正，人均国内生产总值的符号为正（见表4－27）。

表4－27　　日本电力产业规制绩效的计量检验结果三

环境污染检验			
模型一		模型二	
常数项	83.401（0.004）**	常数项	54.372（0.015）**
规制1	12.895（0.034）**	规制2	14.996（0.043）**
人均装机容量	84.354（0.033）**	人均装机容量	62.575（0.187）
人均GDP	5.38E－05（0.007）*	人均GDP	6.45E－05（0.005）*
拟合优度	0.947	拟合优度	0.946
调整的拟合优度	0.941	调整的拟合优度	0.940
D－W值	1.584	D－W值	1.634
F统计量P值	0.000	F统计量P值	0.000

注：***表示在1%的水平下显著，**表示在5%的水平下显著，*表示在10%的水平下显著。

在环境污染模型中，模型拟合优度为0.947，拟合优度好，F统计量显著，人均装机容量，国民收入水平和规制变量能很好地解释由电力生产而带来的环境污染问题；规制变量前的系数为正，意味着政府规制对环境污染的作用是正向的，电力行业的规制增加了碳排放。这个结果似乎出乎我们的预料，这同时也说明政府规制在环境污染控制方面的失效，图4－7显示了日本电力及发热行业二氧化碳排放占总体燃料排放比重逐年上升的趋势。如果把规制政策划分为经济性规制和社会性规制，那么在日本电力行业的社会性规制远远不够，社会性规制没有发挥应有的功效，其实这个问题同样反映在2011年因地震海啸而引发的东京电力公司核泄漏问题上。

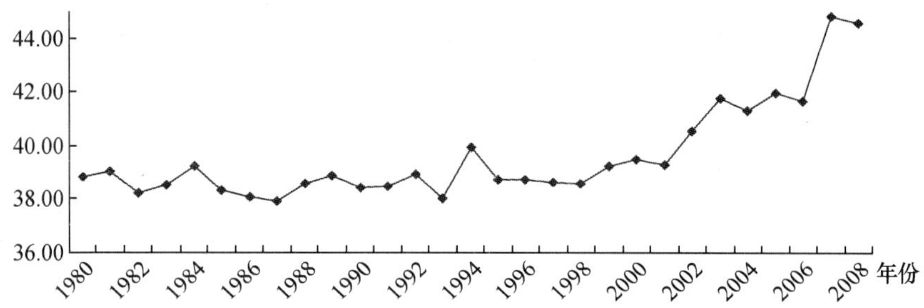

图4－7　日本电力及发热行业二氧化碳排放占总体燃料排放比重

资料来源：WB Development Indicator.

（七）结论

从以上对日本电力行业规制绩效检验中可以得到，日本电力产业的规制改革增加了发电量、促进了电力生产效率的提升，同时对环境保护的社会性规制领域带来了负面作用。除此之外，日本电力产业规制还存在很多问题，表现如下：

1. 竞争的有限性

2000年以来，尽管大宗用户电力零售领域实现了勉强的自由化，即允许PPS的民间服务公司向大宗用户售电，但是，PPS在整个零售市场上所占的交易份额仅为5%。此外，原本人们期待引入PPS的市场自由化会引发电力公司之间的竞争，但实际上，自2005年以来，只出现了九州电力向中国电力公司辖区内的大型超市售电这一竞争事件。自由化仍然不够，主要问题在于竞争的弱化使新进入者很难获得市场份额，弱的竞争性反映出高度的垂直一体化，导致新进入者的高昂成本。

2. 公正报酬率规制方法下，电力企业缺乏控制成本的积极性

虽然在各自垄断区域内根本不存在真正意义的竞争，但是，电力企业仍然会投入大量广告费用，向董事发放巨额薪酬，并且在原材料采购方面也缺乏开展激励竞争的积极性，因为所有这些费用，都可以通过分摊到成本里而成为电力价格的一部分。大阪大学的名誉教授、综合资源能源调查会“基本问题委员会”委员八田达夫讲述过这样的例子：1995年，日本

修订电气事业法，开始允许经营批发电力事业 IPP，新涉足这一领域的某企业拿到瑞士某发电机厂商报价后发现，竟比日本的发电机便宜了 30%。于是，该企业就可以迫使日本的发电机降价 30%，由此成功地竞得了 IPP 项目。此后，日本的发电机企业对电力公司也降价了 30%。换言之，在 IPP 掀起批发竞争之前，尽管存在下调价格的余地，电力公司却从未想要过进行价格谈判，完全按照对方的开价购买发电机。①

3. 电力价格下降，但下降有限

从 1995 年《电气事业法》修改后，至 2008 年推迟电力零售侧准入的全面放开为止，电力价格大约下降了 26%（见图 4－8）。

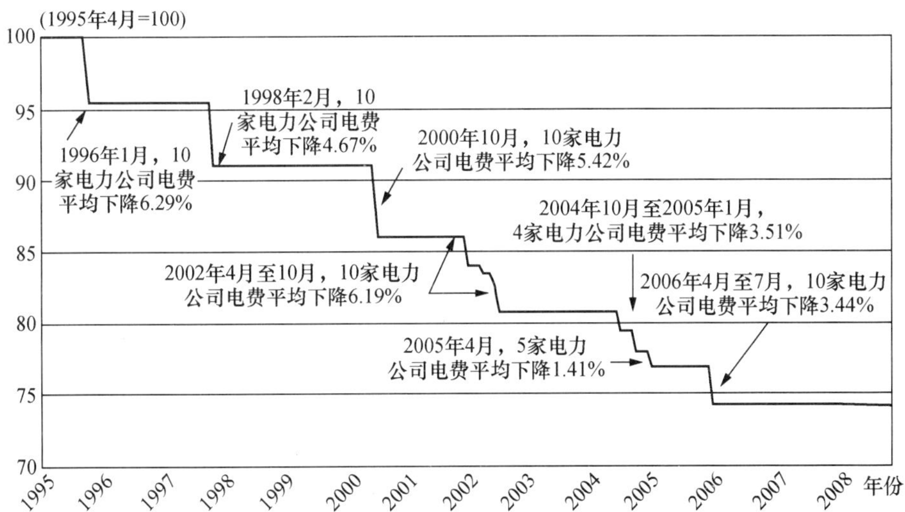

图 4－8　日本电力价格趋势

资料来源：内閣府政策統括官，規制・制度改革の経済効果——規制・制度改革の利用者メリットはどの程度あったか，内閣府政策統括官（経済財政分析担当），平成 22 年 10 月，第 19 页。

1999—2005/2006 年间，在其他国家电力价格都在上涨的情况下，日本工业用电价格却下降了 16%，家庭部门电力价格下降了 11%（见图 4－9和图 4－10）。但是即使电力产业经过了规制改革，已经降低了电价，

① ［日］竹中平藏、船桥洋一：《日本“3·11”大地震的启示——复合型灾害与危机管理》，林光江等译，新华出版社 2012 年版，第 152 页。

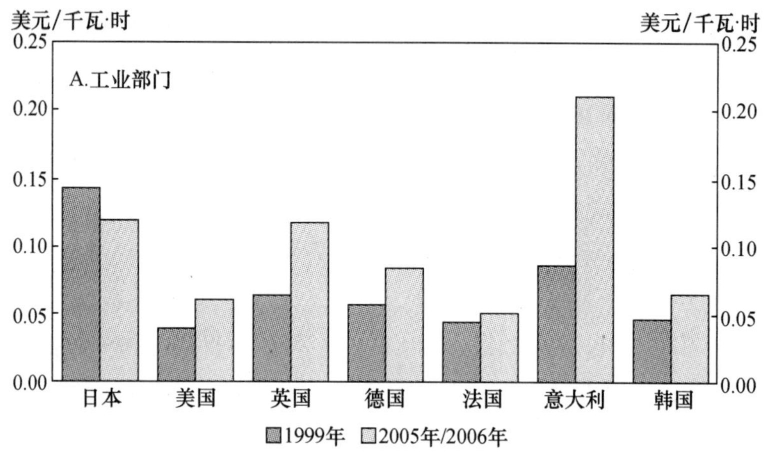

图 4－9　主要发达国家工业部门电价比较

注：1. 除美国之外，其他国家是税后价格；2. 日本和德国是 2005 年数据，其他国家是 2006 年数据。

资料来源：OECD/IEA. Energy Prices and Taxes，2007。

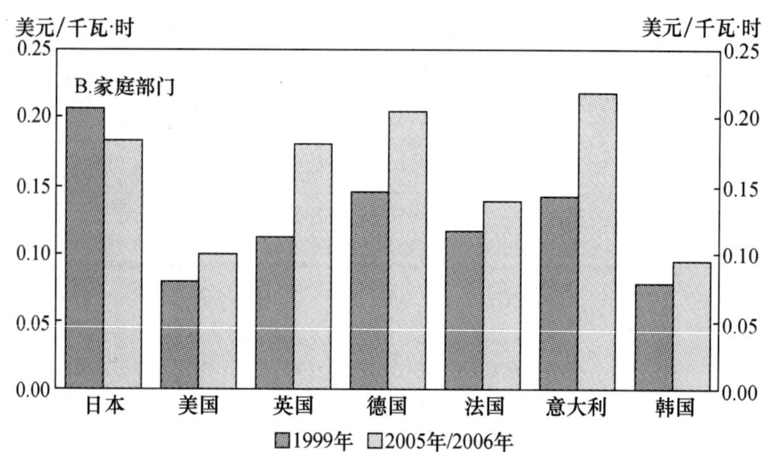

图 4－10　主要发达国家家庭部门电价比较

注：1. 除了美国之外，其他国家是税后价格；2. 日本和德国是 2005 年数据，其他国家是 2006 年数据。

资料来源：OECD/IEA. Energy Prices and Taxes，2007。

但电价下降仍然有限。无论是工业用电价格还是家庭用电价格，日本电力价格在 OECD 国家中都高居第四位。日本电价高的原因：一是由于在输电、配电和燃料方面的高成本；二是高电价也因为为建立核电站而支付高额的土地价格；三是为防止地震和台风而进行严格的安全规制和技术设备标准，因而规制改革带来的是有限的电价下降。

三　规制改革国际比较：PMR 和 ETCR 指数

日本的规制改革不是其独有现象，而是在世界主要市场经济国家规制改革大背景下进行的。规制改革是 OECD 成员国非常重要的政策，OECD 曾提出一些重要的经济社会目标：为了促进规制的政府更加透明、与民众交流更加顺畅，应该建立合适的机构框架去执行自由化产业政策，提倡竞争性的政策和法律，开放内外部贸易和投资市场，并促使成员国政府改进规制质量，以培育竞争、创新、开放的市场，并要在一些重要领域如电力、电信进行改革，以实现经济增长。OECD 不仅提出了经济社会目标，还运用评分方法建立了一系列指数监测各成员国规制改革的状况，其中包括 PMR 综合指数的指标体系和 ETCR 指数体系。

PMR 是产品市场规制（Product Market Regulation）的缩写，它是全体经济范围的规制指数。NMR 是非产品市场规制的简写，用于衡量不同部门规制严格程度的指数，其中 NMR 由两个具体指标构成，分别是 RBSR 和 ETCR。RBSR 指数是零售业和商业服务业规制；ETCR 是能源、运输和通信领域规制的简写形式，ETCR 指数涉及部门往往是非竞争性部门。

PMR、ETCR、RBSR 指标评分均介于 0—6 之间，越接近于 0，规制越缓和，表明该国的自由化水平越高，越接近于 6，则显示规制越严格，表明该国的规制改革进展越慢。

（一）基于 PMR 指数的观察

1. PMR 指数

自 1998 年起，OECD 建立了 PMR 综合指数，PMR 指数设定了一系列衡量指标，对各个国家的规制改革进行评分，以便于从横向的国家之间以及纵向的历史演进两个方面进行比较。

具体而言，PMR 综合指数由三个层次指标构成：一级指标包括国家控制、企业壁垒和贸易投资壁垒，它们各自的权重为 1/3。三项一级指标考察的问题包括：国家控制指标衡量的是在商业部门中国家所控制的范围，如能源、运输、电信部门中国有产权的比重，政府在私人企业中的特别投票权、国有股权范围，在一些竞争性部门如航空运输、零售业、道路运输、通信业等对价格的控制，一些服务性部门使用强制性规制手段的程度，等等。企业壁垒指标衡量的问题包括：企业获取信息及执照的难易，政府的沟通策略和行政负担的简化，创建新企业的行政负担程度，创建一个独资企业的行政负担程度，道路运输和零售业部门的行政负担，对一些商业部门的潜在竞争者进入的法律壁垒，竞争法中对公有企业反垄断豁免的范围，进入网络型产业部门的壁垒及能源、航空运输、电信部门纵向一体化的程度，零售业以及一些专业服务部门的进入壁垒。贸易投资壁垒衡量的是外国对国内公私企业股权购买的限制程度，最惠国待遇的平均关税，程序层面上对外国企业的歧视程度，其他如缺少有关协定和标准国际协调的非关税贸易壁垒。①

一级指标下又各自设置了二级指标，二级指标下再设置 18 个三级指标。各个指标的设定及其权重如图 4－11 所示。

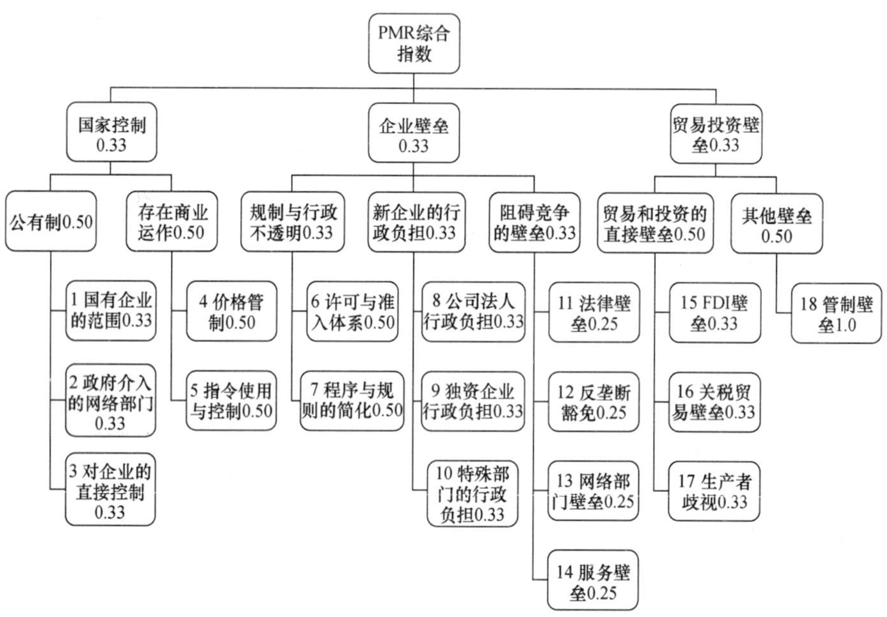

图 4－11　PMR 综合指数设置

资料来源：Anita Wölfl, Isabelle Wanner, Tomasz Kozlul, Giuseppe Nicoletti, *Ten Years of Product Market Reform in OECD Countries—Insights from a Revised PMA Indicator*, OECD Economics Department Working Papers No. 695, 2009, p. 10.

① Anita Wölfl, Isabelle Wanner, Tomasz Kozlul, Giuseppe Nicoletti, *Ten Years of Product Market Reform in OECD Countries—Insights from a Revised PMA Indicator*, OECD Economics Department Working Papers No. 695, 2009.

在18个具体指标中，分别设有一系列问题，由OECD观测人员和调查组专家对每个小问题单独打分，分值在0—6之间，越接近于0，表示规制越缓和，越接近于6，表示规制越严格。在得到各个问题的评分之后，乘以各自的权重再加总，即得到18个三级指标的评分。三级指标的评分乘以各自权重加总得可到二级指标的分数。类似的，再将二级指标分数乘以权重加总，得到总分数。最后计算得出的PMR指标评分仍然介于0—6之间，越接近于0，规制越缓和，表明该国的自由化水平越高；越接近于6，则显示规制越严格，表明该国的规制改革进展越慢。

2. 基于日本PMR指数的观察

下面将根据OECD提供的PMR综合指数分析报告，对日本规制改革状况进行考察和比较。根据OECD产品市场改革报告，图4－12显示OECD中的27个成员国的PMR综合指数，并圈出了六个规制最为缓和的国家，它们分别是美国、英国、加拿大、荷兰、冰岛和丹麦，五个规制最为严格的国家，它们分别是卢森堡、捷克共和国、墨西哥、土耳其和波兰。其中，2008年日本的规制评分获得1.112分，低于平均水平线。表明日本的规制改革在横向上与OECD国家相比，低于OECD国家规制的平均水平，取得了一定成效。传统上被认为的“管制资本主

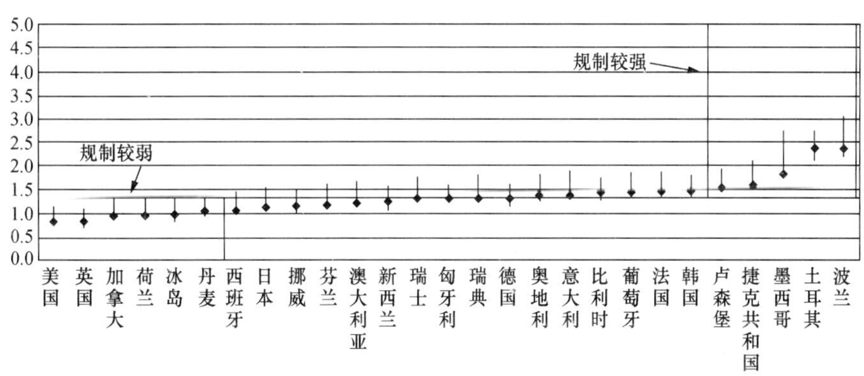

图4－12 2008年OECD27个成员国PMR综合指数评分

资料来源：Anita Wölfl，Isabelle Wanner，Tomasz Kozlul，Giuseppe Nicoletti，*Ten Years of Product Market Reform in OECD Countries—Insights from a Revised PMA Indicator*，OECD Economics Department Working Papers No. 695，2009，p. 12。

义”① 的日本，在近些年的规制改革中取得了快速进步。

进一步对于 PMR 综合指数中的国家控制、企业壁垒和贸易投资壁垒三项一级指标进行横向比较发现，日本在企业壁垒和贸易投资壁垒方面处于 OECD 27 国的中等水平，而在国家控制方面，得分低于平均水平，处于先行者的地位（见图 4－13、图 4－14 和图 4－15）。

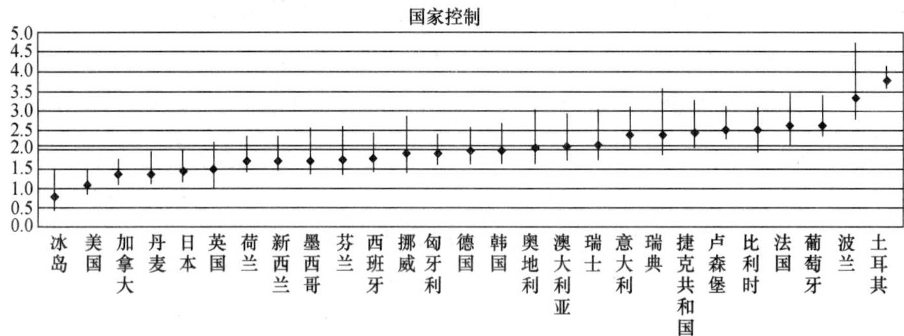

图 4－13　2008 年 OECD27 个成员国的“国家控制”评分

资料来源：Anita Wölfl，Isabelle Wanner，Tomasz Kozlul，Giuseppe Nicoletti，*Ten Years of Product Market Reform in OECD Countries—Insights from a Revised PMA Indicator*，OECD Economics Department Working Papers No. 695，2009，p. 12。

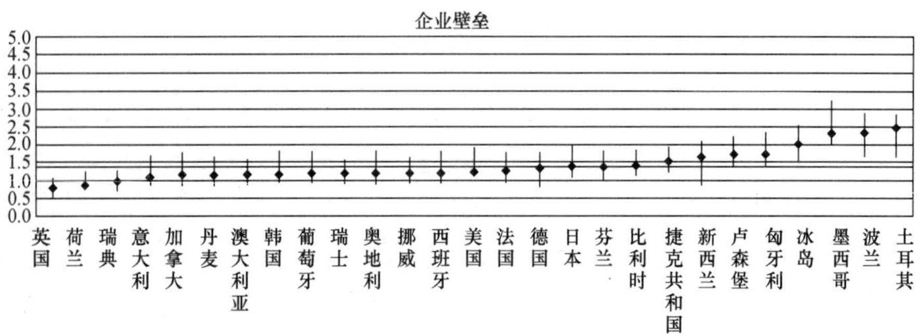

图 4－14　2008 年 OECD27 个成员国的“企业壁垒”评分

资料来源：Anita Wölfl，Isabelle Wanner，Tomasz Kozlul，Giuseppe Nicoletti，*Ten Years of Product Market Reform in OECD Countries—Insights from a Revised PMA Indicator*，OECD Economics Department Working Papers No. 695，2009，p. 12。

① ［日］植草益：《日本的产业组织——理论与实证前沿》，锁箭译，经济管理出版社 2000 年版，第 98 页。

为了具体了解日本规制改革成果，并考察日本与其他主要国家规制改革对比状况，笔者选取韩国、美国和英国三个国家作为日本的参考对象，对四个国家的PMR综合指数和PMR综合指数变动率分别进行了比较，结果如表4－28和表4－29所示。

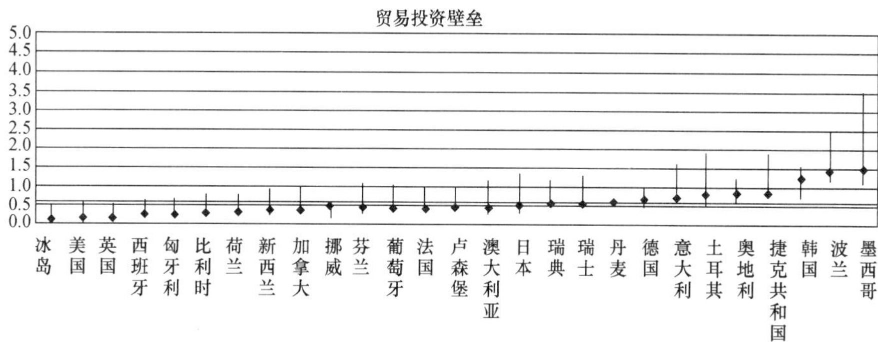

图4－15　2008年OECD27个成员国的“贸易投资壁垒”评分

资料来源：Anita Wölfl，Isabelle Wanner，Tomasz Kozlul，Giuseppe Nicoletti，*Ten Years of Product Market Reform in OECD Countries—Insights from a Revised PMA Indicator*，OECD Economics Department Working Papers No. 695，2009，p. 12。

表4－28　　日本、韩国、美国、英国PMR综合指数比较

	年份	PMR综合指数	国家控制	企业壁垒	贸易投资壁垒
日本	1998	2. 188	3. 149	2. 965	0. 45
	2003	1. 409	2. 589	1. 378	0. 26
	2008	1. 112	1. 432	1. 368	0. 536
韩国	1998	2. 348	2. 645	2. 734	1. 664
	2003	1. 782	2. 206	1. 829	1. 31
	2008	1. 474	1. 991	1. 141	1. 29
美国	1998	1. 283	1. 406	2. 022	0. 421
	2003	1. 007	1. 193	1. 631	0. 198
	2008	0. 841	1. 102	1. 236	0. 185
英国	1998	1. 07	1. 51	1. 451	0. 249
	2003	0. 824	1. 278	0. 954	0. 241
	2008	0. 842	1. 504	0. 824	0. 199

资料来源：OECD Regulatory Reform Database. http：//stats. oecd. org/Index. aspx？DataSetCode＝PMR。

表 4 - 29　日本、韩国、美国、英国 PMR 综合指数变动率比较　单位：%

	时间（年）	PMR 综合指数	国家控制	企业壁垒	贸易投资壁垒
日本	1998—2003	-35	-18	-54	-42
	2003—2008	-21	-45	-0.8	106
	1998—2008	-49	-55	-54	19
韩国	1998—2003	-24	-17	-33	-21
	2003—2008	-17	-10	-38	-2
	1998—2008	-37	-25	-58	-22
美国	1998—2003	-22	-15	-19	-53
	2003—2008	-16	-8	-24	-7
	1998—2008	-34	-22	-39	-56
英国	1998—2003	-23	-15	-34	-3
	2003—2008	2	18	-14	-17
	1998—2008	-21	-4	-43	-20

资料来源：对表 4 - 28 进行计算得到。

横向对比日本与韩国、美国、英国的 PMR 指数。从总体看，日本的各项指数大多都劣于美英而略优于韩国。而从指数变动率看，日本在国家控制方面的规制改革进步速度要明显快于其他三国。

纵向考察日本的状况。1998—2008 年，日本 PMR 综合指数呈下降态势，而且变动率高达 49%，居四国之首，这表明日本的规制改革取得了相当成效。但是，2003—2008 年的指标下降并不乐观。

在三项一级指标中，表现最突出的是“国家控制”指标，2008 年日本此项指标比 1998 年下降了 55%。而“企业壁垒”指标，2008 年仅比 2003 年下降了 0.8%。值得注意的是，相比 2003 年的“贸易投资壁垒”指标，2008 年日本的数据出现了倒退。虽然爆发于 2007 年的美国次贷危机导致了世界经济的停滞与动荡，但是在 OECD 的 27 国中，只有 9 个国家的此项指标略高于其 2003 年水平，而日本 2008 年的贸易投资壁垒指标，不仅远远高于 2003 年，甚至超过了 1998 年水平。这表明在应对经济危机时，日本主要通过恢复贸易壁垒、国外直接投资壁垒、对生产者歧视和国家管制型壁垒等手段规避经济危机，由此也更加凸显了日本经济的“封闭性”。

3. 基于日本 PMR 指数的解读

日本规制改革已经走过了 20 多个年头，尤其是泡沫经济破灭后进入了规制改革的强化阶段。结合以上对 PMR 指数的观察，可以将日本规制改革特征归纳为以下几点：

（1）持续推进的日本规制改革速度在放慢。进入 20 世纪 90 年代，日本从未停止过放松规制的脚步，在政府层面不断推进改革。如 1994 年，日本政府做出了《关于今后规制缓和推进的报告的决议》，提出将对 279 项规制实施缓和。1995 年通过了《规制缓和推行计划》，决定用五年时间对 1091 个项目实施放宽。1997 年，桥本内阁对该计划进行了重新修订，并通过了涉及 2823 项的规制缓和、发展经济的方案。2001 年森喜朗内阁通过了 2002—2003 年度的《规制改革推进三年计划》，计划中确定 554 个规制改革项目。2004 年，小泉内阁通过了《推进规制改革 · 民间开放三年计划》，对于 15 个领域的 1131 项规制提出了具体的改革措施。2007 年，安倍晋三通过了《规制改革推进三年计划》，并强调以竞争活力为前提，进一步推进市场化改革。[①]

从日本政府的各种计划中不难看出，规制改革已是持久的战略，改革总体上也的确是在向前推进的，但从 1998—2003 年与 2003—2008 年数据的对比中却可以看到，改革的速度其实在放慢。2003—2008 年的改革进展缓慢，意味着在某一领域欲取得进一步的改进更加困难，或者在某一部门取得规制进步的同时，留下的是规制改革的“硬核”[②]，在政治上更难以改变，同时也反映出在做出进一步改革努力之前，政策的决策者想要评估过去改革的成本与收益而采取适度观望的态度。改革速度的放慢除了与始于 2008 年的全球经济危机有关之外，还可能受到了日本政治格局频繁变动的影响，日本自 2006 年 9 月小泉卸任以来，七年的频繁换相，不仅在国际上引起负面影响，而且一定程度影响其经济政策的连续性（见表 4－10）。

表 4－30　　日本规制改革主要计划

内阁	年份	机构	计划	改革项目
村山	1995	规制缓和小委员会	规制缓和推进计划	2833
桥本	1996	规制缓和委员会		
	1998		规制缓和推进三年计划	1268

① 石涛：《日本政府微观规制演变及启示》，《现代日本经济》2009 年第 5 期。

② 规制改革的“硬核”，可能来自日本人矛盾的民族性格中的排外倾向，或者来自自民党由于其选票基础而对农业的过度保护，都会造成在某些领域规制改革难以继续推进。

续表

内阁	年份	机构	计划	改革项目
小泉	2001	规制改革委员会	规制改革推进三年计划	1153
	2004	规制改革推进委员会	推进规制改革·民间开放三年计划	1131
安倍	2007	规制改革会议	推进规制改革三年计划	517
鸠山	2010	行政刷新会议下设规制·制度改革分科会	规制·制度改革第一次报告书	—

资料来源：高建强：《当代日本规制改革浅论》，硕士学位论文，中国社会科学院研究生院，2011 年。

（2）日本的规制改革是有选择性的改革。日本在对内改革中的放松“国家控制”和减少“企业壁垒”方面表现较好。如小泉政府在“没有改革就没有增长”的信念引导下，大力推进公有企业民营化改革，尤其在邮政领域的改革引人注目；并且大大简化了政府的行政程序，降低了企业的进入壁垒，尤其是放松了进入规制和价格规制。但是，日本在“贸易投资壁垒”方面却出现了倒退。2008 年的水平不仅劣于 2003 年，甚至劣于 1998 年，尤其是在对内 FDI 领域。虽然在《OECD 对日本规制改革纵览》的报告中已经认识到：“改进规制质量的进一步领域将放在服务部门，特别是鼓励对内投资。”[①] 但在 2008 年的日本《对日直接投资外企调查报告》中，仍有 34.3% 的外资企业对日本规制过于严格持有不满意见。[②] 可见，日本的规制改革是一种有选择性的改革，在一些领域首先进行规制改革，从而带动其他领域，或者在当改革目标和短期经济增长出现矛盾时，在继续推进一部分领域改革的同时，就会牺牲其他领域的改革。

（二）基于 ETCR 指数的观察

1. ETCR 指数

ETCR 指数是能源、运输和通信领域规制的简写，包括电力、城市燃气、航空、铁路、公路运输、邮政、电信七大服务部门。每一个部门又有不同的衡量标准，如电力部门的衡量标准包括是否存在进入壁垒、国家所有权所占比重、电力产业垂直一体化程度三方面。具体设定如图 4－16 所示。

① OECD, *OECD Reviews of Regulatory Reform* (*Japan*), OECD Working Papers, 2004.

② 日本経済産業省，平成 20 年度対日直接投資に関する外資系企業の意識調査報告書，日本経済産業省，2008 年，第 1 页。

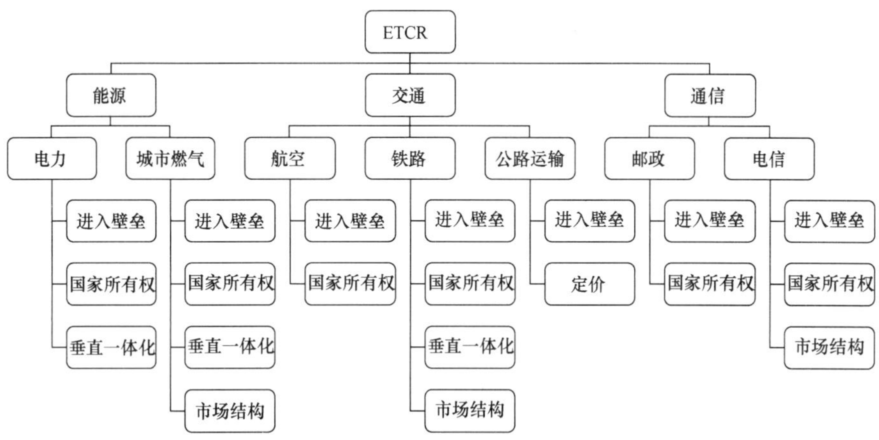

图 4－16 ETCR 指数设置

同样的，与 PMR 指数类似，ETCR 指数也由 OECD 观测人员和调查组专家针对各具体指标分别设有一系列问题，并单独打分。分值在 0—6 之间，越接近于 0，表示规制越缓和，越接近于 6，表示规制越严格。在得到各个问题的评分之后，乘以各自的权重再加总，得到总分数。ETCR 指数也在 0—6 之间，越接近于 0，规制越缓和，表明该国自由化水平越高，越接近于 6，则显示规制越严格（见表 4－31）。

表 4－31 日本的 ETCR 指数

年份	航空	电信	电力	城市燃气	邮政	铁路	公路	ETCR 指数
1975	4.50	6.00	4.00	3.25	6.00	6.00	6.00	5.11
1976	4.50	6.00	4.00	3.25	6.00	6.00	6.00	5.11
1977	4.50	6.00	4.00	3.25	6.00	6.00	6.00	5.11
1978	4.50	6.00	4.00	3.25	6.00	6.00	6.00	5.11
1979	4.50	6.00	4.00	3.25	6.00	6.00	6.00	5.11
1980	4.50	6.00	4.00	3.25	6.00	6.00	6.00	5.11
1981	4.50	6.00	4.00	3.25	6.00	6.00	6.00	5.11
1982	4.50	6.00	4.00	3.25	6.00	6.00	6.00	5.11
1983	4.50	6.00	4.00	3.25	6.00	6.00	6.00	5.11
1984	4.50	6.00	4.00	3.25	6.00	6.00	6.00	5.11
1985	4.50	6.00	4.00	3.25	6.00	6.00	6.00	5.11
1986	4.02	5.32	4.00	3.25	6.00	6.00	6.00	4.94

续表

年份	航空	电信	电力	城市燃气	邮政	铁路	公路	ETCR 指数
1987	4.02	5.24	4.00	3.25	6.00	4.50	6.00	4.72
1988	2.52	3.17	4.00	3.25	6.00	4.50	6.00	4.21
1989	2.52	3.06	4.00	3.25	6.00	4.50	6.00	4.19
1990	2.52	2.90	4.00	3.25	6.00	4.50	2.98	3.73
1991	2.52	2.72	4.00	3.25	6.00	4.50	2.98	3.71
1992	2.52	2.61	4.00	3.25	6.00	4.50	2.98	3.69
1993	2.52	2.46	4.00	3.25	6.00	4.50	2.98	3.67
1994	2.52	2.40	4.00	3.25	3.92	4.50	2.98	3.37
1995	2.52	2.38	4.00	3.18	3.92	4.50	2.98	3.35
1996	2.52	2.28	4.00	3.18	3.92	4.50	2.98	3.34
1997	2.52	2.13	4.00	3.18	3.92	4.50	2.98	3.32
1998	2.52	2.03	3.44	3.18	3.92	4.50	2.48	3.15
1999	2.52	1.97	3.44	3.18	3.92	4.50	2.48	3.14
2000	2.52	1.94	2.78	2.82	3.92	4.50	2.48	2.99
2001	2.52	1.97	2.11	2.82	3.20	4.13	1.99	2.68
2002	2.52	1.72	2.11	2.82	3.20	4.13	1.99	2.64
2003	2.52	1.68	2.11	2.82	2.68	4.13	0.49	2.35
2004	2.52	1.56	1.61	2.53	2.68	4.13	0.49	2.22
2005	2.52	1.45	1.61	2.03	2.68	4.13	0.98	2.20
2006	2.52	1.33	1.61	2.03	2.68	4.13	0.98	2.18
2007	2.52	1.22	1.61	1.96	2.68	4.13	0.98	2.16

资料来源：OECD Regulatory Reform Database. http：//stats. oecd. org/Index. aspx？ DataSetCode = ETCR。

表 4-32　　日本与主要发达国家 ETCR 指数比较

年份	澳大利亚	加拿大	法国	德国	意大利	日本	韩国	英国	美国
1975	4.05	4.38	6.00	5.39	5.83	5.11	—	4.75	3.40
1976	4.05	4.38	6.00	5.39	5.83	5.11	—	4.75	3.39
1977	4.05	4.38	6.00	5.39	5.83	5.11	—	4.75	3.39
1978	4.05	4.38	6.00	5.39	5.83	5.11	—	4.75	3.39
1979	4.05	4.38	6.00	5.39	5.83	5.11	—	4.75	3.31
1980	4.05	4.38	6.00	5.39	5.83	5.11	—	4.75	2.88

续表

年份	澳大利亚	加拿大	法国	德国	意大利	日本	韩国	英国	美国
1981	4.05	4.38	6.00	5.39	5.83	5.11	—	4.75	2.87
1982	4.05	4.38	6.00	5.39	5.83	5.11	—	4.46	2.87
1983	4.05	4.38	6.00	5.28	5.83	5.11	—	4.46	2.86
1984	4.05	4.38	6.00	5.28	5.83	5.11	—	4.32	2.75
1985	4.05	4.12	6.00	5.28	5.83	5.11	—	4.32	2.68
1986	4.05	4.11	5.78	5.28	5.83	4.94	—	4.10	2.65
1987	4.02	3.79	5.78	5.28	5.83	4.72	—	3.87	2.63
1988	4.02	2.90	5.78	5.28	5.83	4.21	—	3.75	2.62
1989	4.02	2.79	5.17	5.09	5.83	4.19	—	3.75	2.53
1990	4.02	2.80	5.16	4.74	5.83	3.73	—	3.00	2.52
1991	3.83	2.77	5.16	—	5.68	3.71	—	2.79	2.51
1992	3.61	2.77	5.16	—	5.68	3.69	—	2.77	2.46
1993	3.38	2.72	4.90	—	5.25	3.67	—	2.25	2.45
1994	3.21	2.70	4.89	—	5.24	3.37	—	1.88	2.44
1995	3.17	2.47	4.86	—	4.93	3.35	—	1.71	2.07
1996	2.72	2.35	4.83	—	4.92	3.34	—	1.63	1.93
1997	2.40	2.29	4.59	—	4.74	3.32	—	1.56	1.91
1998	2.25	2.31	4.36	2.77	4.67	3.15	4.38	1.41	1.98
1999	1.95	2.21	4.03	2.33	4.13	3.14	4.20	1.25	1.92
2000	1.91	2.22	3.88	2.19	3.92	2.99	4.08	1.22	1.91
2001	1.80	2.16	3.81	1.99	3.35	2.68	3.52	1.10	1.89
2002	1.78	2.06	3.36	1.80	3.06	2.64	3.44	1.10	1.89
2003	1.74	1.99	3.03	1.66	2.89	2.35	3.31	1.06	1.86
2004	1.73	1.99	2.81	1.61	2.79	2.22	3.16	0.99	1.85
2005	1.55	2.05	2.43	1.26	2.04	2.20	3.09	0.94	1.85
2006	1.54	2.05	2.25	1.21	2.03	2.18	3.09	0.95	1.85
2007	1.40	2.05	2.17	1.08	2.01	2.16	3.09	0.95	1.77

资料来源：OECD Regulatory Reform Database. http://stats.oecd.org/Index.aspx?DataSetCode=ETCR。

2. 基于 ETCR 指数的解读

ETCR 指数衡量的是七大部门的规制改革状况，包括燃气、电力、航空运输、铁路、公路货运、邮政和电信七大部门。如从航空业看，以1986年日本航空民营化为开端，ETCR指数从1988年下降，达到中等规制严格程度，虽然继日航民营化后进行了进入规制缓和、机票价格规制缓和等措施，但是从ETCR航空业指数看，进展不大。再如，从电信行业看，1985年之前，日本电信一直处于完全严格规制状态，以1986年日本电信民营化为开端，电信业规制改革开始，之后又引入NCC，并把移动业务从NTT分离出来，开放一定电信设备市场，取消外国资本投资规制等。至2007年，日本电信业规制指数只有1.22，属于低规制水平。应该说，在这七大部门规制改革中，都取得了一定程度的进展。

在这七大部门中，公路运输业是属于传统上的竞争性领域，而其余的电力、燃气、航空、铁路、电信和邮政这六大部门属于传统的网络产业部门[①]（Network section）。图4-19展示了2003年与2008年的网络产业部门进入壁垒状况。在OECD发布2011年日本的经济政策改革一文中提到，日本在网络部门仍然存在严格的规制且高于OECD国家平均水平，虽然已经进行了邮政和邮政保险的私有化改革，并预期2017年完工，但是现在这一行动已经停止了。可见，日本部门规制改革虽然取得一定进展，但从网络产业部门进入壁垒情况看仍高于OECD平均水平。

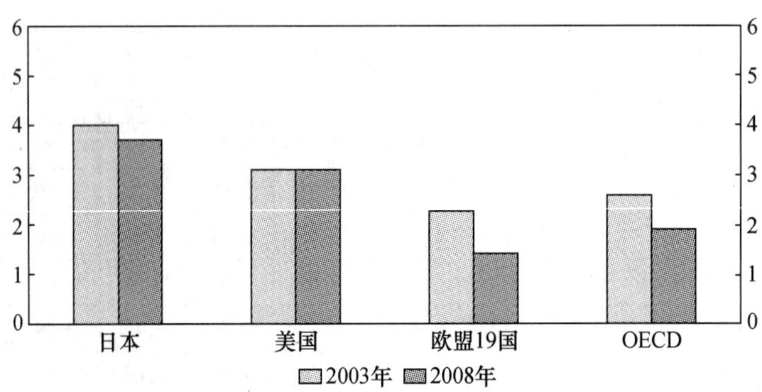

图4-17 网络产业部门的进入规制壁垒比较

资料来源：Randall S. Jones and Byungseo Yoo, *Japan's New Growth Strategy to Create Demand and Jobs*, Economics Department Working Papers No. 890, 2011, p. 10。

---

① 网络产业指生产要素具有网络化特征的产业，而网络一般是由节点和链路构成的系统，其特征是节点和链路之间的互补性，网络用户享受产品的网络价值而非单个产品的孤立价值。早期的网络产业主要是指运输业、电力、通信等具有物理网络的产业。

第四节　小结

经历了失去的10年之后，日本社会逐渐意识到为应对危机而暂时使用的刺激经济的财政手段已经由于政府财政危机而越来越软弱无力，流动性陷阱的持续使得货币政策也不能发挥辅助性效果，而只有改变微观性结构性问题才是唯一出路。到20世纪90年代后半期，规制缓和委员会更名为规制改革委员会，标志着日本规制问题进入到了规制改革阶段。到21世纪初小泉执政时期，更是强化了这种改革的趋势，开始建立完善的规制治理结构。这一阶段的规制改革具有如下特征：

一　从规制缓和到规制改革

1999年4月，日本政府将规制缓和委员会更名为规制改革委员会，标志着开始进入规制改革阶段。规制缓和初期，缓和主要对象是信息通信、运输、能源、金融、流通等经济性规制领域，而到了规制改革阶段则拓展到社会性规制领域。社会性规制领域改革是以保护消费者和劳动者权益、环境保护、防止灾害为目的，对提供商品服务质量及相关活动根据一定标准加以限制的行为。由规制缓和发展到规制改革，其领域有所拓宽。

二　规制机构问题

（一）规制改革“火车头”机构

规制缓和委员会、规制改革委员会、规制改革推进委员会，是规制改革的“火车头”机构，隶属内阁，相对于各部委具有独立性。因为其独立性，所以在自主权、分析能力、公众信任度及与政府官员联络等方面相互联系，能够发起一些各部不能独立进行的重要改革。但是，在日本中央地位较弱而各省独立性较强，在日本建立以中央为驱动力的规制改革要比其他国家更加困难，且以日常监督为规制形式的规制管理并没有发展成一个常规的功能独立的部门。规制改革机构的设置也因面临中央政府的统治压力，没有为规制改革建立一套永久的服务机制。

（二）政府各部门之间的合作困难

规制改革对于所有制定并执行政府政策的部门都适用，中央监督或协调机构可以在一定程度帮助解决这个问题，并鼓励各部门加强对话和互动，但改革最终还要靠各部门推行，规制质量的高低最终也是靠各部门。

但日本政府权力相对分散，各部门各行其是、纵向间缺乏联系，协调很难完成。

(三) 行业规制机构的独立性问题

在日本，对规制机构“独立”问题的理解是有异于美国的。日本的“独立”是独立于被规制者，而不是美国的独立于“政府行政部门”。因此，在美国人看来，日本不存在任何“独立”规制机构。1999 年的 OECD 报告指出，问责制、透明度和竞争问题的出现是因为缺少部门规制制度的结果，该报告建议政府政策要与关键基础行业的规制制度分离开来。日本规制改革委员会 2002 年 7 月的临时报告表示要建立网络部门专用的规制模式。从一些观察家和利益相关者对许多领域活动的一般关注中发现，日本规制部门在许多领域的经济活动缺乏独立性，而且很难与所有权的政策性功能分离开来，特别是规制决策过程中受到党派的强烈影响。

三 规制政策创新——结构改革特区

结构改革特区是日本规制改革政策的一个创新，是地方公共团体为发挥地方活力而自发设定的区域，它成为改革在全国范围内实行的试验场。进行地区范围内的改革也可以引发“规制竞争”，它激励地方政府克服障碍，促进地方经济增长。另外，结构改革特区的一个隐含的且明确的动机是，利用地方政府和私人部门的创造力去消除阻碍增长的因素并且推翻既得利益的假定，减少改革的阻碍因素。

四 决策过程变化——自上而下

日本自民党长期以来的决策过程方式是由官僚起草草案，然后向自民党政务调查会中以部会议员为中心的各个部会作说明，各专门部会族议员加入意见，这些意见通常反映相关利益团体利益后，再经过与官僚协调修改后向国会提出。而到了小泉时期，日本的政策决定过程发生了很大变化。建立了由首相担任议长的经济财政咨询会议，内阁府设立了综合规制改革会议等咨询委员会。改革立案的顺序从原来的自下而上的方式转变为自上而下的方式。日本医师会的会长说，政策立案手续在小泉内阁的确有了很大的变化，医师会要通过自民党来反映自己的政治主张已经不大可能，什么事都是由学者和民间人士组成的委员会提出改革提案的基础上通过内阁来决定，从上到下。[①] 小泉首相本人也指出：“通过成立由内阁主

① 张云：《日本的农业保护与东亚地区主义》，天津人民出版社 2012 年版，第 120 页。

导的经济财政咨询会议，废除了原来在内阁审议前由自民党的重量级政治家为中心的政策讨论，自民党的政策决定方式也得到了改变。”[①] 这种自下而上转变为自上而下的决策过程的变化反映出在改革过程中小泉本人力量的作用。在日本，由于官僚权限较大而各省又相对独立，欲进行改革，就需要首相具有强大的力量以督促改革，而小泉纯一郎则发挥了突出的作用。但是改革进程如果靠首相个人力量推动，改革在某些领域必然进展缓慢。

① 张云：《日本的农业保护与东亚地区主义》，天津人民出版社 2012 年版，第 121 页。。

第五章　规制改革的修正：新自由主义反思

新自由主义思潮统治了世界二十余年，而综观20年左右的新自由主义主导下的经济实践可以清晰地看到：苏东是倒退的20年，拉美是失去的20年，日本是爬行的20年，美欧是缓升的20年。被联合国认定的49个最不发达国家也没有通过私有化等新自由主义及其全球化途径富裕起来，有的反而更加贫穷。① 而"新自由主义全球化只加剧了它所固有的消极特征，严重损害了数千万乃至数亿人的利益，其中包括许多比较发达和富裕国家民众的利益。所显现出来的差距令人触目惊心，而资本主义却无力缩小甚至制止这一差距扩大，无力解决民众的贫困问题，无力保证经济稳定，反而侵蚀着居民的社会保障体系，对自然资源进行掠夺性开采，致使环境污染持续恶化，这加剧了众多民众对不公正的认识，感觉没有出路，对未来缺乏信心，全世界普遍对居住的自然环境和安全条件的持续恶化深感不安，无论是全世界的人类，还是日益成熟的世界舆论都无法容忍这种状况。"② 自由市场也被认为是破坏经济秩序和社会问题的罪魁祸首。

小泉下台后，尤其是美国次贷危机后，日本内阁的更迭如走马灯般频繁，这不仅仅是政治的危机，更是经济危机的体现。危机与经济萧条也破坏了自由放任的信念，日本学者林直道就曾经对1999年2月的经济再生计划表示怀疑，他援引《中小企业新闻》的说法，对经济战略会议的经济再生计划进行了批判，他认为："如何才能维持进入机会均等的透明且适当的规则来使竞争健全化，这次战略会议报告对于这个问题完全缺乏构想。这样实现健全的有创造性的竞争社会只是空中楼阁。没有公平规则的

---

① 参见程恩富《新自由主义经济思潮与社会主义——日本东京大学伊藤诚教授访谈》，《国外理论动态》2005年第11期。

② ［俄］C. A. 坦基扬：《新自由主义全球化——资本主义危机抑或全球美国化?》，王新俊、王炜译，教育科学出版社2008年版，第131页。

竞争只会带来弱肉强食，形成一个贫富差距扩大、不稳定的社会。”

犹豫、徘徊、摸索和等待。日本正努力挣扎着探索新的发展道路，“我们还在过渡期中，新的模式尚未形成，我们正在摸索，这使得日本社会充满悲观情绪……日本正处于新的发展模式形成之前的长期的、重要的转折期和过渡期……”① 然而日本经济由于赶超欧美的成功，使其背上了沉重的成功的包袱，滋生对支撑以往成功的制度、习惯、政策等日本模式的过度依赖，日本还没有迅速形成能够承上启下适应国内外巨变的新的经济发展及增长模式。

新的探索也刚刚开始。如果说从规制型经济向自由资本主义的转向是日本本土价值观向西方价值观的转变，那么当人们要重新制约市场力量时，日本人又转而求助于本土价值观。日本学者原正行提出：“……日本经济社会必须充分认识到自己在国际经济社会中的存在，继续探索成为世界经济领导者的道路。为了实现这一点，必须做到在维持日本特有文化的同时，在日本经济社会内部更加彻底的改革，建立面向世界的，有透明度的社会经济制度来迎合具有各种文化、历史和价值观的国际经济社会。”② 借用高柏非常有预见性的一句话：“在全球化的上升期，主张释放市场力量的自由主义和新自由主义等意识形态总是大行其道，成为影响政府政策范式的主要思潮。而到了逆转的阶段，主张政府干预，限制市场力量的意识形态则占上风。……目前，全球化的过程正在从钟摆的一级开始向方向相反的另一极回摆……发达国家的政策范式开始由释放市场力量向保护社会回摆。”③

第一节　规制改革的动因

一　美国次贷危机与新自由主义信念动摇

2008 年 9 月 15 日，美国大型证券公司雷曼兄弟申请破产，这一消息

① ［日］小岛明：《日本的选择》，孙晓燕译，东方出版社 2010 年版，第 1 页。

② ［日］原正行：《全球化时代的日本经济——企业国际化视角考察》，朴松爱、何为译，东北财经大学出版社 2003 年版，第 11 页。

③ ［美］高柏：《经济意识形态与日本产业政策》，安佳译，上海人民出版社 2008 年版，第 14 页。

让全世界感到震惊，而与雷曼兄弟公司进行竞争的摩根斯坦利和高盛集团也陷入困境，要抛售证券业务以寻找出路。美国最大的保险公司 AIG 也因衍生证券陷入危机而遭到披露，所有金融机构都忙于确保资金，世界陷入金融恐慌之中。而依赖以美国为金融中心的世界各国，以及以出口美国为经济导向的发展中国家，由金融恐慌而引发的实体经济的紧缩要比美国来将更为强烈。

导致这场经济地震的直接原因是，美国一些不具备通常借款条件的买房人得到了银行的抵押贷款，并且还款状况出现了恶化。通常而言，对出现这种不良债权问题，银行的放贷机构会自行处理，但致命的是银行等从事借贷业务的机构预计到次贷的违约机会很高，而为了避免自己的损失把这种债权卖给了证券公司。证券公司又运用重组分拆手法将这些债权证券化，然后卖给了全世界的金融机构和资产运作机构，而这些金融机构又被进一步包装成一种经过重组的证券出售。因而最后的购买者往往对自己所购买的金融产品的具体内容和风险不甚明了。因而，一旦当次贷的违约行为发生时，在这个链条上的各类金融公司及普通投资者都将遭受巨大损失，灾难也将蔓延至整个金融体系，

次贷问题只不过是引发这次 21 世纪初金融危机的表象之一，更深层次的问题要探究危机发生的根源。联合国大会主席德斯科托委托诺贝尔经济学获奖者约瑟夫·斯蒂格利茨为主席组成专家委员会，就国际货币金融体系改革进行咨询，以斯蒂格利茨为主席的这个专门委员会做了《斯蒂格利茨联合国报告》，报告认为：在危机背后存在着错误的政策和以这个错误政策为基础的错误理论。这个错误政策和理论就是“新自由主义”或“市场原理主义”的经济哲学。特别是在金融市场，尽管经常存在信息的不完整和非对称性，但在金融市场还是以实现有效的市场分配这一“有效市场”的错误理论为标准。[①] 这个专门委员会对这些理论进行了批判，提出世界经济的规制要实行民主化，有必要进行金融规制。

日本当代著名马克思主义经济学家伊藤诚认为，新自由主义主导下的资本主义经济已从社会调控和管制等束缚中解放出来，尤其是金融领域。……次贷金融危机只不过是新自由主义推动下的解除束缚的金融化资本发展的

---

① ［日］八木纪一郎：《经济思想——从古典到当代》，何慈珏译，南京大学出版社 2012 年版，第 120 页。

灾难性后果。当前危机表明，新自由主义理论和政策已深陷泥潭。[①] 20世纪90年代，曾担任村山内阁经济企画厅长官，之后担任本内阁的行政改革代理委员长的宫崎勇回忆自己担任代理委员长时的情形："行政改革委员会的工作重点是规制缓和……委员会成员全部是反管制原教旨主义者，或者说是市场原教旨主义者……关于规制缓和的具体措施，有个专门研究官民职责划分的小委员会，委员长是市场经济主义者转法轮奏……他的麾下有许多学者，有市场原教旨主义经济学家池尾和人、翁百合，有主张规制缓和的原教旨主义者宫内义彦、三轮芳郎、铃木两男。这些人强烈主张放开所有规制，但我觉得很不现实……美国的经济学家们更是明显的市场原教旨主义者，因此那些海归学者们把美国的理论照搬回了日本，听上去感觉像是空中楼阁。他们主张金融领域也全面放开，不知是否考虑金融体制能否承受，1997年亚洲金融危机不就是过度自由的恶果吗？近来全球主义者口碑不好，恐怕也有市场原教旨主义者的影响，只要是他们反对的就是守旧派，而且被赋予极为浓厚的政治色彩。如此全球化的结果是摩擦四起，不知主张绝对市场经济的人们对此作何解释，又如何反思……从没听过他们的解释和反思，他们闭口不谈。"[②]

日本也在进行反思和修正。美国《华尔街日报》和美国传统基金会发布的《2012年经济自由度指数》[③] 显示，从2008年开始，日本的经济自由度呈下降趋势。2012年日本的经济自由度指数为71.6，在全世界排名第22位，在亚太地区的41个国家排名第7位。

经济自由度下降说明日本反思和修正的开始，日本人在思考后新自由主义时代的国家走向。日本的梅棹忠夫教授认为，日本的国门如果总是敞开，那么日本就可能被来自先进文明的强大影响彻底压倒；如果国门永远封闭，又不可能获得改革与发展的外部刺激。日本可以获得持续的发展，

---

① ［日］伊藤诚：《次贷金融危机的历史意义和社会成本——基于日本经验的比较》，《政治经济学评论》2010年第2期。

② ［日］宫崎勇：《日本经济政策亲历者实录》，孙晓燕译，中信出版社2009年版，第220—221页。

③ 经济自由度指数涵盖全球179个国家和地区，是全球权威的经济自由度评价指标之一。该指数分四大类包括：法律规则（可避免腐败产权制度）；有限的政府（政府支出的财政自由）；规制效率（商业自由、劳动力自由、货币自由）；市场的开放（贸易自由、投资自由、金融自由）。可细分为50个指标，每一指标的最高得分为100分，最低得分为1分。得分越高，政府对经济干预的水平越高，经济自由度越低。

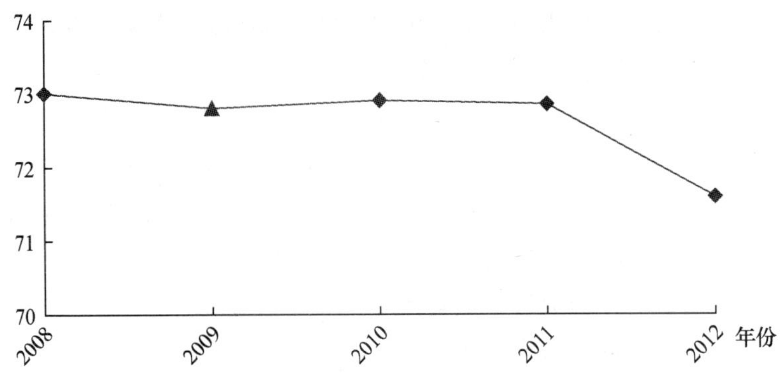

图 5 – 1　日本经济自由度指数

资料来源：美国传统基金会，http：//www. heritage. org/。

同时又不丧失自身特色。当日本人对美国所建立起来的思考方式和组织制度失望的时候，开始思考自己的出路。“在日本也一度流行把传统的日本式制度和体制改造成美国式思考方法和组织、制度以摆脱经济危机的想法。不过，如果舍弃长期建立起来的、具有传统特定的强项，那么国家的基础将会动摇，这是历史发展的必然结果。日本经济有属于它自己的教育、文化、社会价值观等传统培养出来的支持日本经济体制的社会文化基础，如果没有这些基础，全球化时代日本经济的生存将成为一句空谈。”①

二　东日本大地震与安全规制的缺陷

随着经济的全球化，日本顺应潮流采取了减轻国民负担、规制缓和的政策。从小泉时期开始，这种趋势也逐渐影响到社会政策领域。在社会性规制领域，劳动力市场的规制缓和加剧了贫富差距，而安全规制的缓和同样对建筑领域与核电安全领域产生了影响。

（一）建筑安全规制

“杀人的不是地震，而是建筑。”这是地震灾害学中一句著名的话。2006 年 12 月 26 日，日本东京地方法院以违反建筑法、伪证等罪名判处千叶县的造假建筑设计师姐齿秀次 5 年监禁，并处 180 万日元罚金。判决书说，现年 49 岁的姐齿秀次在 2003—2005 年间，伪造了 6 座建筑的抗震数据，包括 4 幢公寓和 2 座饭店，分布在东京、神奈川县和奈良县等地。

① ［日］原正行：《全球化时代的日本经济——企业国际化视角考察》，朴松爱、何为译，东北财经大学出版社 2003 年版，第 123—124 页。

根据伪造数据建设的建筑物结构强度降低，在中等强度地震中便有倒塌可能。由于他经手的饭店、公寓遍及日本各地，这桩丑闻在日本掀起轩然大波。

作为地震多发国，全球20%强震发生在日本。而日本向来为拥有世界最先进的抗震设施和严格的审查程序而自豪。为了抵御地震的破坏，日本的高层建筑普遍采用地基地震隔绝技术，即在建筑的底部安装弹性橡胶垫，或者摩擦滑动承重座缓冲装置来缓冲地震带来的晃动，并且不使用砖结构建筑，取而代之的是辅以轻型墙面材料的钢筋混凝土结构。对于日本建筑来说，抗震并不仅仅体现在建筑材料方面，而且也体现在严格的审查程序上。根据日本《工程师执照法》规定，只有获得许可证的工程师才能设计房屋，而一个建筑工程要想获得施工许可，除了设计、图纸等文件外，还必须提交建筑抗震报告书。编制报告书的只能是一级建筑师以上的专业人士，一幢普通的公寓楼，抗震报告书也动辄上百页。在建筑过程中，开发商必须请专业监理公司进行监督，建筑完工后，公司还必须向监理公司提出申请，邀请监理公司对建筑进行抗震检测，并出具报告，确定建筑物具有报告书中所论证的抗震能力。

然而，建筑师却普遍面对削减成本的压力。2005年，在由日本国土交通省组织的听讼会上，建筑师提到了施加这种压力的一间建筑公司和两个开发商。他称该建筑公司在东京的一名部门经理要挟说："如果你不减少加固钢杆的数目，我们就换人。"而由于姐齿推出的"结构计算表"能大幅减少建筑成本，许多开发商、建筑商"慕名而来"。一些知情者说，一些开发商指名要求建筑商找姐齿设计房屋结构。

但好景不长，2005年11月，建筑师姐齿秀次因伪造《抗震强度构造计算书》而被捕。姐齿秀次承认，他的建筑设计事务所曾为东京乃至全国许多公寓和饭店伪造抗震数据。姐齿秀次的设计采用缩小柱和横梁的尺寸和强度、减少钢筋使用数量等方式减少了约10%的成本，令20多栋建筑仅能承受5级以上地震。在建筑过程中，一些开发商迫使他少用钢筋等抗震能力强的材料，而为了成功造假，他们往往选择监督比较宽松的监理公司。

这一事件在日本国内引起轩然大波，姐齿秀次获刑5年。丑闻不仅涉及姐齿秀次本人，还包括开发商、承包商和房屋设计监理公司等众多单位。事后日本政府紧急实施建筑抗震性复查，导致连续几个月未有新建筑获准开工。此后的 2006 年 10 月，日本国土交通省提交了《建筑基准法》、《建筑业法》和《建筑师法》的修正案，并推出增补条例，抗震标准一再提高。修订后的《建筑基准法》将住宅、楼房的抗震标准提高为经得住 6—7 级地震摇晃而不会坍塌，地方行政部门、消防署、警察局、广播电视局等社会服务机构必须能继续维持其使用功能；商务楼等人员密集场所要求能够经历 8 级地震不倒，使用期限能够超过 100 年。

姐齿的建筑丑闻无疑给日本社会当头一棒，显示了在建筑领域，从开发商、建筑商、设计所，到认证、咨询机构等环节都存在漏洞。而在各种漏洞的背后，对建筑行业的规制政策的缓和是其中重要因素之一。如 1999 年，日本建筑基准法被修改，放松了审查规制，对完工后的楼房进行检查的机构是民间的"指定确认检查机构"，建筑确认的一部分被民营化，民间机构的确认数量甚至超过政府部门。很难想象一个以营利为目的的民间机构，在面对建筑商和设计师的种种诱惑之下，对建筑进行检查的效果。

（二）核电安全规制

多灾多难的日本大和民族在 2011 年 3 月 11 日又遭受了一次重创，里氏 9.0 级的强震及之后的特大海啸导致重大的人员伤亡和财产损失。然而，这还仅仅是冰山一角，由地震和海啸带来的福岛核电站的核泄漏问题更是令日本和整个世界惊恐。

当出现核泄漏危机后，首相官邸、经济产业省的原子能安全委员会、东京电力公司三方进行协商，然后根据达成的协议，在东京电力主导下，以东京电力的现场本部为前线司令部，进行事故处理工作。但按照当时的《核原料、核燃料和反应堆监管法》和《核能突发应急特别处置法》，除了原则性的要求外，政府没有权限向东京电力提出更多要求。而东京电力公司始终坚持"企业利益"第一、社会责任次之的"市场逻辑"，隐瞒灾情、被动应对。东京电力公司不愿意接受政府、本国专家和外方提出的用海水灌注反应堆的意见，因为担心海水会使反应堆永久报废。在该公司看来，只有想方设法保住反应堆，才能保住其长期以来对核电站的投资。①

① 金赢：《关涉国计民生的战略行业须由国家严格掌控——日本核泄漏危机的教训与深层次矛盾分析》，《红旗文稿》2011 年第 11 期。

实际上，在“3·11”事故之前，就已经暴露出核电安全规制的缺陷。按现行日本法律，核电站的安全状况主要靠企业自查，而根据有关情况分析，日本原子能安全委员会在福岛第一核电站出事前已感到有些不对劲，但依然只能按章办事、要求东电公司自查，“确认是否已充分检查核电站设施”。2月28日东电公司向核安全院递交报告承认，没有检查核电站6个机组的33个部件。东电公司在报告中还承认，有一个配电装置11年来从未接受检查。[①] 作为负责核电安全机构的日本原子能安全委员会竟然对电力公司的核电设施没有检查权，而完全依靠企业自查，且对于违规行为没有任何强制惩罚措施，着实令人匪夷所思。

原子能安全委员会班目春树委员长认为，本次事故是人祸，是人为失误叠加影响而最终引发了这次事故。[②] 种种人为失误的根本原因在于，政府对核电进行安全规制的机构主体并不明确，且并不存在既独立于企业，又独立于政府行政部门的核安全规制机构，而作为核电监督部门的原子能安全委员会实际上是作为核能行政推行部门的经济产业省的直属机关，即作为维持和开发核电运行的机构，而非真正意义上的核电安全规制机构。

地震核泄漏事故后，对日本的社会心理方面产生强烈影响。一方面，日本民众对自然灾害的破坏力有了更深刻的认识，谋求“安心、安全”生活的愿望更强烈；另一方面，核事故使他们产生恐惧心理，要求废除核电，增加可再生能源的呼声更高。但是日本大约30%电力依靠核能发电，是继美国法国之后世界第三大核能国家，对于高度依赖核电的日本来说，零核电是一个难以为继的幻想，唯一出路就是加强核电安全规制。《读卖新闻》2013年1月发布的一项调查显示，如果政府能确保安全，日本多数建有核电站的城镇同意重新启用核电站。由此看出，日本重启核电之路，确保安全的核规制措施是关键。日本经济产业大臣枝野幸男（Yukio Edano）表示，政府会帮助建立“全世界最高水平的规制法规和灾难应急预案”，新的规制框架将确保“核电的规制者和受益者严格分开”。

---

① 金赢：《关涉国计民生的战略行业须由国家严格掌控——日本核泄漏危机的教训与深层次矛盾分析》，《红旗文稿》2011年第11期。

② ［日］竹中平藏，船桥洋一：《日本“3·11”大地震的启示——复合型灾害与危机管理》，林光江等译，新华出版社2012年版，第144页。

2012 年 6 月，日本国会参议院通过了设立“原子能规制委员会”的法案，由该机构对日本的原子能安全实施统一管理。9 月，该机构正式成立。11 月 7 日，日本原子能规制委员会决定修改现行“核电站抗震指针”，组建由地震和抗震工程学专家等组成的讨论组以制定新的核电站防震、防海啸安全标准。同时，还将成立讨论辐射伤害紧急医疗工作的小组。

2013 年 1 月 21 日，日本原子能规制委员会举行专家会议，制定了包括多项防灾措施的核电站安全新标准要点草案，以防再次发生福岛第一核电站事故那样的严重事故。此次公布的草案包括核电站的设计标准、发生超过设计标准的严重事故时如何采取救灾措施等。日本原子能规制委员会主席田中俊一（Shunichi Tanaka）在此次会议指出，新法规是日本真正开始进行核监管的开端。

但是担忧依然存在，由于旧有的核电规制机构被指与核电站运营者——电力企业形成了一种相互勾结的亲密关系，而未能采取必要措施避免类似福岛核事故的灾难发生，日本政府因此裁撤了旧的规制机关。然而新设立的监管机关已经遭到批评，首当其冲的是田中俊一，他是新机构负责制定核能政策的负责人。主张加强政府核安全规制者并不信任田中俊一，因为田中曾协助领导一个旨在增强核电产业的前政府委员会，这引发了对新规制机构会像旧机构一样宽松的担忧。

三　中产社会分化与劳动力市场规制弊端

日本企业就职员工的就业方式大致可分为正式员工和非正式员工两类，而非正式员工中又包括派遣员工、返聘员工、契约员工及各种临时工等，契约员工、派遣员工等非正式员工们的收入水平较正式员工低，而且得不到正式员工的福利和保障，尤其是 20 世纪 90 年代中后期，随着对劳动力保护的法律普遍放松，对就业中介公司的规制放宽了，对它们开放的工种也增加了，工人超时工作也得不到相关制度保障。

以劳动派遣为例，1985 年日本通过《劳动派遣法》，1986 年 7 月 1 日正式开始实施，最初的劳动派遣范围仅限于需要专门知识或特殊技能及要求特殊待遇的工作，最初的劳动派遣公司适用范围仅限于 13 种业务，而且对派遣期限也进行了严格规定。

而泡沫经济破灭后，为了摆脱萧条，提高企业竞争力，日本企业迫切需要采用能够根据实际需求灵活进行人员调整的雇佣方式。在新自由主义思想指导下，1996 年，把派遣劳动的适用范围增加到 26 种业务。1999 年政府又对《劳动派遣法》进行大规模修订，对劳动派遣的立场从“原则禁止”转向“原则自由”。修订后的《劳动派遣法》部分否定了原有概念，对劳动派遣的目的进行了调整，劳动派遣更主要地被用于企业对“劳动力临时需求”的调节，基本与临时工的概念类似，劳动派遣者开始发挥补充“边缘劳动力”数量不足的作用。另外，劳动派遣的领域也在扩大，除了公安运输、建筑、警备、医疗等业务及其他政府规定的制造业等业务是禁止的，其他业务都适用，适用范围更加自由。在派遣时间上，除了 26 种业务外，其他行业的派遣期间原则上定为一年。

2003 年，对制造业派遣解禁，派遣期限为一年；对非 26 种业务的派遣期限由一年延长至 3 年，以便使公司可以让派遣的兼职人员工作更长时间；同时进一步扩大适用范围，制造业、医疗相关业务（仅限于介绍预定派遣①）也可以雇用派遣者。② 2007 年，对制造业的派遣期限也从一年延长至三年。

通过不断修订《劳动派遣法》，日本劳动派遣人数迅速增加，从 1996 年的 72 万人，增加至 2007 年的 381 万人。③ 在对派遣劳动者的规制已经被大大放松的情况下，企业为降低派遣成本甚至还出现了用承包合同伪装劳动者雇佣。2006 年，很多制造业被揭发存在伪装承包问题，也包括公司总裁担任日本经团联会会长的佳能公司。所谓伪装承包，是指表面上签订承包合同，只提供货品，但实际上采用劳动者派遣的形式，这种形式的劳动者甚至不能享受派遣劳动者的权利。

以劳动派遣形式为代表，企业可以通过短期劳动契约获得低成本的劳动力，轻松地通过增减员工来降低企业运营成本，虽然对企业而言，存在员工缺乏归属感、缺乏企业培训而劳动效率相对较低等缺陷，但是为了降低成本，企业更愿意以短期形式的劳动契约而使用大量非正式员工。1990 年日本的非正式员工占总员工比重为 20%，而 2008 年则为 34%，即在日本的公司员工中，三个职员中就有一个是非正式员工（见图 5－2）。

---

① 指派遣公司给派遣劳动者和被派遣公司介绍工作（人员），派遣公司斡旋被派遣公司和劳动者之间的直接雇佣。

② 参见［日］武川正吾《21 世纪初日本社会政策的动向》，《社会保障研究》2007 年第 2 期。

③ 平力群：《浅析日本〈劳务派遣法〉的沿革及其影响》，《日本学刊》2009 年第 3 期。

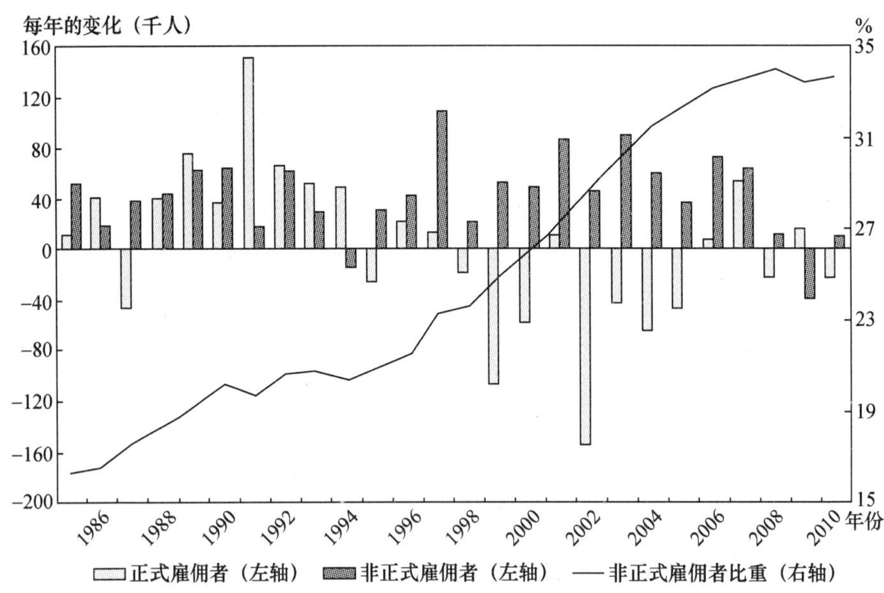

图 5-2 日本非正式雇佣者比例的上升

资料来源：Ministry of Internal Affairs and Communications, Special Survey of the Labour Force, from 1984 to 2001 and the Labour Force Survey（Detailed Tabulation）since 2002. 转引自 OECD，对日審查報告書 2011 年版，OECD，2011 年 4 月，第 25 页。

非正式员工往往比正式员工工资低、保障差，一方面加剧了正式员工和非正式员工收入差距的加剧和社会地位的不平等，另一方面由于企业往往不愿意培训非正式员工，非正式员工即使跳槽到其他企业也很难转变为正式员工，劳动力市场的规制缓和加剧收入差距的扩大（见图 5-3）。日本《每日新闻》2006 年 1 月 6 日的对受访者进行所得变动的调查中，只有 6% 的受访者认为所得差距在缩小，而有 71% 的受访者认为所得变动在扩大。

当然，劳动力市场的规制缓和不仅仅是收入差距扩大的唯一原因，新自由主义思潮引领下的其他改革行动也推波助澜。如政府更加强调个人责任，削减了对医疗服务和教育的政府支持。1997 年，医疗服务的个人承担比例由 10% 提高到 20%，2003 年又提高到 30%，同时持续地降低了支付给医疗机关的诊疗报酬。而 1989 年开始征收消费税，1997 年，桥本首相任期，将消费税从 3% 上升到 5%。相比之下，遗产税和公司税大大降低，公司税由 42% 降到 30%，边际税率由最高的 75% 降低到 37%。2012 年，野田佳彦欲以赌上政治生命为代价，谋求社会保障和税制一体化改革。在众议院全体会议上，以 363 票赞成的绝对多数通过了《社会保障和

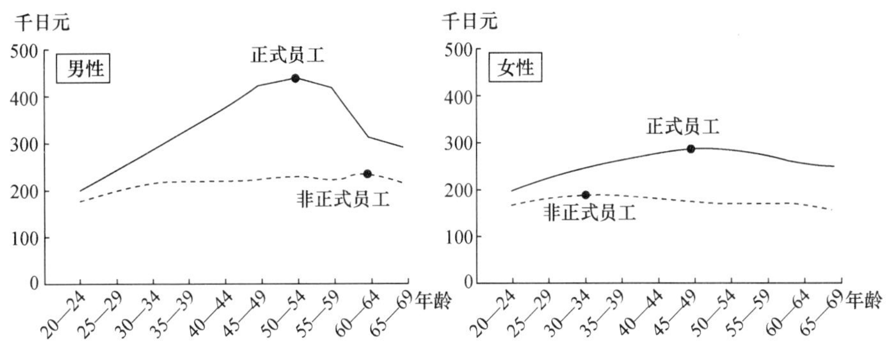

图5－3 2011年日本男性女性职工正式雇佣和非正式雇佣工资差别

资料来源：厚生劳动省賃金構造基本統計調査（全国）結果の概况，平成24年。

税制整体改革相关法案》，该法案的核心是提高消费税率，具体方案是2014年4月将消费税从5%提高至8%，2015年10月再进一步提高至10%。这种增税方案以存在养老金亏空、财政濒临破产等理由，但是提高消费税对普通消费者而言是实实在在增加负担。

若以基尼系数衡量日本贫富差距，日本的基尼系数从80年代开始就呈现出稳步提高的趋势，到2008年，虽然经过再分配的调整，但是也达到了0.376①，直奔0.4警戒线。日本21世纪的贫困率也居美国之后，排在了OECD国家的第六位，远高于OECD平均水平（见图5－4）。

表5－1 日本的基尼系数

年份	A	B	年份	A	B
1967	0.375	0.365	1990	0.433	0.364
1972	0.354	0.314	1993	0.439	0.365
1975	0.375	0.346	1996	0.441	0.361
1978	0.365	0.338	1999	0.472	0.381
1981	0.349	0.314	2002	0.498	0.381
1984	0.398	0.343	2005	0.526	0.387
1987	0.405	0.338	2008	0.532	0.376

注：A＝所得再分配前的基尼系数；B＝所得再分配后的基尼系数。

资料来源：日本厚生劳动省，所得再分配调查。http：//www.e－stat.go.jp/SG1/estat/NewList。

① 参见OECD，*Divided We Stand*：*Why Inequality Keeps Rising Figure*，OECD，2011。同年，其他国家该数值为：美国0.378，英国0.342，意大利0.337，加拿大0.324，德国0.295，法国0.293，瑞士0.261，韩国0.314。

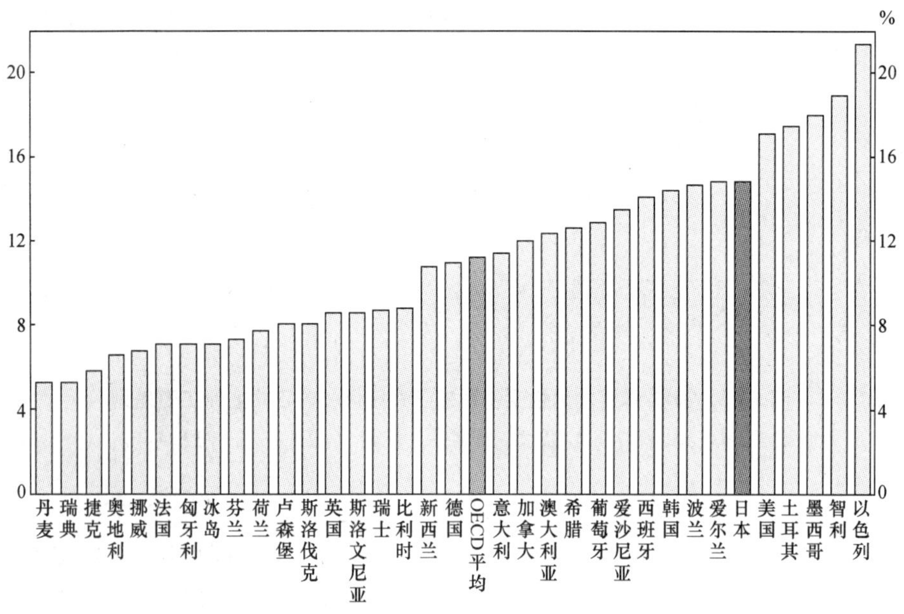

图 5-4　21 世纪前十年中叶贫困率的国际比较

注：贫困率是指那些相当于可支配收入的百分比小于 50% 总人口的中位数。

资料来源：OECD，*OECD* 对日審查報告書，2011，第 25 页。

战后长期以来，以“终身雇佣制”为三大神器之一的日本雇佣制度一直是企业稳定发展，员工感受到安全感的原因之一，是日本雇佣关系的基础。但是这种制度也存在封闭性的缺陷，因劳动力流动差，增加了企业营运成本，限制了企业调整，阻碍了产业升级。为避免这种缺陷而对劳动力市场进行规制改革，进而促进劳动力市场的活性化使雇佣形态更加灵活，吸引更多非正式劳动者的雇佣，到 2011 年，非正式雇佣员工占总雇佣者的 1/3。然而，以终身雇佣为前提的失业保险制度、政府培训制度、医疗保险制度未做出相应调整，使这类员工的权益无法得到保障。① 而且非正式员工的雇佣非常不稳定，2008—2009 年，变动工作的非正式员工占 2/3。② 这种情况又与日本社会价值观念产生了巨大的冲突。

美国自由市场经济是以个人为中心的，个人与企业作为微观经济活动

① 李博：《日本公司治理契约关系变革研究》，经济管理出版社 2011 年版，第 144 页。

② OECD，对日審查報告書，OECD，2011 年，第 25 页。

的主体在不断以追求自身效用或利润最大化为目的，企业内以工资水平或绩效当作考察员工的标准，人员流动也非常高。而日本是个单一民族的国家，单一民族具有强烈的平等观念，形成社会的均质性。社会均质性特征使企业为个人提供稳定的社会生活环境，也为每个人提供平等的升迁机会，同时形成了一亿国民皆中产的平等化社会。从古至今，渗透到日本社会深层的是“和为贵”及“共存共荣”的思想，日本文化下的企业更注重人员的稳定性及员工对作为一个整体企业绩效的关注。这种日本模式向美国以自由思想为基础的个人主义的靠拢必然会引起矛盾和冲突。与此同时，美国式市场经济的弊端也随之而来，突出表现是社会的不安定和极少数富裕阶层与大多数贫困阶层之间的两极分化。

克鲁格曼认为：美国收入不平等的根源并不是由于科技进步所带来的，而是市场制度及社会规范等带来的。“在 20 世纪三四十年代，一些限制不平等的制度和规范得到建立；从 20 世纪 70 年代开始，这些制度与规范遭到破坏，致使不平等的加剧。”[①] 日本学者中谷岩在对自己的经历进行反思时认为，以市场原理为信条的全球化资本主义隐藏着本质的缺陷：他无视社会价值，使社会丧失安全感和安心感，剥夺人与人之间的信任及和谐关系……即便新自由主义这个主张本身没有错误，但它也可能成为将差距扩大正当化的绝好“工具”。[②]《朝日新闻》社论也指出：“根据最近的民意调查显示，小泉执政五年来，认为生活水平已经改善的被调查者只有 18%，而感到生活变坏的被调查者则占 42%。”民主党党首小泽一郎指出：“因为小泉改革导致了日本社会两极分化，这是小泉改革名下推行无原则自由竞争的结果，小泉一直无视这样的理念——保护民众的安定生活是政治的重大责任。”[③]

美国式的民主主义市场经济自身也正在面临被修正的危险。美国经济社会终于开始重新探索偏重金融、缺乏伦理的市场经济模式，以及包括政府机关和民间机构分工方法在内的民主主义市场经济内在效率与公正之间矛盾的处理方法。民主主义市场经济事前平等化本身蕴藏着越平均越易引

① ［美］保罗·克鲁格曼：《一个自由主义者的良知》，刘波译，中信出版社 2012 年版，第 152 页。

② ［日］中谷岩：《资本主义为什么会自我崩溃？——新自由主义者的忏悔》，郑萍译，社会科学文献出版社 2010 年版，第 33—34 页。

③ 刘凤义：《新自由主义与日本模式的危机》，《政治经济学评论》2010 年第 2 期。

起事后不平等的可能性，其赢者通吃原则又极易引起社会不安定和破坏制度的危险，如只追求企业的短期利益而解雇大量劳动者会引起社会的不安定和贫富差距扩大，这使得缩小贫富差别，避免社会不安定因素的发生等经济效率以外的问题不得不成为政府的任务。[①] 因而，2011 年 OECD 对日审查报告书认为：劳动力市场要克服两极化，其建议的措施包括：①为了改善非正式员工收入的减少及增强对其保障。需要改变规章制度，扩大对非正式员工的社会保障制度适用范围。②为了便于非正式职工过渡成为正式职工，加大对其培训和辅导，提高非正式职工的人力资本和就业的可能性。③防止对非正式职工的歧视。④不要增加非正式职工的聘任，降低正式职工的雇佣保护措施，提高公司聘任的灵活性。可见，规制改革的方向不再遵循单一的减少限制的自由主义原则，而是增加了对人的关爱，对生活安心的追求。

第二节　规制改革的表现

一　规制改革影响力下降

2009 年年初，美国次贷危机的破坏力继续持续。麻生太郎上台后表示要分三个阶段恢复日本的经济：第一阶段是实施此前政府提出的“综合经济对策”，以刺激经济发展；第二阶段是在确保日本经济持续稳定繁荣的前提下实现财政重建；第三阶段是以改革促进经济增长，改革税制和各种规制措施。麻生太郎的内政方针释放了一个信号：把改革置于第三阶段，从改革优先转变为景气优先。这与小泉时期“没有改革就没有增长”，大规模的推行结构改革形成反差。这种转变除了与受次贷危机影响而备受拖累之外，还有另外一方面的因素：日本长期存在景气优先和改革优先的争论。由于日本经济从 90 年代以来一直处于低迷状态，经济持续负增长，财政赤字没有好转。而小泉的结构性改革在短期内有明显的反增长特征，尤其是导致财政赤字规模日趋扩大。同时，改革是个中长期的课题，改革意味着破旧立新，而这个过程会对近期景气产生负面影响，又会

① ［日］原正行：《全球化时代的日本经济——企业国际化视角考察》，朴松爱、何为译，东北财经大学出版社 2003 年版，第 127 页。

触碰既得利益格局。而短期利益和局部利益比长期利益、全局利益更能直接触及当事人的现实利害关系，因而作为中长期课题的规制改革被置于政府刺激经济增长的短期目标之后。

2010 年 6 月 18 日，菅直人内阁时期的日本内阁会议通过了日本“新增长战略”。“新增长战略”认为，日本政府要走“第三条道路”来刺激经济增长。第一条道路是通过发行国债筹集资金，然后将其用于公共事业，来保障就业增加消费，即通过刺激需求来实现经济增长。第二条道路是通过放松规制和结构改革，提高企业经营效率，从而实现经济的健康，即通过供给来刺激经济增长。而第三条道路则是通过增税，将税金集中使用于医疗、社会保障、环境保护等领域，从而保障就业和收入增长。“新增长战略”主要包括两个方面：一是提高税率，主要是消费税；二是在社会保障等公共事业领域扩大支出，主要包括运输部门、原子能领域、养老金医疗护理领域、亚洲战略、观光立国、科技信息通信立国战略、就业与人才、金融等领域。[①] 从日本的“新增长战略”可以看到，这一时期的日本政府不仅放弃了凯恩斯主义的刺激经济的方案，也放弃了自由主义主导下通过推动规制改革，提高企业效率而拉动经济增长的方案，而是转向了“第三条道路”。

2010 年 3 月 30 日内阁决议决定，将 2007 年 1 月 23 日根据内阁决议成立的，需由总理和官房长官成员出席的规制改革推进总部，于 2010 年 4 月 1 日废止。之后，把对规制问题的探讨重新置于行政刷新会议之下，改名为规制 · 制度改革分科会。行政刷新会议是从国民视角对涉及国家预算和规制等问题行政部门进行审查，主要包括削减支出避免浪费、规制制度改革、行政机关的效率和公共服务公益法人改革四个部分。把原本置于内阁府的规制改革推进总部现置于内阁府下的行政刷新会议之下，而且总理大臣也不再亲自出任部长，从某种意义上看，相对于小泉时期，这是对规制问题重视程度的弱化，小泉时代推进新自由主义改革的经济财政咨询会议和规制改革委员会的存在感和影响力急速下降。

---

① 王洛林、张宇燕主编：《世界经济形式分析与预测黄皮书》，社会科学文献出版社 2011 年版，第 72—73 页。

表 5 - 2　　日本规制缓和（改革）推进会议

时　间	机　构
1982 年 3 月	第二次临时行政调查会（土光临调）
1989 年 12 月	内阁制定"规制缓和推进纲要"
1993 年 12 月	经济改革研究会平岩报告
1995 年 4 月	行政改革委员会下设规制缓和小委员会
1998 年 4 月至 2001 年 3 月	行政改革推进本部 · 规制缓和（改革）委员会
2001 年 1 月至 2004 年 3 月	规制改革委员会
2004 年 4 月至 2007 年 1 月	规制改革推进委员会
2007 年 1 月至 2010 年 3 月	规制改革会议
2010 年 3 月至 2012 年 12 月	行政刷新会议中的规制 · 制度改革分科会
2013 年 1 月至今	规制改革会议

二　重新审视规制改革目标

2006 年 9 月 26 日，小泉下台，安倍晋三第一次组阁。安倍虽然继承了小泉时期的经济政策，但是从某种程度上看，安倍时期的新自由主义改革派的影响力在急速下降，安倍承认"小泉首相是烈性药，而我是中药"。对规制改革问题，他认为："规制改革中也有应该保留下来的东西。"① 而到底该保留的是什么，短命的安倍政府并没有给出明确答案。

2008 年 1 月，鉴于养老金记录存在疏漏以及伪造食品标记等问题相继曝光，时任日本首相的福田康夫在演说中表示，要使当年成为向"生活者和消费者为主角的社会"转换的元年，把"行政和财政转为面向国民的政治"，"给年轻人以希望，给老年人以安心"。然而，共产党委员长志位和夫提到福田的口号"给年轻人以希望，给老年人以安心"，强调"是什么剥夺了希望和安心呢？演说未对此进行分析，也没有提出解决方案"。也就是说，虽然到福田康夫时期，已经认识到生活者和消费者问题，但对于规制改革的目标和具体行动依旧非常模糊。

2009 年 9 月政策倾向偏左的民主党执政，鸠山出任首相，至此结束了自民党战后的 55 体制。他在 2010 年的施政演说中指出：日本以出

① ［日］二木立：《小泉和安倍政权的医疗改革——新自由主义改革的登场和挫折》，《社会保障研究》2007 年第 2 期。

口为导向的传统增长战略已经失效，将把国内需求作为经济增长战略的中心。要控制“没有道德的商业”和“不劳而获的财富”的过度发展，重新实现经济发展为人的幸福服务，而不是从属于经济发展。[①] 同时，推进温室气体减排的“绿色革新”，将充实医疗、护理事业推进“生活革新”、创造新工作岗位、增加为健康长寿社会做贡献的机会，等等。可见，危机后的日本更加注重民生，加大对弱势群体、社会福利和个人消费方面的投资，从供给调节型转化为需求调节型政策。

规制改革的目标在悄然发生转变。2010 年 2 月 19 日召开的第六次规制改革会议上，日本经济产业大臣，时任行政刷新担当大臣的枝野幸男在会上发言说，规制方式应按照时代要求进行，规制改革不仅仅是简单地消除规制，应该在明确的规则基础上进行调节。日本的规制改革重新找到目标。

由日本内阁副大臣大塚耕平出任会长的规制·制度改革分科会于 2010 年 6 月 15 日发布了第一次报告书。[②] 报告书指出：2010 年 3 月 29 日成立的规制·制度改革分科会的基本目的并不是要指出问题所在和需要重新审视的地方，而是为了改变日本社会的闭塞感、国民生活的不安、经济活动的停滞等问题，希望社会全体向着好的方向发展，社会充满生机活力。规制或规制缓和本身并不是目的，要保证规制这种手段和目的之间的整合性和合理性。规制与制度的目的是为了保证国民生活安全性、便利性、向上性，推进民间经济活力而制定的，规制是为了实现政策目的而采取的手段。具体而言，改革从如下视角展开：一是从需求者（消费者）角度看，是否存在妨碍提供多样的高品质服务的不合理规制；二是从供给者（生产者）角度看，是否存在妨碍新企业者的参与和影响企业创新的不合理规制；三是关于许可和各种申请等诸多手续，是否给国民增加负担、产生无效率行政行为等不合理规制；四是是否存在损害国民利益，为了特定利益者而存在的不合理规制。

与此同时，确定了规制改革的四项基本原则：一是相匹配原则，已经经过一定年限的规制，必须对其进行是否需要继续或者改革的讨论；二是合理性原则，有些规制是对特定政策目标所采取的手段，在这种情

① 刘凤义：《新自由主义与日本模式的危机》，《政治经济学评论》2010 年第 2 期。

② 参见規制·制度改革に関する分科会，規制·制度改革に関する分科会第一次報告書，規制·制度改革に関する分科会，平成 22 年 6 月 15 日。

况下要保证目的和手段的合理性；三是网状利益原则，所有政策都有正面和负面两个方面，要对规制的正反两方面进行综合评价，以确保多方利益的实现，如果规制内容未能确保多方利益的实现，则说明现存的制度缺乏继续存在的合理性；四是国际标准原则，各种规制和制度，如果有明确的国际标准规格或内容，则按照其规定进行。但是要充分斟酌国情，以国际标准名义来实现特定利益团体利益的情况也存在，因而要兼顾合理性原则和网状利益原则。

三　为民生谋利：安心、安全

由日本内阁副大臣大塚耕平出任会长的规制·制度改革分科会于2010年6月15日发布了第一次报告书。报告书中指出了规制改革本身并不是改革的目的，而改革的目的是为了保证国民生活安全性、便利性、向上性，缓解国民生活的不安感和社会的闭塞感，而规制政策只是为了实现政策目的而采取的手段。报告书展望了下一步改革的方向，认为改革应主要集中于环境、民生和农业三方面。

其一，在环境领域，提出的口号是“绿色改革”，对于环境友好型资源利用方面的规制和制度进行重新审视。规制改革的主要目的，一是削减温室气体，二是通过环境政策和环境技术的提高强化日本产业竞争力。包括可再生能源的引入促进、构建智能社区、森林林业再生、住宅建筑领域的节能、废物回收促进这五大领域，从应对地球环境问题及与环境相关联市场的发展和新市场的开拓等角度出发来探讨现有规制（详见附录一）。

其二，在民生领域，规制改革从加强国民的安心放心、加强国民的便利性及促进经济增长两个方面来考虑（详见附录二）。民生改革的基本方针包括：

（1）促进思维的转换：从供给者角度转换到消费者角度，确保医疗患者的选择；从集权中央到放权地方，推进与地方情况相符合的医疗；从事前规制转变为事后行政检查。

（2）促进医疗公开的实现：促进高透明性的医疗和护理、促进医疗的全球一体化、促进个性化医疗。

（3）强化医疗的产业竞争力，增加附加值：通过改革强化国际竞争力，通过企业的锐意创新提供服务，通过协助、合作、自律推进医疗和护理。

其三，在农业领域，在加强日本农业产业化建设的同时，提供放心安心的食品、提高粮食自给率，并对现存的农业生产法人和农地制度进行切实改革，另外报告认为农协系统及相关金融机构的改革也有很大余地。

日本规制·制度改革分科会于2011年7月21日发布了第二次报告书（详见附录三）。第二次报告书延续了第一次报告书的风格，仍然以绿色革命、民生改革和农业为主，为日本居民谋求安心安全的生活为导向，同时也包含了人才、金融、物流、IT、住宅等领域，共计186项措施。

规制·制度改革分科会的两次报告蕴含着规制改革风向的变化——从一味追随美国新自由主义的规制政策转向以日本本土文化为基础的寻求人民安心安全的改革。实际上，日本国内长期存在着这样的争论。一方面认为，日本的经济体系直到现在也没有从根本上得到改变，还残存规制过多、创新不足等在赶超欧美过程中产生的负面遗产，这对日本的进一步发展形成制度上障碍；另一方面认为，日本不应该将美国式的自由经济作为发展目标，即使引入了自由市场的经济体制，也必须冒着试错的风险而小心翼翼地摸索前进，不应该放弃日本培养出来的优点，即长期志向、团队精神、效率与公正的平衡杆等特质。① 而在美国次贷危机与东日本大地震之后，这种争论似乎发生了朝着日本本土文化方向的偏移。如日本学者原正行所说：无论哪个国家都有不同于其他国家的、基于自己历史、文化和传统的社会经济体制，如果要求所有国家迎合自己的规则，这类似于强迫全世界的人都去适应那无味的美国饮食文化。文化的多元性是人类不可替代的最宝贵的财富，因而应该承认以此为基础的社会经济体制的多样性。② 日本也正向着自己的文化与传统回归，尊重自然、安心放心、平等和谐。

第三节　小结

2007年美国次贷危机的爆发使人们意识到新自由主义主导下的资本主义经济就像一匹脱缰的野马，日本人也开始反思新自由主义改革带来的

---

① ［日］大野健一：《从江户到平成——解密日本经济发展之路》，臧馨、臧兴远译，中信出版社2006年版，第168页。

② ［日］原正行：《全球化时代的日本经济——企业国际化视角考察》，朴松爱、何为译，东北财经大学出版社2003年版，第126页。

负面效果，新自由主义不但没有帮助日本走出失去十年的困境，反而拖累迈入了失去的20年，甚至是30年。日本学者金胜子把日本一味地模仿美国主流经济学的状况称为“主体性丧失综合征”①，认为日本已经不是原来的日本。在不断的反思与修正过程中，源起于80年代的规制缓和政策也因此而转变了方向，从一味追随美国的改革到适合于本土经济社会特点的改革，从制度的供给方转向了制度的需求方。归纳起来，这一时期的改革有如下特征：

一 新自由主义在日本的反思

克鲁格曼曾说，我们很难断言新自由主义经济管理模式对于发展的正面效应或是负面效应，在欧美它是积极的，在苏联和南美它是消极的，在日本是肯定后的反思。② 这种反思是源于日本模式显著不同于欧美国家的特征：在生产力层面，在积极学习欧美先进技术与管理经验的同时注重技术和管理的创新，并形成国际竞争力；在生产关系层面，企业间的集团化与系列化和企业内部独特的劳资关系形成了企业与企业、企业与员工之间的长期相互依赖关系；在文化传统层面，“论语+算盘”形象体现了在追求经济效益的同时，对诚信、合作、集体主义的追求；在政企关系层面，形成了以独特的行政指导为基础形成的相互依赖与妥协的长期稳定关系。因而这样模式的合理内核在于：它通过一种特殊的社会结构，把市场经济纳入政府、企业、劳动者共同协作的创新与竞争模式之中。日本企业的创新力和竞争力使人们认识到，合理的政府干预、团队精神下的创新与竞争，比纯粹原子式的个人主义竞争更符合现代社会复杂的生产体制。③ 日本模式显著不同于欧美的特征使得适用于美国的发展模式到了日本呈现出排斥，日本人高呼要做真正日本人的日本，停止仿效美国的盎格鲁—撒克逊模式。

二 规制改革的影响力在下降

在日本，规制改革影响力下降主要表现在规制机构设置和规制改革数量两个方面。

---

① ［日］金子胜：《经济全球化与市场战略——市场原理主义的批判》，胡靖译，中国人民大学出版社2002年版，第26页。

② 巩晓悦、宋敏、王海祥：《行业体制改革的普适性新解——新自由主义的悖论》，《云南财经大学学报》2011年第5期。

③ 刘凤义：《新自由主义与日本模式的危机》，《政治经济学评论》2010年第2期。

从规制机构设置看。2010 年取消原来的规制改革会议，而成立规制·制度改革分科会，置于行政刷新会议之下，并且担任规制·制度改革分科会会长的是日本内阁的副大臣大塚耕平。而小泉内阁时期，小泉本人亲自担当结构改革特区本部部长，且规制改革推进总部直属内阁，规制改革委员会也要求内阁各大臣出席。前后机构的设置状况形成了鲜明对比。

从规制改革数量看。1995 年 3 月推出的规制缓和数量为 1091 项，2000 年为 1268 项，而 2011 年的报告书中总计数量为 186 项，规制改革计划数量逐渐下降。2011 年 9 月 20 日，日本经团联的 111 个会员企业及团体提出了 648 项建议，建议涉及了 12 个领域的 174 个项目（见表 5－3）。而相对于 2007 年而言，无论是参加调查的企业数量、收到的建议数量还是要求规制改革的数量都在下降。

表 5－3　　　2011 年日本经团联建议规制改革项目与数量

项　目	数量	项　目	数量
1. 土地·房屋·都市重建·旅游	35	7. 广播信息和通信	18
2. 运输·流通	34	8. 金融·保险·证券	4
3. 农业·食品	4	9. 雇佣·劳动	12
4. 废物处理和回收	20	10. 进出口贸易·国际合作·基础设施出口	7
5. 有害物质·安全和灾害预防	2	11. 外国人才	4
6. 能源	13	12. 其他	21

资料来源：日本经团联网站（http：//www. keidanren. or. jp/policy/2011/088. html#01）。

表 5－4　　　日本经团联规制建议调查结果的项目数

	2007 年	2008 年	2009 年	2010 年	2011 年
参加调查的企业或团体数量	137	114	162	106	111
收到的建议请求数量（包括重复的）	717	635	885	530	648
被编译之后的要求规制改革数量	212	152	162	208	174

资料来源：日本经团联网站（http：//www. keidanren. or. jp/policy/2011/088. html#01）。

三　从制度供给转向制度需求

规制问题的本质是制度问题，在 OECD 对规制的解释中，直接把其解释为“规章、制度”。被纳入生产要素一部分的制度与其他要素一样，在均衡的分析框架下，制度存在制度需求与制度供给。制度的供给就是制度的产生，规制作为一种政府实施的正式制度，对社会成员具有约束力，有利的制度安排可以大大提高社会收益而降低社会成本；制度的需求是因为制度可以提供稳定和秩序，给人们提供便利、防范风险、减少不确定性。而当制度需求和制度供给达到一种相对静止的、不再变动的、制度的供给和需求相适应的状态时，制度就实现了瞬时均衡。卢现祥认为，"所谓制度均衡，就是人们对既定制度安排和制度结构的一种满足状态或满意状态，因而无意也无力改变现行制度。"① 然而，制度均衡只是一种理性状态，实际状态往往是非均衡状态，制度供给相对于制度需求而言有可能过剩，也有可能不足。当一些过时的制度及无效的制度仍然发挥作用的时候，制度过剩就出现了。制度供给的过剩可能是由于各利益集团对制度的需求及以此衍生出的创租抽租现象，也可能是出于政府干预政策的延续性。制度供给过剩现象在强制性制度变迁中尤其明显，而源起于 20 世纪 80 年代的各国的规制缓和及规制改革措施就是通过政府作用减少制度供给过剩，此时的规制往往是无效率的。斯蒂格勒认为，管制并不是政府出于公共需要而进行的有效的干预，而是行业中的厂商为了谋取利益的一种努力。因此，减少规制、缓和规制，减少政府的干预成为从供给方平衡制度均衡的一种有效手段。

然而规制缓和及改革并没有给日本经济带来明显效果。随着日本经济的继续长期低迷，首相频繁更换，日本国民的闭塞感和漂流感倍增。尤其是次贷危机之后，日本也开始对新自由主义主导下的制度供给进行反思。规制制度的供给是否过剩？日本模仿欧美的规制改革而进行的制度移植对日本社会到底产生了怎样的影响？现有的规制政策是否适合日本经济社会？出于这样的考虑，规制改革的思路也在发生变化，规制改革的目的并不是为了改革而改革，其最终的目的是人民获得安全感和安心感，因而规制改革不再仅仅是从制度供给方进行考虑，而是立足于制度需求方，从居民安心和安全感的立场考虑提升规制质量。

四　地震、经济危机等外部因素冲击了制度变迁，改变了制度变迁的路径

发生于美国的次贷危机和波及全球的金融经济危机同样给世界经济带

---

① 卢现祥：《新制度经济学》第二版，武汉大学出版社 2011 年版，第 180 页。

来了近似毁灭性打击，就连声称是金融体系最发达、主宰全球经济的美国都未能幸免。而日本的“3 · 11”大地震实在威力惊人，远远超过最初的预期，就连日本这样一个地震预报和防震技术如此先进的国家都没能躲过这次灾难。一个是经济危机，另一个是自然灾害，但二者都有一个相似之处，就是它们都是史上最大规模的，并且共同推动，带来了规制制度的变迁。

2011 年，日本经团联以《建立“新生日本”的基础构架》为题对规制改革提出了建议。该机构认为，日本大地震之后，为了克服地震带来的影响而需要民间力量以创造一个“新生日本”。应该通过改善企业经营环境、鼓励私人部门发展、促进民间活力、创造更多地适应市场的附加值高的产品。然而，原有的规制 · 制度抑制了新兴产业新商业活动，成为高行政成本和低效率的“温床”。政府于 2010 年 3 月设立的行政改革会议——规制 · 制度改革分科会以来，全体国民的规制 · 制度改革充分考虑“国民的声音”，私人部门专家与政治领导者一同探讨并积极推动规制改革。今后，行政刷新会议中的规制 · 制度改革分科会，在地震重建区域全面大胆地审查，根据现行的规制 · 制度要推进规制改革的强劲需求。① 可见，小泉之后的日本规制改革更加注重国民的声音，考虑规制制度是否迎合了人民的需求，制度变迁轨迹发生了变化。

“战争、革命、政府以及自然灾害都会导致不连续的制度变迁……所谓不连续的变迁，我指的是正式规则的剧烈变动。”② 诺思认为，当正式规则变动之后，非正式规则却没有发生变化，正式制度的变化可能忽略了非正式制度之基础的根深蒂固的文化继承因素，因而暴力、战争、自然因素等制度变迁要受非制度因素的制约，最终所形成的均衡状态往往“不是那么革命”。而在本书的日本规制制度演进过程中，经济危机与自然灾害同样带来了规制制度这种正式制度的变迁，在外在因素冲击下，正式制度的变迁轨迹似乎发生了向日本本土文化的偏移，即外在因素冲击下的正式制度变迁轨迹正沿着非正式制度进行修正。

---

① 日本经团联网站（http：//www. keidanren. or. jp/policy/2011/088. html#01）。

② ［美］道格拉斯 · C. 诺思：《制度、制度变迁与经济绩效》，杭行译，生活 · 读书 · 新知三联书店 2008 年版，第 122—123 页。

第六章　日本经验与中国借鉴

通过实证分析本书得到一些结论，并在结论基础上，结合中国规制改革实践得到对中国的启示。

第一节　日本的经验

本书通过对规制政策演进的日本经验的研究，得到如下启示：

第一，市场与政府之间的选择是复杂的，它并不是一个单纯的选择问题，而是一个程度问题。我们很难在市场与政府之间做出公正的比较与选择，因为它们之间的选择没有普遍适用的公式。在一个复杂的工业社会中，完全自由是不可能的，传统的自由放任从来就没有存在过，那是一种子虚乌有的经济原则。同时，政府也并不是凌驾于市场之上的，它是直接渗透在市场经济结构之中的。所以，价格或者简单的市场交易并不是唯一的有效配置资源的手段，自由化并不意味着国家控制经济的终结，而只是政府控制的重构，而国家干预也仅仅是各种可供选择的资源配置手段之一。

第二，新自由主义指导下的规制的缓和并不是规制改革的全部。规制改革的概念在过去十年已经发生了变化，这种变化也体现在原则名称的变化中。20 世纪 90 年代之前的重点是采取步骤缩小政府的规模和规制缓和，其措施经常是单一性的。而这种孤立的努力不能够代替连续的、整个政府范围内的措施，取消不必要的规制仍然是重要的，但是，这并不是规制改革的全部。而规制治理结构的建立和规制质量的提升，以及为民生的安心、安全谋利的规制改革概括了这个动态的、持续的、整个政府范围内实施方式的变化。

第三，从日本规制改革的时序性来看，是以产权结构改制为先，从经济性规制改革到社会性规制改革。公有企业不存在真正的政府规制问题，伴随日本三公民营化，政府开始对民营企业进行规制重构与规制缓和，并且主要集中于如电信、电力、交通运输等经济性规制改革领域。进入 90 年代之后，规制改革领域拓展到社会性领域，如育儿、医药、环境、劳动力市场等。

第四，规制改革通常需要强化反垄断控制。日本经济高速增长期的规制政策主要侧重于保护和扶持国内产业、促进工业振兴和经济发展，以实现赶超欧美的目标，禁止垄断法的作用相对弱化。而当规制改革弱化了政府对微观经济的控制，因而需要增强竞争政策的力度。否则，宽松的反垄断政策能够很快带来恢复垄断势力的合并高潮。正如威廉 · G. 谢泼德所言：废除规制的过程要求依赖复杂的新型反垄断技巧，而不是天真地废止旧的规制后退隐。

第五，应根据国情建立“独立”规制机构。无论是成熟经济体还是转型经济体，规制机构的基准就是形成独立的规制者。建立独立规制机构的原因是保护市场免受政治和私人利益的干预，建立独立的规制机构能够在提高规制效率上提供巨大潜力，独立的规制机构也为政策制定者和生产性资产所有者提供必要的机构支持。对于规制机构应独立于被规制企业这种观点是被普遍认可的，然而，对于规制机构是否独立于政府，在不同国家存在争议与实践差异。一个官僚制的国家中，很难建立起独立于政府的规制者，因而应根据本国国情和经济发展阶段建立规制机构，不能强求统一化。

第六，从促进供给方的规制政策到迎合需求方的规制政策。规制改革本质上是促进制度供给方的改革，规制改革的最初目的正是要把经济增长模式从国家带动型转变为市场带动型。然而，出于这一目的的规制改革不仅没有带动经济增长，反而产生了很多负面的社会影响，因而规制改革正寻求一种转变，通过规制需求方的改革以刺激竞争成为有效经济政策的核心。

第二节　对中国的借鉴

一　中国政府规制改革现状

可以从规制机构、规制程序与规制政策三方面考察中国政府规制改革现状。

（一）规制机构改革

中国规制改革的起源可追溯到20世纪90年代末启动的行政改革，政府逐步设定经济规制并引导市场活力，通过规制机构、委员会和行政程序来保持一个正常的国家和市场之间的关系。这个新的系统不同于以往的政党和政府通过指令、控制监管及国有大企业来干预经济，这标志着政府与市场之间边界定义的根本转变。①

最初的规制改革以裁员为特征。1997年，国务院由40个部委的36000名员工组成，并且每个单位拥有8万—10万名员工在事业单位，大多数实际是半行政状态，总计3860万人享受国家预算，包括800万政府工作人员和3000万公共部门雇员。在压缩这个巨型官僚机构的同时，市场化改革继续扩展。

政府意识到一个有效的官僚机构能够转向经济现代化，因而到1998年，无论是裁员还是制度改革的步伐明显加快。1998年改革的目的是为了简化行政机构并遏制官僚作风。1998年的政府重组计划把中央政府部门从40个减少到29个，人员削减近一半。这次重组影响了工业部门，国家经贸委作为中央计划的遗留，继续控制和规制国有企业，许多部门被国家经贸委监督。1998年的改革也导致规制机构数量上的增加，包括国家发展和规划委员会（负责监督基础设施行业）和国家经贸委（负责工业规划和规制投资）。之后的1999年，为与中央层面的改革相匹配，中央政府开始正式促进地方政府改革。

1998年改革的主要问题是废除工业管理和剥离国有企业，促进相对中立的规制及对众多国有企业保持适当和有效的规制，然而对国有企业众多缤纷的规制引起了对规制简化的要求。2003年春天，国务院宣布新一轮行政改革，大部分机构受到影响，同时在银行业、食品和药品、工作场所安全的规制被提升到更高的或独立的地位。2003年改革最突出的部分是已经作为国务院最出名的经济治理机构国家经贸委的解体，国家经贸委规制国有企业的职能被一个新设立的国有资产监督管理委员会（简称国资委）所替代。国资委的宗旨是促进国有企业的战略重组，进一步分离政府所有权，分离政府企业和管理。国资委被授权起草法律，规制相关的

① OECD, *Regulatory Reform Review of China—Part 2 Regulatory Governance in China*, OECD Conference Center, 2008.

国有资产，提供指导和监督，照顾国有企业或控制地方当局。

虽然国家经贸委转变成了国资委，国家经贸委对工业的重要政策及规制职能却赋予国家发展和计划委员会，后改名为国家发展和改革委员会（简称发改委）。发改委成立的目的是促进决策和执行的一致性，与国资委照顾国家重点企业相比，发改委正在向更加公平的政策和规制职能转变，制定政策与策略、移除计划、使用市场化的机制，而不是依赖批准、许可和微观干预。①

规制改革的另一个领域是贸易领域。2003 年的改革合并的外贸部和国家经贸委及国家发展和计划委员会的某些部门，重组为商务部，对贸易提供一个更加统一的规制方式，促进中国作为 WTO 成员国的合规。

在努力提高官员能力的同时，国务院将注意力放在了建立新的规制机构，涌现出“独立”的行业规制机构。从 1992 年开始，中国成立的关键基础设施行业的规制机构包括 1992 年证券业成立的中国证券监督管理委员会、1997 年成立的信息产业部、1998 年的中国保险监督管理委员会、2002 年成立的民用航空总局、2003 年成立的国家电力监管委员会、2003 年成立的中国银行业监督管理委员会。

2008 年的改革是建立一系列“超级部”。2008 年 3 月进行了制度重组，建立了五个“超级部委”——工业与信息化部、人力资源和社会保障部、环境保护部、城乡住房和交通运输部、一个部级的能源委员会。这次重组包括 15 个政府部门，把国务院部委从 28 个减少至 27 个。

1998—2008 年进行的行政改革重塑政府，体现在废除工业部门和建立规制机构。政府结构及职能的调整连同国有企业共同定义了政府与市场的边界问题。与此同时，意料不到的危机也在帮助塑造规制政策，“非典”危机、三聚氰胺等食品药品安全危机都促进中国规制体系的发展。

表 6-1　　　　中国集中化的规制机构

机构名称	是否集中化管理	职能的形成	起始时间
国家工商总局	是	副省级单位	1999
金融服务与产品（保险、银行和证券市场）	是	按区域划分分支机构	1998

① OECD, *Regulatory Reform Review of China—Part 2 Regulatory Governance in China*, OECD Conference Center, 2008.

续表

机构名称	是否集中化管理	职能的形成	起始时间
产品质量与安全（国家质量监督检验总局）	是	副省级单位	2000
环境保护（国家环境保护总局/中华人民共和国环境保护部）	否	区域办公、监督与检测	2006
国有土地	是	副省级单位、区域办公	2004
统计	是	所有调查队、数据收集和汇报	2004
食品和药品（国家食品药品监督管理局）	是	副省级单位	2000
职业安全（国家煤矿安全监察局）	部分	煤矿安全规制	2005
公共健康（中华人民共和国卫生部）	否	—	—
国家审计	否	—	—

资料来源：OECD，*Regulatory Reform Review of China—Part 2 Regulatory Governance in China*，OECD Conference Center，2008，p. 12.

2013 年 3 月 10 日，中国新一轮机构改革启动①，国务院除办公厅外，组成部门将减至 25 个，减少了 4 个正部级机构。此次机构改革将继续“大部制”，但侧重转变政府职能以及理顺内部关系，而非单纯的部门合并。其中，十分引人注目的进展包括：

将实行铁路政企分开，取消铁道部，组建国家铁路局和中国铁路总公司。组建国家铁路局，将原铁道部拟订铁路发展规划和政策的行政职责划入交通运输部，负责拟订铁路技术标准，监督管理铁路安全生产、运输服务质量和铁路工程质量等；组建中国铁路总公司，承担原铁道部的企业职责，负责铁路运输统一调度指挥，经营铁路客货运输业务，承担专运、特运任务，负责铁路建设，承担铁路安全生产主体责任等。由交通运输部承担铁路管理职责，中国铁路总公司承担铁路企业职责，这一改革是政企分离的重大举措。

由于毒馒头、毒豆芽、毒胶囊等食品药品安全规制问题的爆发，食品药品领域组建国家食品药品监督管理总局。保留国务院食品安全委员会，具体工作由国家食品药品监督管理总局承担。方案提出，将食品安全办的

① 参见新华网，http：//news. xinhuanet. com/yzyd/local/20130313/c_ 115009193. htm。

职责、食品药品监管局的职责、质检总局的生产环节食品安全监督管理职责、工商总局的流通环节食品安全监督管理职责整合，组建国家食品药品监督管理总局。主要职责是对生产、流通、消费环节的食品安全和药品的安全性、有效性实施统一监督管理等。“国家食品药品监督管理局”名称变为“国家食品药品监督管理总局”，不仅仅是一字之差，更代表政府对这一领域的重视程度。各机构的职能合并也有利于确保重大食品安全问题发生时，各部门不相互推诿扯皮推卸责任。

将原国家能源局、国家电力监管委员会职责整合，重新组建国家能源局，继续由国家发展和改革委员会管理。国家能源局的主要职责是，拟订并组织实施能源发展战略、规划和政策，研究提出能源体制改革建议，负责能源监督管理等。同时不再保留国家电力监管委员会。

应该说，此次政府机构改革从政府规制角度看，有进步也有倒退。进步的方面表现在铁路行业的政企分离和强化对食品药品安全监督的责任，而倒退则表现在强化了发改委的权限，而取消了相对独立的规制机构——电监会，形成了完全的政监合一模式。

（二）规制程序改革

1. 使用公共咨询程序

许多 OECD 国家使用公共咨询以提高规制质量，保证公民和企业利益。当前，中国公共咨询被纳入行政法规制定程序条例和规则制定程序条例。在规制的起草阶段，其主要咨询方式包括研讨会、小组讨论和听证会。对于涉及公民的切身利益且存在巨大分歧的，必须准备听证会并公开结果。规制制定程序条例设置了举行一个开放的听证会的四个程序：起草单位应当将时间、地点、内容在听证会前 30 天公布于众；相关部门、组织和公民有权参加听证会并质疑和表达意见；记录听证会上发言者的意见及原因，准确的建议应采纳；起草单位应当仔细学习听证会意见，起草的规制在提交批准之时应阐明听证会上的不同观点，并且提出如何达成和解来解决分歧。

2. 开放获取政府信息

《政府信息公开条例》标志中国政府的运作和信息向更加透明转变，这一法规提供了中国第一个全国性的政府信息公开制度的法律依据。此外，在单一的法律体系下，《政府信息公开条例》不仅适用于中央政府，还将信息披露义务向下延伸至省、市、县、乡，至最基层的政府。《政府信息公开条例》的目的是保证能够根据法律获取政府信息，增强政府工作的透明度，促进依法行政，使政府信息用于服务生产、生活及社会经济活动。人们可以通过两种渠道去获取政府信息：一是政府机构主动发布信息；二是应要求在15—30个工作日内披露信息。《政府信息公开条例》规定的政府机构主动公开信息可通过如下方式，如通过官方网站传播信息、政府公报、新闻会议和广播媒体、社区公报版、档案馆的阅览室、公共图书馆、社区中心和政府机构。公民和媒体能够利用信息更好理解和监督政府，更有效从事经济活动。

（三）规制政策改革

除了政府规制机构与规制程序改革外，为提高政府规制效率，政府进行了规制政策改革。在从计划经济向市场经济转轨过程中，中国规制改革与行政改革同步，而行政审批本质就是政府各种规制政策的总称。市场经济本质是契约经济，是资源配置的基本方式。然而，大量行政审批的存在使政府参与了很多本应属于市场决定的事项，市场配置资源变成了政府决定资源的投向和对象，从而造成了资源的错配。同时，政府掌握大量审批权并缺乏约束和监督情况下，政府“寻租”空间被拓展，这无疑会影响市场的活力，影响创业的热情。2001年，据有关部门初步统计，国务院有审批权的60多个部门共有行政审批权近4000项，各级省政府一般也有2000项左右。这些审批事项形式多样，名称不一，有批准、核准、审核、同意、注册、许可、认证、鉴定、核定等。① 经严格审核与论证，国务院于2002年10月、2003年2月、2004年5月、2007年10月、2010年10月、2012年8月分六批共取消和调整了2497项行政审批项目，占原有审批总数的69.3%。2013年5月29日，国务院决定，取消和下放一批行政审批项目等事项，共计117项。其中，取消行政审批项目71项，下放管理层级行政审批项目20项，取消评比达标表彰项目10项，取消行政事业性收费项目3项；取消或下放管理层级的机关内部事项和涉密事项13项。2013年6月，国务院行政审批制度改革工作牵头单位由监察部调整为中央编办，国务院审改办设在中央编办。2013年9月26日，国务院总理李克强主持召开国务院常务会议，修订政府核准投资项目目录，决定再取消和下放一批行政审批事项75项（见表6－2）。

① 王云霞：《改善中国规制质量的理论、经验和方法》，知识产权出版社2008年版，第149页。

表 6-2　　中国行政审批制度改革

时　间	改　革	内　　容
2001 年 9 月	—	国务院成立行政审批改革工作领导小组，积极、稳妥地推进行政审批制度改革，改革工作全面启动
2002 年 10 月	第一批	取消 789 项行政审批项目
2003 年 2 月	第二批	取消 406 项行政审批项目，改变 82 项行政审批项目的管理方式
2004 年 5 月	第三批	取消和调整 495 项行政审批项目，其中，取消 409 项；改变管理方式 39 项；下放 47 项。在取消和调整的行政审批项目中有 25 项属于涉密事项，按规定另行通知
2004 年 7 月	—	以中华人民共和国主席令第七号颁布出台了《中华人民共和国行政审批法》
2007 年 10 月	第四批	取消和调整 186 项行政审批项目。其中取消 128 项；下放 29 项；改变管理方式 8 项；合并 21 项。另有 7 项拟取消或者调整的行政审批项目是由有关法律设立的，国务院将依照法定程序提请全国人大常委会审议修订相关法律规定
2010 年 7 月	第五批	取消和下放行政审批项目 184 项。其中，取消 113 项，下放 71 项
2012 年 8 月	第六批	取消和调整 314 项部门行政审批项目，其中取消 184 项；下放 117 项；合并 13 项

资料来源：中国机构编制网，行政审批制度改革，http：//www. scopsr. gov. cn/rdzt/xzspzd/。

2012 年 8 月，《国务院关于第六批取消和调整行政审批项目的决定》规定："凡公民、法人或者其他组织能够自主决定，市场竞争机制能够有效调节，行业组织或者中介机构能够自律管理的事项，政府都要退出。凡可以采用事后监管和间接管理方式的事项，一律不设前置审批。"决定中取消和调整 314 项部门行政审批项目，重点对涉及实体经济、小微企业发展、民间投资等项目进行清理，为民间投资和小微企业发展创造宽松的政策环境的意图跃然纸上，并且批准广东省在行政审批制度改革方面先行先试。可见，中国的规制政策正从审批式的事前型规制向管理式的事后型规制转化。

二　中国政府规制改革问题

（一）规制框架松散

规制框架可以简单地理解为规制机构与规制政策的总称，规制框架松散意味着规制机构与规制政策不明确，且规制政策政出多门，在中央层面没有从整体上领导中国改善规制质量的机构。

以国家发改委为例。国家发展和改革委员会从 2003 年起作为工业规制的综合权威机构，成为中央政府负责宏观经济管理的中心机构。发改委的两个主要职能包括审批由国有企业提出的大型投资项目和规制基础设施领域的定价，同时负有能源政策的责任：国家能源委员会隶属于发改委，对能源部门的管理负有规制职责。

发改委是中国电力行业的主要规制机构。改革开放之前的中国电力行业处于传统计划经济管理体制，国家对电力投资实行严格规制。1978 年之后，国家鼓励“集资办电，多家办电”，逐步放松严格的投融资体制，但电力工业部和国家电力公司执行实际的电力规制职能。1998 年，撤销电力工业部，组建国家经贸委电力司。国家电力公司不再具有行政管理的政府职能，而仅仅成为生产厂商，实现了政企分开。同时国家经贸委电力司行使管理及规制职能。而实际上国家经贸委电力司，在中央层面只有 17 个编制，在地方层面其人员编制只有 5—6 个，其独立性和权威性都很弱。其规制职能也只限于行业规章制度制定、许可证发放等，而价格规制、投资规制权属于国家计委，电网互联和调度监督实际上仍由国家电力公司把控。2002 年中国电力产业网电纵向分离及横向拆分，成立了两家电网公司①、五家发电公司②和四家辅业集团公司。同时，2003 年成立国家电力监管委员会，电力监管委员会负责行业规制，而不负责企业盈亏，初步实现了政企分离，政监分离。然而即使是电力监管委员会也不是真正意义上的独立规制机构，因为电力监管委员会不具备电价规制的权利，制定电价的权力掌握在发改委，电监会职能依据市场情况向发改委提出调整电价的建议。在规制政策中，准入规制和价格规制是核心，没有价格规制权就难以独立行使规制政策（见表 6－3）。

表 6－3　　2003—2008 年电力部门中的政府作用

职　能	负责机构	参与机构
能源政策形成	国家发展和改革委员会（能源局）	能源领导小组 国家能源办公室
电力部门的政策形成	国家发展和改革委员会（能源局）	国家电力监管委员会

① 国家电网公司和中国南方电网有限责任公司。

② 中国华能集团公司、中国大唐集团公司、中国华电集团公司、中国国电集团公司和中国电力投资集团公司。

续表

职　能	负责机构	参与机构
电力部门的规划	国家发展和改革委员会（能源局）	国家电力监管委员会
价格规制	国家发展和改革委员会（价格科）	国家电力监管委员会
投资规制	国家发展和改革委员会（能源局）	—
市场准入规制	国家电力监管委员会	—
执法与行政管理	国家电力监管委员会或地区经济贸易委员会	—
电力地理区域供应的划分	国家电力监管委员会或地区经济贸易委员会	—
新技术的审批	国家发展和改革委员会	—
清洁发展机制工程的审批	国家发展和改革委员会	—
技术与质量标准	国家发展和改革委员会	—
企业融资体系的规制	财政部	国家电力监管委员会
国有资产管理规制	国家资产监督管理委员会	—
环境规制与管理	国家环境保护总局	—
企业经营范围审批	国家工商总局	—
电力标准	国家科技部	—
安全规制	国家电力监管委员会	—
公共服务	国家电力监管委员会	—

资料来源：国家电力监管委员会，2007 年，2008 年。转引自 Malory Greene and Charles Tsai, *Enhancing Market Openness Through Regulatory Reform in The People's Republic of China*, OECD Trade Policy Working Paper No. 83, 2008, p. 83。

2013 年 3 月政府机构改革计划中，取消了政监相对分离的电力监管委员会，将其职能并入国家发改委的国家能源局。虽然这种改革促进了资源的整合，把电力纳入了国家能源战略之中，而电力监管委员会本身就属于权力有限的规制者，这次改革之后，朝着政监分离模式退后了一步。

（二）规制机构独立性问题

在新中国成立后的相当长的时间里，中国的电信、电力、民航、铁路运输都有相对应的政府行政部门进行领导，并实行国家所有权形式的政企合一的管理规制，政府行政部门既是政策的制定者和监督者，也是具体业务的实际操作者。改革开放以来，特别是进入 20 世纪 90 年代，政府也进行了一些公共部门领域改革。但是改革仍然滞后，目前中国在电信、铁路、邮政和许多公用事业领域都没有明确设立相对独立的规制机构。在电力产业，虽然已经设立了中国垄断产业的第一个专业性规制机构——国家电力监管委员会，但是缺乏明确的法律授权、电力规制职责不清、缺乏监督机制等问题，2013 年的政府机构改革还取消了该机构，电力规制职能被国家发改委所替代。

但这些并不是中国规制改革的最大的症结。中国规制改革进程中最大的问题依旧是政企不分，即缺乏产权结构的改制。在产权结构没有进行改制之前，是不涉及政府对私有企业领域的规制问题。只有在政企分离的基础上，才能实现有效的规制，政企分离是有效规制的前提。如中国邮政业仍然保持着政企不分，垄断经营格局。2012 年 12 月，以资助中西部和农村地区等“无利可图”的邮政服务为名，国家邮政局和财政部打算向快递企业收“份子钱”，《邮政普遍服务基金征收使用管理暂行办法》规定，在我国境内经营快递业务的企业应缴纳邮政普遍服务基金，标准为国内同城快递 0. 1 元/件、国内异地 0. 2 元/件、港澳台 1 元/件、国际 2 元/件，从业人员 20 人以下或年营收 200 万元以下企业可免征。这意味着，如果开征邮政普遍服务基金，全国快递企业（包括顺丰速运、“四通一达”等国内快递企业和 FedEx、UPS、DHL 等国际快递巨头）每年需缴纳基金超过 10 亿元。该基金每年可征 10 亿元以上，而其相当部分将流入年盈利 200 亿元的中国邮政集团公司囊中。政企不分，裁判员与运动员同场竞技情形依然上演。

同时，政资不分情形依然严重。1980 年之前中国电信业是政府直接垄断经营的公有企业，是典型政企合一的规制模式，政府实行严格的进入规制，1994 年 7 月中国联通公司的成立是中国电信业规制改革的标志性事件，1998 年成立的信息产业部代替了原邮电部执行规制职能，在信息产业部的领导下，2002 年中国电信产业实现了南北拆分，有效竞争格局基本确立。2008 年，国家工业与信息化部成立，代替原信息产业部执行规制职能，并在主要产业和审批新的工业投资项目方面扮演重要角色。①然而电信业政资依然不分，虽然规制者与运营企业进行了产权分割，但是运营企业资本结构依然保持着高度的国有化性质。在民航业，我国民航业的发展始于改革开放，国务院授权民航总局执行准入与价格规制职能。

---

① Malory Greene and Charles Tsai, *Enhancing Market Openness Through Regulatory Reform in The People's Republic of China*, OECD Trade Policy Working Paper No. 83, 2008.

1987 年，以地域为界对中国民航业进行拆分，形成北京、上海、广州、成都、西安和沈阳六大机场当局和 6 个地区民航管理局，直属于中国民航总局。2002 年，中国民航六大集团成立，不再直属于民航总局，同时民航总局开放了国内多条航线。但中国民航业依然实行比较纯粹的国有体制，航油供应、CRS、航空器材购置更是国家直接垄断经营。这种政资不分的治理结构依然是规制改革的一大障碍。

规制机构的独立性问题首先要解决独立于谁的问题，但实际上中国现有规制机构仍然存在政企不分、政资不分现象，在各自然垄断产业存在政府直接规制的体制，规制部门职能划分仍停留在原旧体制下，责权利不对称，规制能力不足，无法通过公开的咨询过程形成透明有效的规制过程。中国的规制机构既没有独立于政府，也没有独立于企业。

（三）规制政策严格繁复

中国在创建现代规制系统的过程中取得了举世瞩目的成就，但是也遇到了很大困难。OECD 规制改革数据库的 ETCR 指数显示，2007 年，中国的 ETCR 指数仍然高达 4.8，这不仅远远高于 OECD 国家的水平，同时更高于“金砖五国”中其他四国的水平，说明中国在市场进入规制、国家所有权、价格规制方面都执行严格的政策（见表 6－4）。

表 6－4　　中国与其他金砖四国及其他国家的 ETCR 指数比较

年份	巴西	俄罗斯	印度	中国	南非	日本
2007	2.58	2.67	3.14	4.8	3.49	2.16

资料来源：OECD Regulatory Reform Database. http：//stats. oecd. org/Index. aspx？DataSetCode = ETCR.

政府执行规制政策的表现形式之一就是行政审批制度。我国的行政审批手续十分繁杂，办理一事项，往往需要经过多个部门、多个环节、多个许可，重复审批、多头审批、层次审批现象十分严重。一个极端案例是，1998 年郑州市成立了“馒头管理办公室”，对所有加工经营馒头的集体和个人一律采取许可审批制度。每个许可证要缴纳 1100 元的办证费，否则可罚款 3000—2 万元，而加工者每天必须在馒头办指定的面粉经营部门购买不少于 60 袋面粉。2012 年，甘肃省质监局则刚刚叫停“暂行”14 个月的《甘肃省生产加工食品小作坊加工许可管理暂行办法》，根据该办法，加工油条、卖馒头都需要办行政许可证。

我国行政审批制度改革作为提高政府规制效率的一个重要切入点，已经经历了六次改革。十几年来，行政审批制度改革不断深化，促进了政府职能转变，进一步增强了市场配置资源的基础性作用；促进了依法行政，进一步规范了政府行为；促进了政府管理创新，提高了行政效能，但是依然问题与困难重重。2012 年 9 月举办的青年经济学家论坛上，原国家体改委副主任高尚全讲了这样一个趣闻：1956 年，上海企业要增添防暑设备，要通过 11 个部门的审批；兜兜转转把章盖齐后夏天却过去了。中国人民大学比较行政法研究所所长杨建顺也曾经进行过一次立法调研，发现企业办一个事情最多需要盖 125 个章，而实际情况往往“比这还严重”。世界银行 2012 年统计，在加拿大成立一家公司需要 5 天 1 个程序，香港需要 6 天 3 个程序，美国要 6 天 6 个程序，而中国需要 38 天 14 个程序。

直到现在，中央政府层面的审批项目还有 1000 多项，而地方政府层面的审批项目则多达 1.7 万项。尽管从数量上看，十多年来，中国取消的行政审批事项已达近 70%，但事实上，剩下 30% 的行政审批事项，未来取消或者清理的难度更大。要真正实现政府职能的转变，真正理顺政府与市场、政府与社会的关系，真正发挥市场配置资源的基础性作用，还需要长期努力。

（四）规制俘获现象严重

规制机构作为企业与市场的规制者，其性质应该是中立的，是超越于任何特殊利益之上的，不应对任何特殊集团有所偏私。而在实际操作中，规制往往走向反面，成为特殊集团谋利的工具，政府规制很大程度上是在保护被规制企业的利益，从而偏离了保持市场竞争和维护公众利益的方向。

2013 年 2 月 16 日，潍坊潍柴控股集团向下属企业下发了一份《环保紧急通知》，通知中称，“2013 年 2 月 16 日接市环保局紧急通知，中央电视台《焦点访谈》节目组已于近日上午到达潍坊，对潍坊市各重点企业的污水排放问题进行暗访调查”。通知要求下属企业的污水处理站保证正常运行，“确保废水零排放”。并且，通知表示，“请保卫保障部对进出各厂区大门的《焦点访谈》栏目组的车辆或人员不要强加阻拦，并及时通知安全环保部相关人员”。[①] 很显然，潍坊潍柴控股集团从潍坊市环保局

---

① 中国经营网，2013 年 2 月 19 日，http：//www. cb. com. cn/1634427/20130219/447195_ 4. html。

得到了通知，并把通知下发至下属企业。潍坊市环保局与潍柴控股集团本应该是规制者与被规制者的关系，如果所管辖企业进行非法排污的话，那么环保局应当依法查处。然而，从这份通知看来，二者的关系似乎非常密切，环保部门竟向企业通风报信，以至帮助企业避开不必要的“麻烦”。

三　日本经验对中国的借鉴

（一）根据自身条件构筑自己国家的规制制度，尊重文化与历史的差异性和多样性，不能强求一律

一个国家经济体制的制度供给是由这个国家经济发展阶段的制度需求决定的。体制的合理性应随着经济发展阶段变化而变化，超越时间、超越空间，具有普遍适用性的体制是不存在的。新自由主义及其表现形式的全球化是由发达世界主导的，这些原则与标准都是由发达国家产生，之后灌输给发展中国家的。但是在这一过程中，它们却往往忽略发展中国家的历史阶段，把发达国家的流行思想政策与体制当成了发展中国家当前的模式。拉丁美洲国家增长的困境，亚洲金融危机中被牵连的泰国、印尼等国家，次贷危机后深陷泥潭的欧洲和亚洲就是很好的例证。

从这个意义上，各个国家在发展过程中，既要避免产生发达国家的错误，吸取其经验，更要能看清自己所处的环境，正视发展的阶段与历史。同时不能仅仅从经济维度出发，而要兼顾人性、文化、价值及社会因素，有意识有策略地决定在很大程度上保留原有的制度和习惯，很大程度上引进外国的规则。不加批判地接受西方概念与全盘拒绝都是不明智的，一味迎合发达国家所灌输的思想与意识形态往往适得其反、产生扭曲。中国的规制改革也不应该理解为是遵循新自由主义的、削减政府职能的单一政策。

（二）在中央层面创建一个负责总体规制质量的机构

对其他经合组织成员国的审查显示，有一个接近于政府核心组织的机构是提高规制质量的宝贵资产。这个机构应该对其做的决定和采取的措施负责；这个机构通过考虑成本和考察对社会的影响有义务促进提高新规制的质量；它也有定期评估已存的规制的成本的义务，并向国务院提出建议以降低成本；这个机构可以将规制和法律提案提交总理办公室，这个机构的意见能够被公开并送至国务院和总理手中；并且为防止大量新规制的出现，这个机构可以根据规制的影响力选择审查；最后，它可以鼓励公共关

于规制质量的辩论，并发挥教育作用。[①] 日本的规制改革推进委员会、规制·制度改革会议就属于中央层面的负责总体规制质量的机构。如果能在中央层面建立一个隶属于总理办公室的规制改革委员会，将大大促进中国规制改革进程。

（三）关于公企民营化与规制改革的次序问题

日本以三公企业民营化为“排头兵”，同时拉开规制改革的序幕。即日本的规制改革是在较完善的市场经济体系下，以出让国有资产为起点，展开规制缓和的进程。而从中国的改革实践看，中国的渐进式改革从整体上看是规制放松优先于民营化，是在对市场不断优化的过程中蕴含着企业制度的调整。这种选择除了与意识形态问题相关外，更重要的是中国的微观市场机制发育的先天缺陷。只有通过政府在准入、价格等方面不断下放权力，培育企业的市场竞争力，才能为国有企业产权改革提供有利前提。反之，若把这个顺序颠倒，很有可能出现在没能建立一个竞争性的市场规则之间出现私人垄断，产生一个更加强大的利益集团，“寻租”和腐败更加难以避免。

1978 年以来，中国一直是计划经济体制向市场经济体制转型的试验场，政府与市场的关系问题始终是这个试验场的核心难题，无论是国企产权改革还是政府规制放松与再规制，其本质都是在试图处理二者的关系。斯蒂格利茨为代表的强调转型的经济学家认为，在转型的环境下，市场竞争机制比产权制度更重要，决定经济绩效的更主要的在于市场竞争机制，而不是产权或私有化。[②] 在朝市场方向改革的过程中，国企产权制度改革与规制改革的次序问题十分重要。中国的渐进式改革是分步推进的，由体制外到体制内，先进行规制改革再考虑产权变迁。中国的改革是在没有大规模私有化前提下进行的，这和许多国家有很大差异。我们不能妄加判断哪种模式更加优越，我们只能说，这种以首先培育市场竞争的以规制缓和为主的渐进式改革在现阶段的中国取得了成功。

（四）规制机构的独立性应适合中国国情

规制机构的独立性问题其基本含义是规制机构必须独立于其他政府部

---

① OECD, *Regulatory Reform Review of China—Part 2 Regulatory Governance in China*, OECD Conference Center, 2008.

② 张昕竹、马源、冯家晟：《中国垄断行业规制与竞争实证研究》，中国社会科学出版社 2011 年版，第 5 页。

门和被规制企业。由于政府部门是宏观政策制定部门和行业主管部门，与独立规制机构有不同的目标与职责，因而独立的概念不仅仅是需要独立于企业，也要独立于政府。即在 OECD 国家机构的定义中，独立是指与政治和私人利益保持距离。

中国规制机构已经取得了一定程度的进展。如电力行业的治理和结构近年发生了很大变化，通过垂直整合形成了两大电网运营商和五大发电公司。一些公司已经进入了发电领域，一些地区性的电力批发市场也已经推出试行，且成立了国家电力监管委员会。在关于城市自来水和废水方面，市级单位是主要负责单位，在中央级别由水利部和国家环境保护总局负责。政府已经通过了一系列改革明确职责，提高协作，提高公共供水系统管理的效率，重要的是规制者已经与生产供给相分离。[①] 铁路运输行业中，铁道部已经被取消并划归到交通部内，并且铁路总公司与政府分离，成为独立企业。

但是在中国，现代规制机构（在外生因素监管下设置的机构）并不存在，而曾经最接近于独立规制机构的电力监管委员会在 2013 年的大部制改革中也被并入发改委的能源局，至此彻底失去了相对独立的规制机构的职能。同时，中国的金融服务规制机构却不在同一个部门，使得规制机构与竞争权威的协商程序对规制者既不系统，也不具有强制性。

因而，独立性的规制机构对于现阶段的中国而言更现实的选择是独立于企业，而很难实现独立于政府。中国正处于经济转型与经济赶超的双重任务阶段，政府仍然是一个重要的制度变迁推动者，是规制政策改革的重要参与者，而妄图抛弃政府的作用，脱离国情的浮躁主张是不可取的。

（五）继续提高政府规制质量

中国政府的规制基本是以政府为中心的单项规制过程，表现出政府主导型特征。在这一模式下，规制机构往往集行政权、准立法权和司法权于一身，规制者行为缺乏合理制约，规制权力大、范围广、规制过程不透明。[②] 因而提高规制系统的透明度至关重要。中国规制过程的效率可以通过更加透明和系统化的公共咨询流程而得到改善；互联网提供了一个机会，可以在互联网上设立中央注册中心，使得所有的草案都可以进行磋

---

① OECD，*Regulatory Reform in China—Part 4*，OECD Conference Center，2008.

② 张红凤、宋敏：《中国特殊制度禀赋约束下规制困境与规制治理结构的重构》，《教学与研究》2011 年第 9 期。

商；有效且公开的公共问责制度可以进一步促进涵盖利益团体的意见及规制当局的反应；同时规制过程也可被整合到 RIA 框架中。

1. 强化规制影响分析

规制影响分析是规制质量的核心工具，是一个能够帮助政府更有效制定规制的工具，可以降低规制成本，提高规制水平。对 RIA 有一种倾向是把它看作是规制政策的最终的建议或者是与成本收益相关的分析方法。虽然 RIA 体现为一份向决策者提供的报告，然而 RIA 应被广泛地理解为规制改革进程、机构、组织和程序截面上的一部分。RIA 是一个以证据为基础的决策的程序，它的使用能帮助政府更有效地合法地做出决策。

全国范围的《行政许可法》的执行意味着中国的规制部门正向概念化的 RIA 前行。尽管中国进行了一些事前评估，但通常是不协调的，而且没有系统地从社会经济角度考虑总体成本和收益，且规制的起草往往先于 RIA，RIA 也只不过是在决策已经做出之后的一项表面工作。使用规制影响分析在中国仍然有限，中国还没有建立实现 RIA 的机构，而且 RIA 需要做法律体制管理的准备工作以确保一个真正的影响分析，中国也还没有制定进行 RIA 的法律。[①] 因而，中国需要强化事前与事后的 RIA 分析，并在法律框架下建立执行 RIA 的相关机构。

2. 继续简化行政审批

改革行政审批制度作为始于 1998 年的政府总体改革的一部分，占今为止已经相继六次简化了行政审批。行政的简化驱动了减少政府审批和许可的数量，其中包括努力限制自由裁量权，改善行政官僚的透明度并重塑政府作为公共服务的职能。政府对企业的审批制度的放开，应将注意力由事前审批型规制转向事后管理型规制转移，政府规制的重点转向为有序的市场秩序、清晰界定的产权、完善的法律体系，而不过多干涉市场主体的行为。

---

① OECD, *Regulatory Reform Review of China—Part 2 Regulatory Governance in China*, OECD Conference Center, 2008, p. 20.

附　录

2010年日本规制·制度改革分科会第一次报告

——绿色改革（节选）

事项	改革方针及目标	对相关规制改革事项的基本观点
可再生能源（水力发电的导入）	将小水力发电的申请手续简化；水力发电许可发放的标准时间按照行政手续法的实施而告知，大致时间是如需国土交通厅大臣许可需10个月，如地方许可需5个月，若超期则按照行政手续法来处理申请者要求	对于水利用问题，把以往的以取水为目的和无生态破坏的情况都要进行许可，现在只要对水的利用用途提出申请即可。 由惯例水利权向许可水利权转换，由河川管理者进行管理
可再生能源（大规模太阳能发电设备相关联的建筑基准）	根据建筑法中与室内用途相关的太阳能发电设备处理办法，4米以下的为发挥室内用途的太阳能设备无须建筑确认	—

续表

事项	改革方针及目标	对相关规制改革事项的基本观点
可再生能源（温泉）	制定温泉法中挖掘许可判断基准。 温泉企业要得到许可，需要在行政指导下，以保护温泉为目的，经过必要的审核，且需要遵守都道府的相关行政手续条例	温泉法里，未规定需要签订近邻源泉所有者同意书，但是调查结果显示35个都道府都要求在审批挖掘许可时加入同意书。并且即使不需要同意书的都道府，由于温泉法中制定的制止挖掘申请的情况也存在，因此为了避免这种过度的限制，需要提供技术上的支持
可再生能源（风力发电）	—	一般电力企业在建设风力发电厂的时候，无须许可，而风力发电企业则需要申请许可，这是不合理的，应该一视同仁地对待
可再生能源（缓和有利于减少 CO_2 排放的小规模分散性发电设备的规制）	制定小规模分散型发电设备的安全保障的义务及电气技术主要负责人义务的规章；扩大有利于减少 CO_2 排放的小规模分散型发电设备的范围，特别是太阳电池发电设备	—
关于供热管道的埋设所占用道路的许可及合理化	将建设省颁布的第62号文件再次公布：基于供热企业法的相关规定，关于埋设在道路之下的供热管道的道路占用许可；并且，从促进温室气体减排角度看，在供热企业法中规定的供热管道以外的管道，在道路法第32条第1项第2号中，将其规定为可被占用的许可对象	根据供热企业法的规定，在道路法中，关于在道路上埋设的供热管道问题，建设省第62号文件中对其内容进行了补充，其对应的供热管道以外的管道的埋设，道路占用许可中没有明确规定。这样，道路管理者没有明确的标准进行判断许可，也没有得到统一的运用。供热管道的普及和能源的有效利用与 CO_2 温室气体的减排存在关联，因而，从工厂和发电厂等的有效促进减排的观点看，应该使得标准明确化。并且对于在道路上埋设基于供热企业法规制之外的供热管道的道路占用许可，有必要明确化

续表

事项	改革方针及目标	对相关规制改革事项的基本观点
关于住宅和建筑物的节能基准的重新审查	规定一些新的关于建筑物的节能基准，增加一些能够提高时效性的措施	建筑物和住宅相关的节能政策是一项重要的民生课题。在家庭部门，由于生活方式的变化，CO_2 排放量有增加的趋势，在充分考虑成本削减效果的同时，要进一步促进节能政策的制定。而由于建筑商和实际住户往往是分离的，因而制定一些促进建筑商遵守节能的政策是有效的
关于稀有金属等的回收问题	尽快建立一个新的系统，高效地回收稀有金属，以促进小型家电的使用	报废的小型家电里面包含着高浓度的稀有金属，其回收需要很高的技术含量，需要适当的计划来推进回收，特别是大范围的回收要达到相当规模的经济效果。 对一般废弃物和产业废弃物的回收需要各类许可，特别是一般废弃物，新企业的进入是十分困难的。而且区域外的废弃物禁止搬入本区域，区域间的回收是非常困难的
住宅土地（建筑确认和审查手续的简单化）	基于“关于建筑基准法的重新审视的讨论会”中得出的讨论结果，在进行讨论并得出最终结论：关于建筑确认和审查手续的简化	从国民的生命安全的角度看，对违反法律的建筑缺陷采取了措施，建筑认证程序应该努力使其简单化和迅速化

资料来源：規制・制度改革に関する分科会，規制・制度改革に関する分科会第一次報告書，規制・制度改革に関する分科会，平成 22 年 6 月 15 日，第 7—29 页。

2010年日本规制·制度改革分科会第一次报告

——民生改革（节选）

事项	改革方针及目标	对相关规制改革事项的基本观点
扩大医疗保险范围	由于医疗制度的进步，建立一个迅速且便利的办理手续的机构应该成为探讨的重点。具体而言，如再生医疗等先进技术的医疗在日本被视为未得到允许的或是规定外的医药品，而在国外已经被作为标准的治疗方法予以承认。对于重病患者进行临床试验的满足一定条件的医疗机构，其安全性和有效性需要厚生劳动省及第三方机构进行评估	为了推进患者主权，尽可能避免患者得不到治疗情况的发生，有必要重新审视医疗保险费用的支付对象范围。 对满足一定条件的医疗机构，从事前规制转换为事后检查；对医疗保险外的一部分费用实施申报制，其范围包括高度医疗的评价疗养和选定疗养中的直接医疗技术、医药品、器械

续表

事项	改革方针及目标	对相关规制改革事项的基本观点
关于未被批准的医疗技术、医药品、医疗器械等的信息提供的明确化	对未批准的医疗技术、医药品和医疗器械等的信息提供应有理想的标准状态，进行探讨并得出结论	关于药品的广告，在“医药品等适当的广告基准（昭和55年10月9日药发第1339号改为平成14年3月28日医药发第0328009号）”（以下简称55年通知）对药事法进行了解释。 55年通知的目的是通过禁止夸大广告，来防止医药品在卫生保健上的危害，但是这样做不能提供未被批准的医疗技术、医药品、医疗器械等的信息。 而促进新技术的开发、安全性和有效性之间的平衡的重点在于医生与患者之间的沟通，在国外，临床上的药品和医疗器械信息的获得十分重要，在临床上消除药物和设备的滞后性，促进多样化的选择具有重要意义。 因而，为了使未批准的医疗技术、医药品、医疗器械等的信息更加顺畅化，要明确使信息提供成为可能的各项条件，并予以告知
促进处方等医疗数据的灵活运用（伤病名的统一、诊疗年月日记载样式的改善等）	关于处方信息一元化的数据库，制定医师会、保险人、大学、民间智囊团等研究机关等的第三者也可以利用的灵活规定	处方数据、诊疗数据、定期检查的数据等，均为国民的重要财产，随着电子化信息深入发展，灵活利用这些重要数据是可能的。 推进信息电子化，目前正在进行数据库的合并工作，将来的私人研究机构也可以被允许使用数据库。此外，应提高处方的审查和支付效率
促进ICT的活用（远程医疗、特定常规检查的保健指导）	将关于允许远程医疗的条件及处方笺发行的方案明确化。 对安全有效的远程医疗的诊疗报酬津贴的讨论。 利用信息和通信技术（ICT）进行特别的保健指导，灵活运用远程医疗技术	农村、海岛和偏僻地区的专业医生的短缺使得通过远程医疗去获得高技能医师的诊断十分必要。有人主张通过收集患者的精气神、行为举止的灵敏性、嗅觉、音色、皮肤颜色光泽韧性等五官信息，通过远程医疗来补充医疗设施不完善的地区。患者有患者的需求，如果医师和患者达成一致的话，没有必要根据地域来进行统一的规制，无须根据医师法就可以进行远程医疗。 远程医疗及处方笺发行方面应当明确化。远程医疗实现的条件是主要通过远程观察来实现诊断，而电话和邮件的方式是不可取的，对于处方笺需要医师的署名，患者可以向调剂药局发传真或电子邮件

续表

事项	改革方针及目标	对相关规制改革事项的基本观点
对内、对外开放医疗。对外国医师国内诊疗有关签证办法的缓和；接受由于医疗原因来日的外国人的国际医疗交流组织的交流和合作	对于短期的滞留签证，与商务出访、观光一样，写明是“医疗”目的即可。由于医疗目的而短期滞留的签证，除接受诊断的本人之外，对其同行者签证办理也应给予方便。 为了促进医师临床锻炼制度的活性化和手续的简单化，对于2年这种年限，应弹性化并重新审视。并且需要对国内的某些诊疗制度进行修正，其目的不仅仅是为了临床锻炼，也要满足医疗技术的传授和国际水准上共同研究的目的。 对于护士的临床锻炼制度，和医师一样，为了促进其活性化、手续简单化，也需要对其进行重新审视	为促进医疗技术的进步，促进医疗产业的成长，应该实现开放的医疗。 对医疗签证问题。在实际办理过程中，往往会存在很多困难，尤其是患者的同行者签证往往办理不下来。而明确的以医疗为目的的签证应该被发放，并且要使多次来日本成为可能。发放次数弹性化的签证，不仅仅是患者本人，也包括其同行者。 对于延长治疗而导致签证申请延长的情况，鉴于申请者是患者，因而有人建议由医院相关人员代理申请是允许的，因此希望能够采取更好的措施使手续办理更加方便。 对于外国医师进入日本国内进行诊疗问题。医疗研修目的以外的进入也要积极欢迎，对医疗机构的要求条件也应缓和或废除。 对持有日本护士证的外国护士，废除现有的7年滞留年限限制
医疗范围的明确化（诊疗护士资格的设定）	面向“特定护士”（暂称）的制度化模型要及早实施，对特定护士的业务范围、自律标准等进行讨论	医师法规定，禁止进行医生以外的医疗事业，但是在实践中，很多医生都从事于不需要医生进行的事业。另一方面，虽然有高资质护士存在，但是其业务只限于诊疗的服务和疗养的照料上。因而扩大受过专门临床教育的护士的业务范围，分担一部分医疗行为，对于医疗水平的提高是有利的。 当前，厚生劳动省对“特定护士”的讨论就是基于上述观点。将来“特定护士”不会作为护士的一类，它既不是医生也不是护士，期望能创造出一个“诊疗护士”。但是现在护士进行诊疗的范围没有明确化，对特定护士的诊疗复制范围不要做过度的限定

续表

事项	改革方针及目标	对相关规制改革事项的基本观点
对特别养护养老院的民间进入的扩大（对运营主体规制的重新审视）	将特别养护养老院向着社会医疗法人可以进入的方向进行探讨并得出结论	护理保险制度是基于利用者自由选择的基础上，尽管旨在建造一个公平且有效率的社会支持体系，但旧的措施依然存在，不能构建企业间的平等。护理保险 3 所设定的居住费和餐费由利用者负担，特别护理养老院和收费养老院实际上在发挥着同等的功效，因而要从利用者能够分清楚的角度将各类养老院重新定义。 对于特别护理养老院的运营问题，对企业的安定性和持续性有很强的要求。但事实上，社会福祉法人也存在倒闭的可能性。因而即使是民间企业，只要在停业时授予其对入住者的保护的要求，也能确保其安定性和持续性。 对于医院和老年健身设施的民营问题，并不是说医疗法人一律不得参与
废除对护理设施的总量进行规制的参考标准	废除参考标准，根据第 5 期护理保险事业计划（平成 24—26 年），各都道府根据各地区情况来制定规制	当前由于设施不足，使得很多老年人不能根据自己的意愿来接受护理，因而国家不应该限制服务的数量。 所提出的参考标准也只不过是大致的条款，要根据地域实际情况来决定。即使参考标准废除了，也不会有任何影响
对访问护理服务中的人员和设备相关基准的规制缓和	—	由于超高龄社会的到来使得护理人才的培养成为当务之急，但是目前最大的问题是护工对工资等待遇不满。因而要对现有制度的严格标准进行重新审视，要重新构建能够反映护理者工资的组织机构，且废除在业务上没有用的条款。护理人员要在自己的业务上有所专攻，提高服务质量。 由于业务手法多种多样，管理者的能力也不能整齐划一，因而应委任各事业者自行判断

资料来源：規制・制度改革に関する分科会，規制・制度改革に関する分科会第一次報告書，規制・制度改革に関する分科会，平成 22 年 6 月 15 日，第 31—53 页。

2011年日本规制·制度改革分科会第二次报告（节选）

领域	措施数量	举例
绿色革命	42项	民有林开发许可的明确化 关于风力发电机附带设备设置许可的灵活化 自然公园内的小水力发电设备设置的相关审查手续简单化 关于小水力发电许可手续的重新审视 关于地热和河川热等未利用能源的利用规则进行整理 对温室气体排出量相关报告的统一化 内热回收型热水器排水处理相关行政手续的统一化 道路设置许可对象范围的扩大 与电动车快速充电设置相关的电力契约规制的缓和 对锂离子电池处理规制的重新审视 气体管道事业的管道的道路占用许可 一般废弃物处理业许可更新期间延长 产业废物处理业者变更申报规制的合理化
民生改革	30项	对地域医疗计划中基准病床等的重新审视 对医疗法人再支援、合并等方面规制的重新审查 为缓解医师不足的教育规制改革 无须申报的医疗器械的改良和改善的范围扩大 对一般医药品网上售卖等规制的重新审视 特别养老院医疗体制的改善 护理保险指定事业所的活用 为了促进残疾人的雇佣和就业多样化的劳动支援政策 社会福利法人以外的保育所营运事业者会计报告手续的简单化 对保育所营运费用途限制的重新审视 安心儿童基金补助对象范围的扩大 放学后儿童俱乐部关闭时间的延长 对车站内保育设施的规制缓和

续表

领域	措施数量	举例
农林·地域活性化	40项	农业者认定制度的重新审视 捕获有害鸟兽相关基准的重新审视 建筑大规模蔬菜生产设施中对农地转用基准的重新审视 解除禁止从EU等国进口牛、羊、山羊的粗制凝乳酶的规定 对市民开设农园标准的审查 对契约蔬菜安定供给事业的农家对象范围的扩大 强化农林水产业信用保证保险制度和中小企业信用保险制度的合作，使资金顺利供给 对林业经营相关许可申报等的简单化 茅草房屋顶等木造建筑物相关建筑基准法的缓和 酒类批发许可的缓和 道路使用许可等申请手续的简单化 拱廊增架装饰等运用的缓和 对观光目的的船舶（20吨以上）的检查及设备设置要素的缓和
人才领域	7项	国际学校相关制度的改善 对高级外国人才可以带双亲制度的调整 海归毕业新生的留学资格认定证明书交付手续的迅速化
物流运输	20项	可回收集运架等关税免除手续的改善 对营业区域外通关业务处理的缓和 基于经济合作协定，加强特定原产地证明制度的便利性 促进国际集装箱的国内利用 航道制度的改革 对遵守法令优良企业的海外公司的货物输出等相关手续简单化 对有利于促进商用喷气飞机规制的重新审视 在航空器材和乘务员资格相关方面的推进和美欧等先进国的相互认同 沿海航行区域的扩大 海上交通安全法对航线上进行速度限制的重新审视 内航旅客船舶检查制度的简单化

续表

领域	措施数量	举例
金融领域	13 项	公司债市场活性化与国际化的推进 衍生品交易规制的运用 基于金融商品交易法的单一财务报表披露的简单化 政策金融机构等债券放弃制度的构筑 对协调租赁集团投资计划持有份额的适用除外要素的明确化 银行子公司业务范围的扩大（对租赁子公司等收入规制的缓和） 对贸易保险关联领域的民间业者机会的扩大
IT 领域	24 项	道路占用手续的明确化 河川占用申请书、港湾占用申请书申请样式的统一化、电子化 光纤维电缆部门放开规制 有线电信通信法中设置手续的简单化、电子化 关于有线电信通信法中批发供给事业者的处理改善 IP 电话品质的重新审查 无线局保管负担的减轻 无线局设置场所记载方法的简单化 手机事业各种申请手续的简单化 对航空机上搭载无线装置定期检查的简单化 自动车关联信息的 IT 化
住宅·土地领域	10 项	有利于老朽建筑物等重建的规制缓和 根据民间企业者扩大刺激来促进公共设施维修 对城市开发事业者缓和建筑道路空间规制 特例容积率适用地区的扩大 建筑基准法中对机动车维修工厂每个用途地域面积的规制缓和 建筑物临时使用认可手续与检查制度的重新审视

资料来源：規制・制度改革に関する分科会，規制・制度改革に関する分科会第二次報告書，規制・制度改革に関する分科会，平成 23 年 7 月 21 日。

参考文献

一　外文文献

[1] Anita Wölfl, Isabelle Wanner and Tomasz Kozlul, Giuseppe Nicoletti, *Ten Years of Product Market Reform in OECD Countries—Insights from a Revised PMA Indicator*, OECD Economics Department Working Papers No. 695, 2009.

[2] Baumol, W. J., Panzar, J. C. and Willing, R. D., *Contestable Market and the Theory of Industry Structure*, New York: Harcourt Brace Jovanovich Ltd., 1982.

[3] Becker, G. S., "A Theory of Competition among Pressure Groups for Political Influence", *Quarterly Journal of Economics*, 1983 (98), pp. 371 – 400.

[4] Giuseppe Nicoletti, Stefano Scarpetta, *Regulation, Productivity, and Growth: OECD Evidence*, World Bank Policy Research Working Paper 2944, 2003.

[5] Heather Montgomery, "The Effect of the Basel Accord on Bank Portfolios in Japan", *The Japanese and International Economies*, 2005 (19), pp. 24 – 36.

[6] Hotelling, H., "The General Welfare in Relation to Problems of Taxation and of Railway and Utility Rates", *Econometrica*, 1938 (6), pp. 242 – 269.

[7] Isabelle Schluep Campo, John C. Beghin, "Dairy Food Consumption, Supply, and Policy in Japan", *Food Policy*, 2006 (31), pp. 228 – 237.

[8] John Cubbin, *Jon Stern. Regulatory Effectiveness: The Impact of Good Regulatory Governance on Electricity Industry Capacity and Efficiency in Developing Countries*, Department of Economics Discussion Paper Series, 2004.

[9] Kahn, A. E., "The Competitive Consequences of Hub Dominance: A Case Study", *Reviews of Industrial Organization*, 1993 (8), pp. 381 - 405.

[10] Keeler, T., "Theories of Regulation and the Deregulation Movement", *Public Choice*, 1984 (44), pp. 103 - 145.

[11] Ken Furusawa, Hideharu Sugihara, Kiichiro Tsuji, "Economic Evaluation of Demand - Side Energy Storage Systems by Using a Multi - Agent - Based Electricity Market", *Electrical Engineering in Japan*, Vol. 167, 2009 (3), pp. 37 - 45.

[12] Kenji Hirashima, "Regime Shift in Japan? Two Decades of Neoliberal Reform", *Swiss Political Science Review*, Vol. 10, 2004 (3), pp. 31 - 54.

[13] Kotaro Inoue, Hideaki Kiyoshi Kato and Marc Bremer, "Corporate Restructuring in Japan: Who Monitors the Monitor?", *Journal of Banking & Finance*, 2008 (32), pp. 2628 - 2635.

[14] Laffont, J. J. and J. Tirole, "The Politics of Government Decision Making: A Theory of Regulatory Capture", *Quarterly Journal of Economics*, 1991 (106), pp. 1089 - 1127.

[15] Makoto Tanaka, "Transmission - constrained Oligopoly in the Japanese Electricity Market", *Energy Economics*, 2009 (31), pp. 690 - 701.

[16] McChesney, F. S., "Rent Extraction and Rent Creation in the Economic Theory of Regulation", *Journal of Legal Studies*, 1987 (16), pp. 101 - 119.

[17] Nakamura, "Estimating Switching Costs After Introducing Fixed - Mobile Convergence in Japan", *Information Economics and Policy*, 2011 (23), pp. 59 - 71.

[18] Nezih Guner, Gustavo Ventura, Xu Yi, "How Costly are Restrictions on Size?", *Japan and the World Economy*, 2006 (18), pp. 302 - 320.

[19] Nikolay K. Vitanov, Kenshi Sakai, "Analysis of a Japan Government Intervention on the Domestic Agriculture Market", *Physica A*, 2007 (382), pp. 330 - 335.

[20] Nobuhiro Hosoe, "The Deregulation of Japan's Electricity Industry",

Japan and the World Economy, 2006 (18), pp. 230 –246.

[21] OECD, *Annual Report on Competition Policy Developments in Japan*, OECD Working Papers, 2010.

[22] OECD, *Competition Policy, Industrial Policy and National Champions—Contribution from Japan*, Directorate for Financial and Enterprise Affairs Competition Committee, 2009.

[23] OECD, *Economic Policy Reforms* 2011: *Going for Growth*, OECD Working Papers, 2011.

[24] OECD, *Evaluation of Agricultural Policy Reforms in Japan*, OECD Working Party on Agricultural Policies and Market, 2009.

[25] OECD, *In – depth Evalution of the Group on Regulatory Policy*, OECD Working Papers, 2009.

[26] OECD, *OECD Agriculture Policies in OECD Countries* 2010: *At a Glance*, OECD Working Papers, 2010.

[27] OECD, *Regulatory Reform Report*, OECD Working Papers, 1997.

[28] OECD, *Regulatory Reform*: *Experience From OECD Countries*, OECD, 2006.

[29] OECD, *Reviews of Regulatory Reform* (*Japan*) *—Progress in Implementing Regulatory Reform*, OECD Working Papers, 2004.

[30] Peltzman, S., *The Economic Theory of Regulation after a decade of Deregulation*, Brookings Papers on Economic Activity: Microeconomics, 1989.

[31] Peltzman, S., "Toward a More General Theory of Regulation", *Journal of Law and Economics*, 1976 (19), pp. 211 –240.

[32] Randall S. Jones and Byungseo Yoo, *Japan's New Growth Strategy to Create Demand and Jobs*, OECD Economics Department Working Papers No. 890, 2011.

[33] Stigler, G., "The Theory of Economic Regulation", *Bell Journal of Economics*, 1971 (2), pp. 3 –21.

[34] Stigler, G., "What Can Regulators Regulate?: The Case of Electricity", *Journal of Law and Economics*, 1962 (5), pp. 1 –16.

[35] Takeo Hoshi, TakatoshiIto, "Financial Regulation in Japan: a Sixth Year Review of the Financial Services Agency", *Journal of Financial*

Stability, 2004 (1), pp. 229 – 243.

[36] Tetsuji Tanaka, Nobuhiro Hosoe, "Does Agricultural Trade Liberalization Increase Risks of Supply – side Uncertainty?: Effects of Productivity Shocks and Export Restrictions on Welfare and Food Supply in Japan", *Food Policy*, 2011 (36), pp. 368 – 377.

[37] Tokuhisa Hayashi, Hiroyuki Kita and Eiichi Tanaka, "A Study on Bid Strategies for Electric Power Suppliers in Bilateral Market Considering Spot Market", *Electrical Engineering in Japan*, Vol. 161, 2007 (4), pp. 1 – 11.

[38] Toru Hattori, "Determinants of the Number of Bidders in the Competitive Procurement of Electricity Supply Contracts in the Japanese Public Sector", *Energy Economics*, 2010 (32), pp. 1299 – 1305.

[39] Toshiya Jitsuzumi, Akihiro Nakamura, "Causes of Inefficiency in Japanese Railways: Application of DEA for Managers and Policymakers", *Socio – Economic Planning Sciences*, 2010 (44), pp. 161 – 173.

[40] Wako Watanabe, "Does a Large Loss of Bank Capital Cause Ever greening? Evidence from Japan", *Journal of the Japanese and International Economies*, 2010 (24), pp. 116 – 136.

[41] Ying Huang, Brenda Sternquist, "Retailers' Foreign Market Entry Decisions: An Institutional Perspective", *International Business Review*, 2007 (16), pp. 613 – 629.

[42] Yo Suetsugu, Shinichi Iwamoto, "IPP Selection Based on Contingency Analysis and Optimal Power Flow", *Electrical Engineering in Japan*, 2002 (3), pp. 16 – 25.

[43] Yukihiro Kidokoro, "Regulatory Reform and the Congestion of Urban Railways", *Transportation Research*, 2006 (40), pp. 52 – 73.

[44] OECD, *OECD* 対日審査報告書, OECD, 2011 年。

[45] 内閣府政策統括官, 規制・制度改革の経済効果——規制・制度改革の利用者メリットはどの程度あったか, 内閣府政策統括官（経済財政分析担当), 平成 22 年 10 月。

[46] 規制・制度改革に関する分科会, 規制・制度改革に関する分科会第一次報告書, 規制・制度改革に関する分科会, 平成 22 年 6 月

15 日。

[47] 規制・制度改革に関する分科会，規制・制度改革に関する分科会第二次報告書，規制・制度改革に関する分科会，平成 23 年 7 月 21 日。

[48] 内閣府政策統括官，規制改革の経済効果——利用者メリットの分析（改訂試算）2007 年版，内閣府政策統括官（経済財政分析担当），2007 年。

[49] 内閣府政策統括官，近年の規制改革の経済効果——利用者メリットの分析（改訂試算），内閣府政策統括官，平成 13 年 6 月 29 日。

[50] 元木久，"銀行の資産選択行動と金融規制"，関西大学経済論集，第 54 巻第 3・4 号合併号，2004 年。

[51] 内閣府，構造改革評価報告書 6——近年の規制改革の進捗と生産性の関係，内閣府，平成 18 年 12 月。

[52] 江藤勝，"規制改革の最近の動向について"，東京経大学会誌，第 243 号，2005，pp. 99 - 110。

[53] 深津健二，競争法と規制改革，信山社，2003 年。

[54] 白石賢，規制改革特区の提案を巡る論点について，JCER Discussion Paper No. 78，2002 年。

[55] 富田輝博，"電気事業の経営効率と総要素生産性の国際比較——Stochastic Frontier Production Model による実証分析"，文教大学情報学部情報研究，1996 年。

[56] 日本経済産業省，平成 20 年度対日直接投資に関する外資系企業の意識調査報告書，日本経済産業省，2008 年。

[57] 柳沢房子，最近 10 年間における労働法の規制緩和，国立国会図書館調査及び立法考査局，2008 年。

二 中文文献

[58] [俄] C. A. 坦基扬：《新自由主义全球化——资本主义危机抑或全球美国化?》，王新俊、王炜译，教育科学出版社 2008 年版。

[59] [法] 让 - 雅克・拉丰：《规制与发展》，聂辉华译，中国人民大学出版社 2009 年版。

[60] [美] J. 罗伊思・古阿什、罗伯特・W. 汉恩：《规制的成本与收益：对发展中国家的寓意》，古月译，《经济社会体制比较》2004

年第 1 期。

[61] [美] W. 基普·维斯库斯、小约瑟夫·E. 哈林顿、约翰·M. 弗农:《反垄断与管制经济学》，陈甬军、覃福晓等译，中国人民大学出版社 2010 年版。

[62] [美] 查尔斯·沃尔夫:《市场还是政府——市场、政府失灵的真相》，陆俊、谢旭译，重庆出版社 2009 年版。

[63] [美] 查默斯·约翰逊:《通产省与日本奇迹——产业政策的成长(1925—1975)》，金毅、许鸿艳和唐吉洪译，吉林出版集团有限责任公司 2010 年版。

[64] [美] 道格拉斯·C. 诺思:《制度、制度变迁与经济绩效》，杭行译，格致出版社 2008 年版。

[65] [美] 高柏:《经济意识形态与日本产业政策》，安佳译，上海人民出版社 2008 年版。

[66] [美] 迈克尔·波特、竹内广高、榊原菊子:《日本还有竞争力吗?》，陈小悦等译，中信出版社 2002 年版。

[67] [美] 纳什:《欧洲与日本铁路改革模式的比较》，武剑红、崔文译，《综合运输》2009 年第 10 期。

[68] [美] 史蒂芬·布雷耶:《规制及其改革》，李洪雷等译，北京大学出版社 2008 年版。

[69] [美] 斯蒂格利茨:《政府为什么干预经济——政府在市场经济中的角色》，中国物资出版社 1998 年版。

[70] [美] 小贾尔斯·伯吉斯:《管制和反垄断经济学》，上海财经大学出版社 2003 年版。

[71] [美] 詹姆斯·M. 布坎南:《自由市场和国家》，吴建良、桑伍、曾获译，北京经济学院出版社 1988 年版。

[72] [日] 安场保吉、木武德:《日本经济史——高速增长》，生活·读书·新知三联书店 1997 年版。

[73] [日] 池田信夫:《失去的二十年——日本经济长期停滞的真正原因》，胡文静译，机械工业出版社 2012 年版。

[74] [日] 大野健一:《从江户到平成——解密日本经济发展之路》，臧馨、臧兴远译，中信出版社 2006 年版。

[75] [日] 二木立:《小泉和安倍政权的医疗改革——新自由主义改革的

登场和挫折》，《社会保障研究》2007 年第 2 期。

[76] [日] 根岸哲、舟田正之：《日本禁止垄断法概论》，王为农、陈杰译，中国法制出版社 2007 年版。

[77] [日] 栗田诚：《日本的规制改革与反垄断法·竞争政策》，《河南省政法管理干部学院学报》2007 年第 2 期。

[78] [日] 鹿野嘉昭：《日本的金融制度》，余熳宁译，中国金融出版社 2003 年版。

[79] [日] 桥本寿朗、长谷川信和宫岛英昭：《现代日本经济》，戴晓芙译，上海财经大学出版社 2001 年版。

[80] [日] 青木昌彦：《比较制度分析》，周黎安译，上海远东出版社 2001 年版。

[81] [日] 树上政博：《日本禁止垄断法》，姜姗译，法律出版社 2008 年版。

[82] [日] 武藤博己：《招标改革——改变幕后操作的日本社会》，彭曦、周樱格译，南京大学出版社 2011 年版。

[83] [日] 小坂直人：《日本电力自由化的现状与展望》，崔岩译，《日本研究》2007 年第 4 期。

[84] [日] 小岛明：《日本的选择》，孙晓燕译，东方出版社 2010 年版。

[85] [日] 原正行：《全球化时代的日本经济——企业国际化视角考察》，朴松爱、何为译，东北财经大学出版社 2003 年版。

[86] [日] 增岛俊之：《日本的行政改革》，熊达云、张健译，天津社会科学院出版社 1997 年版。

[87] [日] 植草益：《日本的产业组织——理论与实证前沿》，锁箭译，经济管理出版社 2000 年版。

[88] [日] 植草益：《微观规制经济学》，朱绍文、胡欣欣等译，中国发展出版社 1992 年版。

[89] [日] 中谷岩：《资本主义为什么会自我崩溃？——新自由主义者的忏悔》，郑萍译，社会科学文献出版社 2010 年版。

[90] [日] 竹中平藏、船桥洋一：《日本“3·11”大地震的启示——复合型灾害与危机管理》，林光江等译，新华出版社 2012 年版。

[91] [日] 竹中平藏：《解读日本经济与改革》，林光江译，新华出版社 2010 年版。

[92] [英] 霍布斯：《利维坦》，黎思复、黎廷弼译，商务印书馆 1985 年版。

[93] [英] 洛克：《政府论》，刘晓根译，北京出版社 2007 年版。

[94] 曹啸、计小青：《管制经济学的演进——从传统理论到比较制度分析》，《财经研究》2006 年第 10 期。

[95] 程恩富：《新自由主义经济思潮与社会主义——日本东京大学伊藤诚教授访谈》，《国外理论动态》2005 年第 11 期。

[96] 崔岩：《日本自然垄断行业的规制改革——电力产业的案例分析》，《日本学刊》2002 年第 5 期。

[97] 杜传忠：《激励规制理论研究综述》，《经济学动态》2003 年第 2 期。

[98] 冯玮：《日本经济体制的历史变迁——理论和政策的互动》，上海人民出版社 2009 年版。

[99] 巩晓悦、宋敏、王海洋：《行业体制改革的普适性新解：新自由主义的悖论》，《云南财经大学学报》2011 年第 5 期。

[100] 韩铁英：《小泉结构改革的"突破口"——日本的"特区"改革评析》，《日本学刊》2003 年第 1 期。

[101] 侯珺然、高英兰、张怡真：《日本国有铁路民营化改革的绩效与经验》，《日本问题研究》2009 年第 3 期。

[102] 金明善、车维汉：《赶超经济理论》，人民出版社 2001 年版。

[103] 金明善、徐平：《日本走向现代化》，辽宁大学出版社 1990 年版。

[104] 井志忠：《从垄断到竞争——日美欧电力市场化改革的比较研究》，商务印书馆 2009 年版。

[105] 李博：《日本公司治理契约关系变革研究》，博士学位论文，辽宁大学，2009 年。

[106] 李博：《日本公司治理与技术创新模式的关系》，《日本学刊》2012 年第 2 期。

[107] 李晓：《东亚奇迹与"强政府"——东亚模式的制度分析》，经济科学出版社 1996 年版。

[108] 李月、古贺腾次郎：《日本经济政策与新自由主义》，《现代日本经济》2008 年第 4 期。

[109] 刘迪瑞：《日本国有铁路的公共性和企业性与民营化改革》，《当代

财经》2005 年第 1 期。
[110] 刘迪瑞:《日本国有铁路改革研究》，人民出版社 2006 年版。
[111] 刘凤义:《新自由主义与日本模式的危机》，《政治经济学评论》2010 年第 2 期。
[112] 刘红:《日本规制型金融体制的演进分析》，《日本研究》2005 年第 2 期。
[113] 刘瑞:《金融危机下日本金融政策——困境与挑战》，世界知识出版社 2010 年版。
[114] 刘轩:《日本产业组织的规制改革》，《现代日本经济》2009 年第 5 期。
[115] 刘轩:《日本电信价格规制评析》，《南昌航空大学学报》（社会科学版）2009 年第 1 期。
[116] 倪子靖、史晋川:《规制俘获理论述评》，《浙江社会科学》2009 年第 5 期。
[117] 施本植、张荐华、蔡春林:《国外经济规制改革的实践及经验》，上海财经大学出版社 2006 年版。
[118] 石涛:《日本政府微观规制演变及启示》，《现代日本经济》2009 年第 5 期。
[119] 孙执中:《荣衰论——战后日本经济史（1945—2004）》，人民出版社 2006 年版。
[120] 唐任伍、王春晓:《社会联盟与日本金融自由化》，《中南大学学报》（社会科学版）2012 年第 3 期。
[121] 王俊豪、肖志兴、唐要家:《中国垄断性产业管制机构的设立与运行机制》，商务印书馆 2008 年版。
[122] 王俊豪:《政府管制经济学导论》，商务印书馆 2001 年版。
[123] 王林生、张汉林:《发达国家规制改革与绩效》，上海财经大学出版社 2006 年版。
[124] 吴寄南:《新世纪日本的行政改革》，时事出版社 2003 年版。
[125] 吴小丁:《反垄断与经济发展——日本竞争政策研究》，商务印书馆 2006 年版。
[126] 肖志兴、陈长石:《规制经济学理论研究前沿》，《经济学动态》2009 年第 1 期。

[127] 肖志兴、孙阳：《中国电力产业规制效果的实证研究》，《中国工业经济》2006 年第 9 期。
[128] 谢地：《自然垄断行业国有经济调整与政府规制改革互动论》，经济科学出版社 2007 年版。
[129] 邢予青：《放松电信管制对日本移动通信市场发展的影响》，《经济学季刊》2002 年第 1 期。
[130] 徐飞：《日本规制改革最新进展评析——基于 PMR 综合指数的观察》，《现代日本经济》2012 年第 4 期。
[131] 徐飞、李彬、杨凤：《日本运输产业规制缓和对我国运输业的启示》，《铁道运输与经济》2013 年第 5 期。
[132] 徐飞、杨凤：《日本电力产业规制治理结构评价》，《沈阳师范大学学报》（社会科学版）2013 年第 3 期。
[133] 徐梅：《日本的规制改革》，中国经济出版社 2003 年版。
[134] 徐梅：《试论日本电信业放松规制及其启示》，《日本学刊》2000 年第 3 期。
[135] 徐平：《对日本政府经济职能的历史考察与研究》，中国社会科学出版社 2003 年版。
[136] 徐平：《苦涩的日本——从“赶超”时代到“后赶超”时代》，北京大学出版社 2012 年版。
[137] 杨栋梁：《日本近现代经济史》，世界知识出版社 2010 年版。
[138] 杨凤：《经济转轨与中国电力监管体制构建》，中国社会科学出版社 2009 年版。
[139] 尹晓亮：《战后日本能源政策》，社会科学文献出版社 2011 年版。
[140] 余昺雕、井志忠：《透视日本电力市场化改革》，《现代日本经济》2004 年第 5 期。
[141] 张汉林、施本植：《服务业及中小企业规制改革》，上海财经大学出版社 2005 年版。
[142] 张红凤、杨慧等：《西方国家政府规制变迁与中国政府规制改革》，经济科学出版社 2007 年版。
[143] 张红凤、杨慧、吕少华：《政府规制体制改革整体框架的构建：一个国际经验的视角》，《教学与研究》2008 年第 8 期。
[144] 张红凤：《利益集团规制理论的演进》，《经济社会体制比较》2006

年第1期。

[145] 张红凤：《西方政府规制理论变迁的内在逻辑及其启示》，《教学与研究》2006年第5期。

[146] 张季风：《挣脱萧条：1990—2006年的日本经济》，社会科学文献出版社2006年版。

[147] 张昕竹、马源、冯家晟：《中国垄断行业规制与竞争实证研究》，中国社会科学出版社2011年版。

[148] 张岩：《日本流通体制变革研究》，博士学位论文，辽宁大学，2006年。

[149] 张云：《日本的农业保护与东亚地区主义》，天津人民出版社2011年版。

[150] 赵放、单喜久：《金融危机与日本业内规制演进分析》，《外国问题研究》2009年第3期。